**우리 시대의
마이너리티**

우리 시대의 마이너리티

한국일보 우리시대의마이너리티팀 지음

북콤마

일러두기

책에 등장하는 사례 중 인물들의 이름은 대부분 실명이다.
간혹 인터뷰를 한 이들 중에서 실명을 밝히기를 꺼리는 경우 따로 가명임을 적시했다.
인물들의 나이는 인터뷰와 취재를 진행할 당시의 나이다.

누구나 어떤 면에서는 소수자다

누구나 어떤 면에서는 소수자다. 자기 자신을 재산·소득 수준, 나이, 국적, 학력, 성별, 성 정체성, 성적 지향 등등 여러 층위에서 분석해보면 분명 누구에게나 소수자 정체성이 있다. 그런데도 대부분 사람들은 자신이 받는 차별에는 분노하지만 다른 사람이 받는 차별에는 둔감한 것이 사실이다. 분명 어떤 사람들은 단지 과체중이라는 이유로, 왼손잡이라는 이유로, 머리카락이 적다는 이유로도 차별을 받지만 "그게 무슨 차별이야"라고 쉽게 말하며 편견을 더 강화하는 경우도 많다.

한국일보는 우리 주변의 소수자를 직접 찾아 이야기를 들어보는 기획 시리즈 '우리 시대의 마이너리티'를 2018년 3월부터 2019년 10월까지 1년 반에 걸쳐 연재했다. 당시 정책사회부 기자였던 저자들은 장애인, 난민, 성 소수자, 외국인 노동자처럼 통상 소수자로 여겨지는 이들은 물론, 고도비만인, 채식주의자, 왼손잡이, 암 생존자, 한국인 무슬림 등 사회의 차가운 시선과 편견에 시달리며 살아가는 사람들을 만나 이들의 이야기를 전해왔다. 지금은 서로 다른 부서로 흩어져 있고 두 사람은 다른 회사로 이직을 하기도 했지만, 우리는 모두 이 취재를 "힘들지만 보람 있었다"고 기억한다.

이 시리즈가 연재되고 책으로 묶여 나오기까지 도움을 준 분들이 계시다.

먼저 기사가 자칫 이들에 대한 또 다른 편견을 조장하지 않을지 걱정하면서도 용기 있게 이야기를 들려준 취재원들에게 가장 큰 감사를 드린다. 또한 이들이 차별받지 않고 동등한 사회 구성원으로 살아갈 수 있도록 법 제도를 개선하고 현실적인 도움을 주는 등 노력을 해오고 있는 여러 시민단체 활동가들이 취재에 큰 도움을 주셨다. 이 책의 수익금은 그런 단체들에 기부할 계획이다. 오랫동안 인권과 차별금지법 관련 연구를 해오신 홍성수 숙명여대 교수에게도 감사 말씀을 다시 한 번 드리고 싶다. 마이너리티 시리즈를 연재할 때는 관심 깊게 읽어주고, 마무리할 때 인터뷰에 응해준 데다가 이번에 책으로 엮으면서는 추천사까지 써주셨다.

시리즈가 연재되는 동안 당시 한국일보 정책사회부 부장으로서 꼼꼼히 기사를 검토해주신 이영태 뉴스룸국장과 이왕구 논설위원께도 감사드린다. 시리즈가 끝난 후 이를 묶어 한 권의 책으로 만들어준 출판사 북콤마에게도 감사를 전한다. 마지막으로 아이템 선정 때부터 머리를 싸매고 거절의 연속인 섭외의 어려움에 시달리다 취재를 한 뒤 자칫 취재원에게 또 다른 상처를 입히지는 않을까 주의하며 마감했던 우리 모두에게도 칭찬과 위로를 보내고 싶다. 이 책이 소수자에 대한 편견과 차별을 아주 조금이라도 줄이는 데 일조할 수 있다면 그만한 보람이 없겠다.

2021년 2월

차례

뚱보라 불리는 고도비만인

회사와 식당, 버스 어디를 가든 삐딱한 시선,
"살찐 게 죄인가요?"

"소수자라고 하면 장애인이나 성 소수자 등을 먼저 떠올리잖은
가. 고도비만인도 소수자다, 차별받고 있다고 이야기하면, 대부분
사람들은 '살은 빼면 되지 않느냐'는 식으로 반응한다. 인권에도
순서가 있는데 비만인의 인권은 가장 나중이라는 거다."

우리나라는 성인 남성 100명 중 5명(5.5퍼센트, 국민건강보험공단
2016년 기준)이, 성인 여성 100명 중 4명(4.2퍼센트)이 뚱보라 불리는
고도비만인이다. 이들은 '특별한 사람' 취급을 받지만 소수자로서
권리는 인정받지 못하고 있다. 비만을 측정하는 방법은 여러 가지
가 있지만 체질량지수(BMI: body mass index)를 따르는 것이 제일
보편적이다. 체질량지수는 몸무게(킬로그램)를 키(미터)의 제곱으
로 나눈 값이다. 예컨대 몸무게가 75킬로그램이고 키가 170센티
미터인 경우 체질량지수는 26이다. 이때 체질량지수가 25(1제곱미

터당 킬로그램) 이상에 30 미만이면 비만, 30을 넘어서면 고도비만
으로 분류한다.

보건복지부가 낸 '국민건강통계'에 따르면 19세 이상 성인 가운
데 비만율은 2005년부터 30퍼센트를 초과한 이후 지속적으로 증
가해 2018년엔 34.6퍼센트(남성 42.8퍼센트, 여성 25.5퍼센트)를 나타
냈다. 전체 성인 3명 중 1명이 비만이라는 얘기다. 이런 상황에서
보건복지부는 2022년에는 비만율이 41.5퍼센트에 이를 것이라고
내다봤고, 경제개발협력기구(OECD)는 2030년 우리나라의 고도비
만율을 9퍼센트로 전망했다.

인종과 장애, 성적 지향성에 대한 차별에는 예민하게 반응하는
이들도 길을 지나는 비만인에게는 별 거리낌 없이 뻬딱한 시선을
보낸다. 유독 우리나라에서 비만인은 이렇게 심한 차별을 받지만
이를 사회적 문제로 여기거나 바꾸려는 시도는 더디다. 이렇게 차
별이 일상화되는 사이 '인정받지 못하는 소수자'로 사는 비만인의
힘겨운 외침도 점점 외면받고 있다.

비만인은 "매일, 매시간 눈치 보기로 채운다"고 입을 모은다. 일
주일에 닷새는 주변 사람들의 심기를 살펴가며 출퇴근길에 올라
야 하는 상황이 대표적이다. 키 171센티미터에 몸무게가 107킬로
그램인 정문석 씨는 "회사 생활 11년 차인데 출퇴근길에 대중교통
을 이용하면서 자리에 앉아본 적이 손으로 꼽을 정도다"고 털어놨
다. 두 명 이상이 앉는 자리를 탐내면 다른 승객들이 불편한 기색
을 보이고, 그렇다고 한 명이 앉는 자리는 비좁아 스스로 불편하

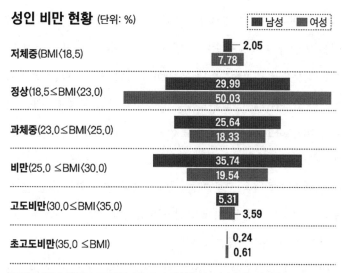

성인 비만 현황 (단위: %)   ■ 남성　■ 여성

	남성	여성
저체중(BMI<18.5)	2.05	7.78
정상(18.5≤BMI<23.0)	29.99	50.03
과체중(23.0≤BMI<25.0)	25.64	18.33
비만(25.0 ≤BMI<30.0)	35.74	19.54
고도비만(30.0≤BMI<35.0)	5.31	3.59
초고도비만(35.0 ≤BMI)	0.24	0.61

2016년 건강검진 받은 1,395만명 대상. BMI: 체질량지수, 신장과 체중의 비율
자료: 국민건강보험공단

기 때문이다. 그가 매일같이 눈치를 보는 건 이런 이유에서였다.

실제 버스나 지하철에서 일반 좌석의 폭은 45센티미터 안팎이다. 통계청에 따르면 2015년 기준 만 19~60세 한국인 남성의 평균 '앉은 엉덩이 너비'는 35.2센티미터이므로 이보다 10센티미터 정도 넓다. 또 평균 어깨 너비는 39.6센티미터이므로 이보다 6센티미터쯤 넓다. 그렇다 보니 정상 체중이 나가는 사람도 옷을 두껍게 입고 앉으면 비좁은 경우가 많다. 정씨는 "상의가 두꺼워지는 겨울철이면 서 있는 것조차 눈치가 보여 종종 택시를 탄다"고 했다.

몸에 맞는 옷을 차려입고 멋을 내는 일도 비만인에겐 언감생심이다. 주변에 있는 가게에서 치수가 큰 옷을 아무 때나 구하기 어려운 까닭에 환절기가 되면 큰맘을 먹고 서울 이태원에 들러 큰 옷을 전문으로 취급하는 가게를 찾아야 한다. 해외여행을 갈 일이 생기면 쇼핑을 해서 캐리어 가득 큰 치수의 옷을 사 온다. 최근 결혼 준비를 하고 있는 정다현(31세, 키 161센티미터에 몸무게 79킬로그램) 씨도 옷 때문에 고충을 겪었다. "결혼 같은 중요한 행사에서 입을 드레스나 한복을 고를 때는 선택의 폭이 훨씬 좁아진다. 큰 치수의 행사복을 다루는 가게가 있기는 하지만 일반 치수의 옷보다 서너 배 비싼 가격을 받기도 한다."

비만인에겐 방에 오래 앉아 식사하거나 술을 마시는 게 버겁다 보니 '좌식 회식'도 참기 힘든 고역이 된다. 회사 회식을 예약할 때 좌식 식당을 피해줄 것을 조심스레 부탁하면 주위에서 "예민한 사람"이라며 따가운 눈총을 받는다. 키가 172센티미터이고 몸무게가 112킬로그램인 이정숙(60세) 씨는 "회사 동료만 그런 게 아니다. 같이 사는 식구들이 유명한 맛집이라며 예약해놨다기에 가보니 자리가 좌식으로만 돼 있었다. 다시 부탁을 거듭해 식당을 옮긴 적이 여러 번 있었다"고 했다. "보통 체격을 가진 사람들은 내게 몇 시간만 참으면 되지 않느냐고 말하지만, 방에 앉아 오랫동안 밥을 먹거나 술을 마시면 숨이 막힐 지경이 된다."

비만인을 향한 '배려 없음'은 고스란히 사회적 차별로 이어진다. 키 167센티미터에 몸무게가 98킬로그램인 대학생 김현지(23세) 씨는 최근 아르바이트를 하려고 한 카페를 찾았다가 사장의 직언을

서울 용산구 이태원역 인근의 큰옷 가게에 한 남성이 들어서고 있다. **사진 신지후**

들고 한동안 구직을 포기했다. 카페가 젊은이들이 주로 찾는 옷가
게에 둘러싸여 있어 "아르바이트생의 외모가 중요하다"는 말을 가
감 없이 내뱉은 것이다.

현재 편의점에서 일하고 있는 장경상(41세) 씨도 과거 좋은 성
적으로 서류, 필기 전형을 통과했다가 면접에서 외모에 대한 직
간접적 지적을 듣고 탈락한 경험이 여러 번 있다. 시설 관리직처
럼 몸집과는 별 상관도 없는 직무였지만 면접관들은 105킬로그램
에 달하는 그의 체구를 문제 삼았다. "그 몸으로 빠릿빠릿하게 일
할 수 있겠느냐", "게으른 사람과는 함께 일하지 못한다" 같은 발언
을 거침없이 했다고 한다. 장씨는 "비만한 사람은 게으르다는 우
리 사회의 뿌리 깊은 편견 때문에 너무 속상하다"고 했다.

2011년에는 경북의 한 전자기기 생산 업체에 다니던 직원이 '대표에게서 체중을 감량하라는 지시와 함께 실패할 경우 사직서를 제출하도록 강요하는 이메일을 받고 결국 사직했다'며 국가인권위원회에 진정을 제기한 일도 있었다. 국가인권위원회는 대표이사에게 재발 방지책을 마련하고 이 직원에게 500만 원의 손해배상금을 지급하라고 권고했다.

"면접 기회를 얻을 수 있다면 그나마 다행"이라는 푸념도 나온다. 회사에 입사하려면 우선 서류 전형을 통과해야 하는데 서류에 키와 몸무게를 적도록 하는 기업이 여전히 많다는 것이다. 실제 고용노동부가 2016년에 발표한 '기업채용 관행실태' 조사 결과에 따르면, 518개 기업의 인사 담당자 10명 중 1명가량(13.7퍼센트)이 입사지원서에 키와 몸무게를 적도록 했다. 2017년 조사에서도 3.3퍼센트가 이 같은 관행을 유지하고 있었다.

비만인을 향한 편견은 성인뿐 아니라 어린이에게도 덧씌워진다. 어린 나이에 소외를 겪으면 설움은 더욱 깊을 수밖에 없다. 중학교 3학년생 신윤석(키 168센티미터에 몸무게 83킬로그램) 군도 그런 서러움을 겪었다. "초등학교 때부터 단거리 달리기나 축구 시합에서 실력을 검증하는 절차도 없이 선수 명단에서 제외된 적이 있다. 반면 줄다리기나 씨름 시합처럼 무게감으로 버티는 일이 필요한 경기에선 꼭 선수로 뽑혔다. 시합에서 지면 '덩칫값도 못한다'는 질타를 받기도 한다."

TV 프로그램과 영화 같은 미디어에서도 비만인을 향한 혐오를 부추기고 소수자의 위치를 더욱 공고히 만든다. 뚱뚱함을 개그나 비하의 소재로 삼을 뿐 아니라 대상이 되는 본인들 역시 이런 상황을 활동하는 데 적극적으로 활용하는 실정이다. 김현지 씨는 "유명 프로그램에서 비만인을 '먹보'나 '멍청이' 등으로 다룬 다음 날이면 친구들도 나를 그와 똑같이 대했다"고 설명했다. "영화에서도 악당 역할은 주로 뚱뚱한 인물이 맡는다. 미디어가 비만인에 대한 부정적 이미지를 조장하는 것이다."

비만인의 다이어트 도전기를 마치 '성공 신화'처럼 다루는 모습도 비만인을 고립 상태에 빠뜨린다. 키 163센티미터에 몸무게가 98킬로그램인 심경선(36세) 씨는 "TV에서 뚱뚱한 사람들이 성형수술이나 극단적인 다이어트로 살을 빼는 모습이 자주 나오다 보니, 사람들은 그걸 보고 '아직도 살을 빼지 못한 이는 얼마나 게으른 것이냐'는 편견을 갖게 된다"고 전했다. "체중을 제외하면 건강 상태는 좋은데도 가족마저 '어느 연예인처럼 굶어서라도 살을 빼지 않으면 일찍 죽는다'고 스스럼없이 말하기도 한다."

최근에는 비만인 혐오를 내포한 단어들까지 유행하고 있다. '파오후'(뚱뚱한 사람들의 숨소리를 희화화), '쿰척쿰척'(뚱뚱한 사람들이 음식 먹는 소리를 비하) 등이 그 예다. SNS에서는 '파오후들은 자기 관리를 하고 밖에 나와라', '식당에서 쿰척쿰척 하는 소리가 너무 혐오스럽다' 같은 말들이 정제되지 않은 채 오간다. 심경선 씨는 "SNS나 게임에서 비만인을 조롱하는 언행들이 너무 빈번히 등장하다 보니 소외감을 느끼게 된다"고 말했다.

비만인을 향한 한국인들의 편견과 차별을 외국인은 어떻게 바라볼까. 경기의 한 학원에서 영어 강사로 일하는 미국인 조시 슬론(34세) 씨는 "한국은 비만인에게 유난히 혹독하다"고 말했다. 한국에서 산 지 8년이 된다는 그는 미국에도 비만인을 향한 편견이 전혀 없지는 않지만, 한국인들처럼 길을 지나며 대놓고 따가운 시선을 보내거나 이력서에 키와 몸무게를 적는 일은 없다고 했다. "뚱뚱한 사람은 물론이고 보기에 충분히 마른 사람도 다이어트 강박에 시달린다. 비만인에게 '더럽다'나 '게으르다' 같은 이미지를 덧씌우기 때문인 것 같다."

서울 이태원의 한 식당에서 일하는 스페인인 사무엘(39세) 씨는 한국인들의 비만인 차별을 직접 목격한 체험을 말했다. 언젠가 비만이던 미국인 친구와 한 식당에 들렀는데 옆자리에 앉은 손님이 '냄새가 나고 보기에 불편하다'는 이유로 자리를 옮기더라는 것이다. "(한국에선) 서양보다 비만인이 상대적으로 소수라서 그런지 특별한 존재로 대하는 것 같다. 비만인 차별도 피부색이나 성별에 대한 혐오처럼 심각한 문제로 받아들여야 한다."

지하철에 한두 개라도 대형 좌석 배려를, 비만 혐오 콘텐츠도 규제해야

고도비만인은 한국에서 소수자로 인정받지 못한다. 당연히 이들을 위한 정책을 마련하는 일은 시동조차 걸지 못했다. 행여 그런 정책적 움직임이 나올라치면 일각에서 지나친 배려가 아닌가라는 불편한 시선까지 보낸다. 당사자는 "이제는 대단한 것이 아니더라도 사소한 부분 하나씩이라도 손을 대줬으면 한다"고 간절히 호소한다. 그들이 조심스레 제안하는 '사소한 변화'란 어떤 것일까.

체질량지수에 기준해 고도비만에 속하는 김선영(53세) 씨는 "비만인의 일상에 선택권을 조금이라도 넓혀달라"고 호소했다. 우선 좁은 지하철이나 버스의 좌석 가운데 한두 개만이라도 비만인을 위한 공간을 내어주면 어떻겠느냐는 게 김씨의 바람이다. 실제 1974년 서울 지하철 1호선이 처음 개통한 당시 성인 남성의 평균

키가 166.1센티미터이고 엉덩이 둘레는 90.2센티미터였던 것이
2015년엔 키 172.2센티미터에 엉덩이 둘레 95.1센티미터로 변화
했는데, 지하철 좌석의 너비는 거의 그대로 유지되며 달라지지 않
았다. 2호선 중에서 신규 전동차만 48센티미터로 제작되고 대부분
의 좌석은 45센티미터 안팎으로 여전히 제작되고 있다. 김씨는 이
런 제안을 했다. "임신부나 노인 전용 좌석 같은 걸 바라는 건 아니
다. 비만인을 위해 늘 비워둘 필요는 없겠지만 장거리 이동 때는
남겨놓는 좌석이 있으면 좋을 것이다."

수지가 맞지 않다 보니 비만인에게 맞는 큰 치수의 옷을 제작하
려는 이가 많지 않은 것도 사실이다. 김선영 씨는 여기에 대해서
도 "정부가 비만인이 겪는 어려움을 배려해 큰 치수의 옷과 신발
등을 제작하는 창업자에게 자금 일부를 지원하는 것은 어떻겠느
냐"고 조심스럽게 말했다.

TV 프로그램이나 온라인 콘텐츠에 대한 규제를 강화해야 한다
는 목소리는 절실했다. 비만인을 소재로 삼아 비하하는 등 부정적
인식을 공고화하는 콘텐츠나, 혐오를 자극하는 무분별한 단어를
사용하는 방송을 일정 부분 제재해야 한다는 것이다. 고도비만인
김현지 씨는 "TV 개그 프로그램에선 여전히 비만인을 희화화하는
것 같다"며 다음 같은 주장을 했다. "비만인을 다룰 땐 시청자에게
부정적 인식을 주지 않도록 소재나 표현 사용에서 주의를 주는 가
이드라인 정도는 도입해볼 만하지 않겠느냐."

실제 프랑스에서는 깡마른 체형의 모델과 그런 모습을 담은 콘
텐츠가 비정상적인 신체 이미지를 올바른 것으로 왜곡하고 모델

당사자의 건강을 해친다며, 여성 기준 34 사이즈(한국에선 44 또는 XS 사이즈) 미만의 모델을 무대에 세우면 기획사에 벌금을 부과한다. 스페인에서도 체질량지수 18.5에 밑도는 모델은 무대에 서지 못하도록 하고, 이스라엘은 체질량지수 18.5 미만의 모델에겐 광고 출연을 금지한다.

비만인을 바라보는 대중의 인식을 바꾸려면 정부 차원의 노력도 필요하다. 특히 최근 비만과 관련한 정부의 캠페인 구호가 '비만은 질병'이라는 식으로 부정적으로만 흐르는 것을 경계해달라는 게 이들의 목소리다. 즉 세계보건기구(WHO)가 비만을 전 세계에 퍼지는 유행병으로 지칭하며 '치료가 필요한 만성질환'이라고 경고한 것을 내세우며, 고도비만을 '병적 비만'으로, 비만율을 '비만유병률'로 부르는 식이다. 고도비만인 정문석 씨는 "비만인의 건강을 우려하는 것과 비만인 자체를 문제시하는 것과는 전혀 다른 이야기"라고 강조했다.

고달픈 신인류, 채식주의자

"풀은 생명 아니냐? 고기 몰래 먹지?",
채식 향한 편견과 무례

"나는 지방과 고기, 생선 없이도 잘 지내고 있다. 인간은 육식동물로 태어난 게 아닌 것 같다."

알베르트 아인슈타인은 죽기 1년 전인 1954년 채식 식단을 시작하면서 친구 한스 뮈잠에게 보낸 편지에서 이렇게 말했다.

이원복 씨에게 1985년은 인생의 터닝포인트였다. 대학 3학년이던 평범한 청년이 소수자의 길로 행로를 바꾸게 된 사건은 그해말 서울 안암동의 한 백반집 테이블에서 시작됐다. "이건 어디서왔을까?" 평소처럼 친구들과 같이 밥을 먹다 테이블에 놓인 돼지고기볶음 접시를 보며 문득 그런 질문이 떠올랐다. 그 후 며칠간깨어 있는 대부분 시간 동안 한 가지 생각이 그의 머릿속을 지배했다. '사육된 동물이 도살돼 음식이 됐다. 나도 동물이다.'

당시 고기는 없어서 못 먹는 음식이었다. 밥상 위에 고기반찬이

채식주의자 네이버 카페 '채식공감'의 회원들이 서울 서교동의 한 채식 카페에 모였다.
이날 식탁에 오른 메뉴는 펠라펠, 줄기콩 현미덮밥, 후무스, 샐러드 등을 비건식으로 만든
중동 음식이었다. **사진 고영권**

있는지 없는지를 보면 가정의 경제 수준을 짐작하고도 남던 때였
다. 그런 시절에 스스로 육식을 중단하겠다는 '각성'에 이르렀을
때 그는 돌연변이로 살아야 할 앞날이 두려웠다. 이씨는 "왜 내게
그런 형벌이 주어지는지 이해할 수가 없었다"며 당시를 돌아봤다.
"'고기는 시체, 동물의 사체'라는 생각을 버리려고 두 달간 억지로
먹어봤지만 구역질만 났다." 우유와 달걀도 끊었다. 살기 위해 닥
치는 대로 영양학 관련 책을 독학하고 대체 식품을 찾아 헤맸다.
가족에게조차 외면받는 고독감을 달래려 도서관 구석에서 불교,
자연주의 철학 서적을 탐닉했다. 이씨는 그렇게 종교적 이유가 아
닌 동물권 존중이라는 이유에서 완전 채식주의자로 거듭났다. 사
람들은 그를 이제 대한민국 '비건vegan'(beginning과 vegetarian의 합

성어) 1세대로 부른다.

집단이 즐겨 먹는 음식을 거부하는 사람은 어디서도 환영받기 어렵다. 군 복무를 할 때는 가혹 행위를 당하고 직장에선 눈총을 받고 폭언을 들었다. 애인과도 헤어져야 했다. 온갖 박해를 버텨 내는 건 그가 치러야 할 대가였다. 우리 사회는 몸이 고기를 소화할 수 없는 상황이거나 종교적 이유에서 채식하는 경우가 아니라면 채식인을 '불편하고, 까다롭고, 자기만 잘난 존재'로 치부한다. 1998년 PC 통신에서 채식 동호회가 만들어지기 전까지 십수 년간 이씨는 정체를 숨기고 싶어 하는 외계인처럼 혼자서 지냈다.

지금까지 완전 채식을 실천해온 그는 현재 시민단체 한국채식연합의 대표를 맡고 있다. 이원복 씨는 "건강검진을 받으면 신체 나이가 실제 나이보다 15년가량 젊다는 판정을 받는다"고 했다. "동물의 희생을 거치지 않고는 얻을 수 없는 필수 영양소란 없다." 그가 극구 자신의 나이를 공개하지 않으려는 것도 이 때문인 듯했다.

채식은 적용 범위에 따라 다양하게 나뉜다. 엄격한 채식주의를 실천하는 이들은 육류와 어류, 유제품, 달걀 등을 먹지 않을 뿐 아니라 가죽으로 만든 옷과 가방, 동물성 원료가 들어간 특정 화장품과 비누 같은 제품도 사용하지 않는다. 과일과 견과류, 곡물만 먹는 '프루테리언fruitarian', 과일과 견과류, 곡물에 채소, 해조류, 버섯까지 먹는 비건, 유제품은 먹는 '락토 베지테리언lacto-vegetarian', 유제품은 먹지 않고 달걀은 먹는 '오보 베지테리언ovo-vegetarian', 유제품과 달걀까지 먹는 '락토오보 베지테리언

lacto-ovo-vegetarain', 유제품과 달걀, 생선, 조개까지 먹는 '페스코 베지테리언pesco-vegetarian', 고기 중 닭 등 조류는 먹는 '폴로 베지테리언pollo-vegetarian', 평소 채식을 하지만 모임이나 회식처럼 불가피한 상황에서 고기를 먹는 유연한 채식주의 '플렉시테리언flexitarian' 등이 있다.

논란은 있으나 많은 과학적 근거가 육식은 이롭기보다는 해로운 것이라는 주장을 뒷받침한다. 1980년대 초 미국 코넬대의 영양학 교수 콜린 캠벨은 쥐들에게 발암물질을 투입한 뒤 두 그룹으로 나눠 100주간 각각 동물성 단백질 5퍼센트, 20퍼센트를 다시 투여하는 실험을 진행했다. 그 결과 발암물질 자체보다 동물성 단백질 섭취량이 암 발병에 더 큰 영향을 미친다는 믿기 힘든 결론이 도출됐다. 심지어 당시 쥐들에게 투입한 단백질은 카제인으로, 우유 단백질 중 87퍼센트를 차지하는 성분이었다. 2015년 10월 세계보건기구 산하의 국제암연구소(IARC)는 햄과 베이컨, 소시지 같은 가공육을 1군 발암물질(Group 1)로, 붉은색 고기는 2A군 발암물질로 분류해 그 위험성을 알렸다. 이때 1군이란 암이 발생할 가능성이 과학적으로 입증된 물질 그룹을 말한다.

인간의 필요에 따라 너무 많은 수의 동물을 희생시킨다는 지적도 계속되고 있다. 2010년 구제역이 발생한 이후 2018년까지 여덟 차례 구제역으로 소와 돼지 38만 마리가, 일곱 차례의 조류인플루엔자로 닭과 오리 6900만 마리가 살처분됐다. 2019년 아프리카돼

채식주의자 분류

	육류	어류	달걀	우유
완전 채식인(비건·Vegan)	X	X	X	X
우유 채식인(락토·Lacto)	X	X	X	O
달걀 채식인(락토오보·Lacto-Ovo)	X	X	O	O
생선 채식인(페스코·Pesco)	X	O	O	O

자료: 한국채식연합

지열병으로 살처분된 돼지 47만 마리까지 더하면 우리나라에서 2010년부터 2019년까지 10년간 7000만 마리의 생명이 가축 전염병을 예방한다는 목적하에 희생된 것이다.

육류를 대량 생산하고 비용을 줄이기 위해 비위생적인 환경에서 진행하는 공장식 축산 방식이 전염병 피해의 가장 큰 원인이다. 국가인권위원회가 2019년에 발표한 '가축매몰(살처분) 참여자 트라우마 현황 실태조사'에 따르면, 가축 살처분에 참여한 공무원과 공중방역 수의사 268명을 대상으로 심리 건강 상태를 조사해보니 4명 중 3명(76퍼센트)은 외상 후 스트레스 장애(PTSD) 증상을 보이고, 특히 4명 중 1명은 중증 우울증에 시달리는 것으로 나타났다.

고기를 대가로 이뤄지는 환경 파괴도 심각하다. 2006년 유엔 식량농업기구(FAO)는 이산화탄소를 기준으로 추산한 전 세계 온실가스 배출량 가운데 축산업이 차지하는 비중이 18퍼센트로 세계의 모든 교통수단이 차지하는 비중(13.5퍼센트)보다 높다는 보고서를 발표해 파장이 일기도 했다. 2010년 기준으로는 축산업과 관련한 부문이 배출하는 온실가스가 전 지구 온실가스 배출량(490억

톤)의 16.5퍼센트에 이르며, 이 가운데 육류 관련 부문의 비중은
61퍼센트가 넘는다(FAO, 2017년).

1세대 채식 운동가가 등장한 지 최소 30여 년이 흘렀지만 그럼
에도 우리 사회는 여전히 초식동물로 살고자 하는 채식인에게 적
대적인 환경이다. 학계에서는 채식인의 비중이 서구 국가들은 전
체 인구의 10퍼센트 이상, 중국과 일본의 경우도 5퍼센트 정도에
이르는 것으로 추정하고 있다. 반면 이원복 대표가 수차례 진행한
설문 조사에서 채식주의자라고 응답하는 비율은 통상 전체 인구
의 1~2퍼센트 수준이었다고 한다. 실제 한국채식연합의 자체 통
계에 따르면 2019년 기준으로 국내 채식 인구는 그보다는 많은
2~3퍼센트 수준, 즉 100만~150만 명에 이를 만큼 늘었을 것으로
추정된다.

대학생 김 모(22세) 씨는 가까운 사이가 아니면 채식을 한다고
말하지 않는다. 이른바 '채밍아웃'('커밍아웃'을 하듯이 채식을 한다고
주변에 공개적으로 밝히는 것)을 했을 때 "풀은 생명이 아니냐", "사람
은 고기를 먹어야 힘을 쓴다", "채식한다면서 고기 몰래 먹는 사람
많던데 넌 안 그러냐" 같은 무례한 발언과 편견을 마주한 적이 많
아서다. 김씨는 "더 많은 사람들이 채식을 지향하도록 매개하고
싶지만 여전히 그 반응이 두렵고 피로하다"고 했다. "육식을 거부
할 땐 알레르기가 있다거나 한약을 먹고 있다는 식으로 거짓말을
하는 게 단골 멘트다."

가족한테까지 이해받지 못할 때는 더욱 힘들어진다. 어떤 이유

에서인지 어릴 때부터 육류의 냄새와 식감을 싫어해 먹기만 하면 토했다는 최 모(44세) 씨도 그랬다. "차마 억지로 먹이지는 못했던 부모님은 익숙해지면 먹을 거라고 생각하셨는지 일부러 내 앞에서 더 자주 고기를 구워 드셨다. 그럴 때마다 화장실 옆에서 밥을 먹는 기분이었다. 그 덕분에(?) 회사에서 회식을 하면 고기를 먹는 척 연기하는 게 익숙해진 것 같다."

　주변 사람들의 '특별한 대접'이 외려 채식인에게는 불편함으로 다가오기도 한다. 락토 채식을 하는 박 모(43세) 씨는 "직장 동료들과 식사를 하거나 회식을 할 때마다 혼자 먹을 테니 개의치 말라고 해봤지만 식당을 고를 때 나 때문에 불편해하는 게 보여 어찌할 바를 모르겠다"고 했다. 대학생 빈경진(24세) 씨 또한 육류를 먹지 않는 자신을 걱정하는 가족들 때문에 오히려 스트레스를 받는다. "(가족들이) 건강에 문제는 없는지, 사회생활이 힘들지는 않은지 등 지나치게 걱정을 한다. 아무리 설명해도 소량이라도 육류를 먹어야 한다는 고정관념은 바꾸기 어려운 것 같다."

　이런 몰이해와 사회 분위기를 고려하면 평범한 직장을 다니며 완전 채식인으로 사는 것은 불가능에 가깝다. 중국어 번역 일을 하고 있는 최 모(34세) 씨가 취직을 단념한 이유도 그래서다. "대학원을 다니던 중에 비건 채식을 시작했다. 취직을 하려는 생각도 해봤지만 점심식사나 회식 자리에서 사람들과 어울리기 쉽지 않을 것 같아서 프리랜서로 일하게 됐다."

이전보다 나아지기는 했지만 채식인에게 여전히 먹을 것 자체가 부족한 것도 큰 고민이다. 빈경진 씨는 "고등학교 때 처음 육류를 먹지 않는 것을 시도했다가 (육류를 빼면) 급식 메뉴에 김치와 밥밖에 먹을 게 없는 날이 많아서 금방 포기했다"고 했다. "식당에서 된장찌개에 고기를 빼달라고 주문해도 그대로 들어 있는 경우도 많다." 자양강장제에 들어 있는 타우린처럼 생각지도 못한 식품에 포함된 동물성 원료도 채식인이 피해 가야 하는 '함정'이다.

이런 사정에서 적극적으로 채식 식당을 개척해나가는 이들도 있다. 채식을 해 키 167센티미터에 몸무게 100킬로그램이 넘던 비만 문제를 해결했다는 조대원 씨는 다이어트에 그치지 않고 적극적으로 채식 식당 뚫기에 나서는 고수다. 국내 최대 채식인 온라인 커뮤니티 중 하나인 '채식공감'에서 활발히 활동하고 한편으론 식당을 찾아 비건식을 제안한다. "마음에 드는 식당을 직접 찾아 메뉴를 알아보고, 어떤 재료를 빼고 대체하면 비건식이 가능한데 해줄 수 있느냐는 식으로 자주 제안한다. (요리사의) 조리법에 대한 자부심 때문에 거부당할 때도 있지만 (이런 식으로 제안한 끝에) 이번 달에도 두 곳이나 비건 메뉴를 만들겠다는 식당이 생겼다." 또 이렇게 덧붙였다. "대부분 중국집에서 조금만 신경을 쓰면 고추잡채나 송이버섯볶음, 잡채밥 정도는 채식으로 만들 수 있는데, 아는 사람이 많지 않은 것 같다."

일주일에 하루는 고기 없는 식사,
군대·학교 급식에도 채식 메뉴를

빌 게이츠를 비롯한 세계적 거부들은 2017년 '임파서블 푸드' 같은 대체 육류업계에 막대한 금액을 투자했다. 임파서블 푸드가 개발한 햄버거용 패티는 맛이 뛰어난 것은 물론 100퍼센트 식물성 원료를 사용하면서도 같은 양의 소고기보다 단백질 함량은 높고 지방과 열량은 낮아 화제를 모았다. 세계 최대의 패스트푸드 업체 맥도날드는 스웨덴과 핀란드에서 2017년 말부터 '비건 버거'를 출시했다. 개인의 가치관과 선택의 다양성을 존중하는 문화 위에서 채식이 유망한 미래 시장으로 인정받은 사례들이다. 하지만 우리에게는 여전히 먼 얘기로만 들린다. 채식에 대한 공감대를 넓히는 다양한 시도가 필요하다는 의견들이 나온다.

'고기 없는 월요일'(Meat Free Monday)은 채식 확산을 모토로 가장 대중적인 활동을 펼치는 단체 중 하나다. 일주일에 하루 채식

패티 등 모든 요소를 식물성 재료로 만든 채식 버거

을 실천하는 것만으로도 온실가스 배출량을 크게 줄일 수 있다는
취지에서 그룹 비틀스의 멤버 폴 매카트니가 2009년 처음 제안했
다. 2010년부터 한국에서 고기 없는 월요일 운동을 시작한 이현주
한약사는 "서울시를 비롯한 공공기관 중심으로 주 1회 채식 급식
을 확대하는 것을 목표로 노력하고 있다"고 설명했다. "개인과 가
정의 식탁에서부터 기후변화에 대응하도록 유도한다는 데 의의를
두고 있다."

　군대와 학교에서 나오는 급식이나 각종 행사처럼 선택권이 제
한되는 공간일수록 채식인을 배려하는 노력이 필요하다는 의견도
많다. 이원복 한국채식연합 대표가 30여 년 전 주한 미군 소속 카
투사에 지원해 군 복무를 마친 것도 그런 이유에서다. "일반 부대

에 배치되면 도저히 채식하며 살 자신이 없었다. 카투사에선 급식이 뷔페식이라 채소와 과일을 더 먹을 수 있다는 사촌 형의 말을 듣고 무작정 지원했다.” 대학생 김 모 씨는 이런 제안을 했다. “오찬이나 만찬이 포함된 행사를 준비할 때 행사 주최자는 채식인도 참여한다는 점을 고려하면 좋겠다. 이때 신청서에 채식 여부를 확인하는 칸을 만드는 것도 좋은 방법이 될 것 같다.”

동물권이나 환경, 건강의 문제는 그 자체로 진지하게 다뤄야 하지만 처음부터 완전한 채식을 해야 한다는 강박관념을 가질 필요는 없다는 조언도 나온다. 이지연 동물해방물결 대표의 생각을 들어보자. “처음 채식을 시도하려는 사람들 중에는 ‘완벽하게 고기를 끊지 않으면 의미가 없다’는 주변의 반론에 무너지는 경우가 많다. 그런 논쟁은 대부분 상대의 채식을 자신에 대한 도덕적인 도전으로 받아들이는 사람의 반응 때문에 생기는데, 한 번이라도 육식을 줄이면 그만큼 이롭다는 관점에서 접근할 필요가 있다.”

입양 가족

주변 수군거림에 3년 꼴로 이사 다녀,
"입양, 색안경 벗고 봐주세요"

"엄마, 나도 엄마 뱃속에서 나왔어?"

조혜숙(47세) 씨는 2016년 어린이집에 다녀온 당시 네 살배기 아들 희래의 돌발적인 질문에 당황했던 기억이 또렷하다. 그는 입양을 통해 아들을 만난 '입양 가족'이다. 공개입양을 하면서 아이에게 생모의 존재를 굳이 숨기지 말자고 다짐했던 터였다. "엄마 뱃속에서 나오지는 않았지만 너를 아주 많이 사랑한단다." 잠시의 망설임 끝에 조씨가 그런 답변을 했다. 그러나 희래는 받아들이지 않았다. "나도 엄마 뱃속에서 나왔잖아"라고 소리치며 좀처럼 울음을 그치지 않았다.

2주 뒤에 희래는 조씨에게 다시 물었다. "나도 엄마 뱃속에서 나온 거 맞지?" 이번에 조씨는 입양 가족 모임에서 선배 부모들과 함께 고민한 답을 들려줬다. "모든 아기는 여자의 뱃속에서 태어나.

아기집이 있는 여자가 낳을 수 있거든. 엄마도, 누나도, 할머니도 여자니까 아기를 낳을 수 있지. 희래도 여자가 낳았어. 그리고 너를 기다리던 엄마와 아빠를 만나 가족이 된 거야."

세상의 모든 아이는 때가 되면 존재에 대한 질문을 한다. 그런데 출산이 아니라 입양을 통해 가족이 된 이에게는 답하기 쉽지 않은 난제다. 생모의 존재뿐 아니라 핏줄을 우선하는 사회적 편견을 마주하는 법도 함께 가르쳐야 하기 때문이다.

조혜숙 씨와 안중선(43세) 씨 부부가 희래를 입양한 때는 2013년이었다. 희래가 태어난 지 백일이 채 되지 않은 무렵이었다. 큰딸 희랑(12세)이가 동생이 생기기를 간절히 원했다. 난산 끝에 희랑이를 낳은 터라 동생을 낳기는 어려운 상황에서 부부는 입양을 선택했다. 희래를 만나기 위해 준비한 기간만 꼬박 11개월에 달했다. 입양 아동 보호를 위해 국가의 관리 및 감독을 강화하는 쪽으로 입양특례법이 개정된 직후여서 소득증명서와 전세 계약서, 신용정보조회서, 범죄경력 조회서, 약물·알코올 중독 검사 결과를 포함한 건강진단서, 최종학력증명서 등 각종 서류를 준비하는 데 많은 시간이 소요됐다. 입양 상담과 서류 제출, 심리 검사 등을 거쳐 가정법원의 허가를 받고서야 '부모가 될 자격'이 주어졌다.

부부는 희랑이를 낳을 때와 깐깐한 입양 절차를 통해 희래를 입양하는 과정을 되짚어보면서 부모가 되기 위해 가장 중요한 것이 '양육 의지'라는 것을 깨달았다. "엄마는 낳는 순간부터 자녀를 사랑한다고 하잖는가. 그런데 나는 첫아이를 사흘간 진통 끝에 어렵게 낳아서 그런지 몸이 아프고 힘들다는 생각이 앞서면서 낳자마자 절절한 모성애가 샘솟지는 않았다. 낯설던 아기가 백일 지나 교감이 가능해지면서부터 내 새끼, 내 딸이라는 생각이 들었다."

입양 가족이 되는 과정도 별반 다르지 않았다. 조씨는 당시를 떠올리며 웃었다. "희래를 처음 품에 안았을 때도 역시 낯설었다. 그래도 내 몸이 아프지 않아서인지 둘째를 키우면서는 애틋한 마음이 더 빨리 생긴 것 같다."

아빠인 안씨도 '기른 정'을 통해 가족이 만들어진다는 사실을 실감했다. "남자는 출산의 고통을 직접 겪지 않아서인지 두 아이 모두 첫 만남은 생경했다. 첫째 때는 덜컥 아이가 태어나면서 내가 좋은 아빠가 될 수 있을지 두려웠지만, 둘째는 충분한 준비가 된 후여서 부담감도 없고 아이가 사랑스럽게 느껴졌다."

이들이 한국 사회의 혈연 중심 정서를 잘 알면서도 공개입양을 택한 이유는 뭘까. 부부는 입양이 죄도 아닌데 굳이 이를 숨기면서 주변 사람들에게서 고립될 필요가 없다고 생각했다. 아이를 키울 때 병원에만 가도 가족 병력을 묻는데 그때마다 거짓말을 할 수는 없는 노릇이었다.

그래도 혈연을 중시하는 사회적 편견이 전혀 신경 쓰이지 않는 것은 아니다. 입양 사실을 알게 되면 주위에서 보이는 반응은 크게 두 가지다. 조씨 부부를 훌륭한 사람이라고 칭찬하거나, "머리 검은 짐승은 거두는 게 아니다"라며 끌끌 혀를 찬다고 했다. 두 반응 모두 부부에겐 큰 상처가 됐다. "가족이 늘어난 일은 축하를 받

안중선 씨 가족들이 함께 모여 부루마블 게임을 즐기는 모습.
왼쪽부터 안중선 씨, 아들 희래군, 딸 희랑양, 부인 조혜숙 씨. **사진 오대근**

을 일이기는 하다. 그런데 '착한 일'을 했다고 하는 건 우리 희래
를 너무 불쌍한 아이로 몰고 가는 것 아닌가?"(조씨) "희래는 우리
와 가족이 되어 자신의 뿌리를 잘 내리고 있다. 그런데 왜 사람들
은 입양아를 보고 마치 뿌리를 다른 곳에 두고 온 것처럼 '근본 없
는 아이를 키운다'는 말로 상처를 주는 걸까?"(안씨)

그래서 부부는 입양의 의미를 아이에게 어떻게 가르쳐야 할지
고민이 많다. 희래가 처음으로 "나는 어떻게 태어났느냐"고 질문
했을 때 답을 망설인 진짜 이유이기도 하다. 조혜숙 씨는 이렇게
말했다. "유아기 자녀에게 엄마는 세상을 보는 창과 같다. '다른 엄
마가 낳았다'라는 답은 상실감을 줄 뿐 아니라 입양에 대한 사회
적 편견도 그대로 가르치는 경우가 된다. 명쾌한 답을 찾기 어려
웠다."

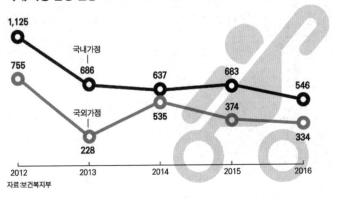

국내 아동 입양 현황 (단위:명, 2012년부터 입양 숙려·허가제 도입)

1,125

국내가정

755

686

637

683

546

국외가정

535

374

228

334

2012 2013 2014 2015 2016

자료:보건복지부

이때 조씨가 활동하는 입양 가족 모임의 선배 홍지희(48세) 씨
가 자신의 경험을 살려 "모든 아이는 여자의 뱃속에서 나오고, 출
생 후 부모를 만나는 것이 이치"라는 식으로 대답해보라고 조언했
다. 부모나 엄마가 되려는 뜻이 없어도 남녀 간의 육체적 관계로
임신과 출산을 할 수 있지만, '가족 관계'는 최소 20년간 아이의 성
장 과정을 함께하겠다는 의지가 있어야 유지될 수 있다는 뜻에서
다. 조씨는 "엄마가 낳지 않았다는 설명에 울던 희래가 모든 아이
의 출생 과정이 다르지 않다는 것을 알게 된 후 입양을 자연스럽
게 받아들이고 있다"고 말했다.

여느 대다수 부모들처럼 조씨의 친정어머니도 희래를 입양하기
전에 극구 반대를 했다고 한다. 그러나 지금은 누구보다 희래의
든든한 우군이 됐다. 얼마 전 친정어머니는 혼잣말처럼 중얼거렸
다. "내가 세상을 헛살았나 보다. 핏줄이 아니어도 자기 자식이 될

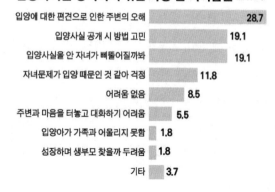

입양자녀를 양육하며 겪는 가장 큰 어려움은 (단위:%)

항목	%
입양에 대한 편견으로 인한 주변의 오해	28.7
입양사실 공개 시 방법 고민	19.1
입양사실을 안 자녀가 삐뚤어질까봐	19.1
자녀문제가 입양 때문인 것 같아 걱정	11.8
어려움 없음	8.5
주변과 마음을 터놓고 대화하기 어려움	5.5
입양아가 가족과 어울리지 못함	1.8
성장하며 생부모 찾을까 두려움	1.8
기타	3.7

입양부모 272명 대상 설문조사. 자료:육아정책연구소

수 있는 거구나."

이제 피는 물보다 진하다는 옛말은 편견에 지나지 않는다. 하지만 부모 형제와 친지, 이웃들이 입양 가족을 바라보는 불편한 시선은 상상 이상으로 압박감이 크다. 육아정책연구소가 2017년 입양 부모들을 대상으로 실시한 설문 조사에 따르면, 입양 부모의 28.7퍼센트는 양육 과정에서 생기는 가장 큰 어려움으로 '사회적 편견으로 인한 주변의 오해'를 꼽았다. 이들이 경험한 편견의 내용은 '입양 부모는 좋은 사람', '낳은 자식처럼 키울 수 없다', '입양아는 반드시 생부모를 찾아간다', '입양아는 사춘기에 문제를 일으킨다' 등으로 다양했다.

이런 시선을 피하기 위해 공개입양이 아닌 비밀입양을 선호하는 가족도 여전히 많다. 강원 지역에 사는 박선화(50대) 씨는 첫

아이를 낳은 후 자녀 둘을 입양했는데, 자녀가 성인이 된 지금까지 주변에 입양 사실을 비밀로 하고 있다. 박씨가 그 이유를 털어놨다. "갓 입양을 했을 때 동네 이웃들이 이 사실을 알게 됐다. 나와 남편한테는 마냥 '사랑스러운 아이'인데도 사람들이 '불쌍한 아이'로 대하는 것이 속상했다. 또 교육상 아이를 훈육할 상황이어서 혼을 내도 이웃들은 '입양아와 친자식을 차별한다'고 수군거렸다." 박씨는 그 일을 겪은 후 입양 사실이 공개되는 게 싫어 3년에 한 번 꼴로 이사를 다니고 있다.

입양아가 차별적 시선을 자주 경험하는 곳 중 하나가 바로 학교다. 10여 년 전 입양을 한 강 모(40대) 씨는 초등학생이던 딸이 수업시간에 가정의 형태에 대해 배우다 친구들에게 놀림을 받은 사실을 알고 충격을 받았다. 그때 이런 일이 있었다. "선생님이 양친 가정, 한부모 가정, 다문화 가정, 조손 가정 등에 대해 설명하던 중이었는데, 친구들이 딸에게 '너는 원래 부모가 한 명(미혼모)이어야 맞는 게 아니냐'고 놀렸다. 이후에 친구들을 집에 초대해 입양에 대해 잘 설명했더니 딸에게 사과를 하더라."

초등학생 시절에 입양 사실을 처음 알게 됐다는 김 모(21세) 씨도 친구들은 물론 선생님한테서까지 상처받는 말을 들어야 했다. "초등학생 때 친구들이 '가짜 엄마'라고 놀리는 것은 대수롭지 않게 넘겼다. 그런데 중학생이 됐을 때 담임선생님이 '부모님이 직접 낳은 형과 너를 차별하지 않느냐'고 공공연히 물었다."

TV 드라마 등에서 입양을 부정적 소재로 삼는 것도 입양 부모에게 큰 상처를 준다. 신용운 전국입양가족연대 대표는 미디어가 편견을 낳는다고 꼬집었다. "대다수 드라마에서 생부모의 존재에 환상적 의미를 부여하면서 결국엔 입양아가 생부모를 찾아 떠나도록 그린다. 이는 혈연 중심의 가족에 대한 고정관념만 재생산한다. 현실에선 입양아의 친권을 갖고 있는 '친부모'가 입양 부모여도 드라마처럼 어느 날 갑자기 낳아준 부모가 찾아와 아이를 데려가는 건 법적으로 불가능하다." 일부 입양 아동을 학대한 사건이 언론에 보도될 때마다 모든 입양 부모를 싸잡아 범죄자처럼 여기는 시선도 여전하다.

입양에 대한 편견을 없애고자 아예 부모들이 직접 나서기도 한다. 공개입양 가정의 부모들이 모인 '물타기연구소'가 대표적이다. 이들은 현재 조혜숙 씨와 희래의 사연을 담은 동화책 출간을 준비하고 있다. 홍지희 물타기연구소장은 편견 없는 입양에 대해 말했다. "피가 물보다 진하다는데 물의 양이 많아지면 편견이 희석될 수 있지 않겠느냐. 우리 사회가 다양한 형태의 가족을 포용하고 존중하려면 입양 가족뿐 아니라 미혼모를 향한 차별적 태도도 함께 버려야 한다."

'입양'은 '양연'으로, '뿌리 찾기'는 '옛터 찾기'로, 언어의 부정적 의미부터 개선해야

전통적 유교 사상에 물들어 혈연 중심의 가족제도를 지키고 있는 한국 사회에서 입양에 대한 이미지를 단기간에 개선하는 것은 불가능에 가깝다. 그래서 입양 가족과 전문가들은 언어에 담긴 부정적 의미부터 바꿔보자고 제안한다.

일단 입양특례법에서 입양 아동을 낳은 사람을 '친생부모', 기르는 사람을 '양친'(또는 '입양부모')으로 칭하고 있는데 이를 수정해야 한다는 지적이 나온다. 입양을 하게 되면 친권은 입양 부모에게 주어지므로 낳아준 이는 '친생부모'가 아니라 '생부모'로 부르는 게 적합하다. 즉 법적 용어에서부터 편견이 담겨 있다는 얘기다. 육아정책연구소는 "아동의 입장에서 누구를 부모로 여기고 있는지 고려해야 한다"고 지적했다. "문서상 특별히 입양 여부를 구분하는 경우가 아니면 현재 가족을 부모와 자녀로 칭하는 게 바람직하다."

정부가 진행하는 '입양인 뿌리찾기 사업'에도 그 용어를 보면 편견이 담겨 있다. 생부모를 찾고 싶은 입양인이 중앙입양원이나 입양 기관에 입양정보 공개청구를 하면 생부모의 동의를 얻어 상봉을 지원하는 사업인데, 입양 가족 입장에서 보면 뿌리나 근본을 찾는다는 말이 마치 입양인이 현재 속한 가정이나 사회에서 배척받는 존재가 돼 있는 것처럼 여겨지게 한다. 정은주 물타기연구소 연구원은 "뿌리 없는 식물은 자랄 수 없는 것처럼 입양인도 저마다 가족을 만난 후 (이미 뿌리를 내리고) 성장하고 있는 것 아니냐"고 했다. '뿌리 찾기'라는 말보다 출생에 대한 궁금증을 해소한다는 차원에서 '옛터 찾기'라는 말이 더 적합해 보인다는 것이다.

입양이라는 단어에도 사회의 잘못된 시선이 담겨 있다는 의견도 있다. 입양은 한자어로 '양자를 들인다'라는 뜻인데 이는 현대 사회의 다양한 가족 형태를 포용하지 못하는 표현이다. 정은주 연구원은 부정적인 표현부터 잡아가자고 했다. "반려동물을 가족 구성원으로 받아들일 경우에도 '입양한다'라는 표현을 쓰는 것을 보면서 (그 말에 자신의 처지가 빗대어지는 것 같아) 입양아가 상처를 받는다는 사연이 많다. 입양은 '양연養緣'(인연을 키움)으로, 생부모한테 버려진 아이는 '해연解緣'(인연이 풀림) 아동으로 부르는 식으로 긍정적인 용어를 사용했으면 좋겠다."

현재 국회에서 다시 추진되는 입양특례법 개정안의 방향에 대한 우려도 있다. 개정안은 보건복지부와 지방자치단체가 입양 신청부터 상담, 교육, 사후 관리까지 관리하고 감독하는 내용을 담고

전문가들은 입양에 대한 이미지를 개선하기 위해 긍정적인 용어를 사용하자고 제안한다.

있는데, 발의한 쪽은 입양에 대한 공공의 책임을 강화해야 한다고 주장한다. 그러나 입양 가족은 이런 법안이 입양 조건과 절차를 현재보다 더 까다롭게 규정하면서 국내 입양을 위축시키고 시설 양육을 늘릴 것으로 본다. 실제로 2012년 1125명이던 국내 아동의 입양은 2012년 8월 입양특례법 개정안이 시행된 이후 2019년 387명으로 크게 줄었다. 반면 같은 기간 베이비박스에 버려진 아이의 수는 급증했다. 당시 개정안에 따라 미혼모가 아기를 입양 보내려면 자신의 가족관계등록부에 출생신고를 의무적으로 하도록 했고, 출생신고를 하지 않은 아이는 입양 기관에 맡길 수 없게 했기 때문이다. 또 생후 일주일간은 입양을 할 수 없고, 입양하려면 반드시 가정법원의 허가를 받아야 한다.

2019년 1월 아동복지법이 개정되면서 그동안 입양 정책을 총괄

해오던 보건복지부 산하의 중앙입양원이 아동권리보장원으로 통합됐다. 중앙입양원은 2012년 입양특례법이 개정될 당시 국내 입양을 활성화하고 생부모 찾기 등 입양 사후 관리를 하기 위해 설립된 기관이다. 보건복지부에 따르면 한국은 1953년부터 시작해 현재까지 68년 동안 아이 20만여 명을 해외로 입양을 보냈다. 입양한 나라는 미국이 74퍼센트로 가장 많았다.

김지영 전국입양가족연대 정책실장은 "아동이 낳아준 부모의 보호를 받는 것이 최우선이지만 그럼에도 키울 수 없는 아이들이 있다면 새로운 가정에서 인연을 만들자는 게 입양"이라고 했다. "시설이 아니라 가정 중심의 양육이 이뤄지려면 국내 입양을 활성화하는 쪽으로 제도를 개선할 필요가 있다."

5월 11일은 '입양의 날'이고, 하루 전날인 5월 10일은 '한부모 가족의 날'이다. 입양에 앞서 생부모 가정에서 아이를 키울 수 있도록 먼저 배려한다는 취지가 담겼다. 입양 장려와 한부모에 대한 지원은 함께 이뤄져야 할 과제이지만, 무게를 어느 쪽에 더 둘지에 대해선 정책상에서 견해차가 존재한다.

'보이지 않는 차별' 검정고시인

"학교서 왕따였니? 내신 망쳤어?", 편견에 멍든다

기회의 사다리, 입지전적인 삶, 고학생. 검정고시 하면 흔히들 떠올리는 긍정적 이미지다. 1950년 처음 시작된 검정고시 제도가 70년 가까운 기간 동안 배출한 합격자는 200만여 명. 이런저런 이유로 공교육에서 떨어져 나온 이들에게 새로운 도전의 기회를 부여했다. 정세균 국무총리, 김용준 전 헌법재판소장, 이재명 경기도지사, 이철성 전 경찰청장, 진웅섭 전 금융감독원장 등 검정고시 출신으로 성공 신화를 쓴 인물들도 적지 않다. '검정고시를 통해 가난과 고난을 딛고 일어섰다'는 류의 성공담에 사람들이 기꺼이 박수를 쳤다.

그러나 검정고시 출신을 바라보는 시선은 이중적이다. 학교생활에 적응하지 못한 끈기 없는 문제아, 남들보다 쉽게 대학에 가려고 편법을 쓰는 자퇴생 정도로 단정 짓는 경우가 적지 않다. 알게 모르게 작동하는 학연에서 배제되며 취직이나 조직 생활에서 차별과 불이익을 받는 사례도 흔하다고 한다. 누군가는 대수롭지 않게 여길 수 있는 중·고교 졸업장을 이들이 결코 손에 쥘 수 없는 '그들만의 리그'행 티켓으로 여기는 까닭이 여기에 있다.

변리사 이재성(62세) 씨는 국민학교(현 초등학교)만 마치고 곧바로 전구 공장, 국수 공장, 목공소 등을 전전하며 돈을 벌어야 했다. 아버지가 사고로 다치면서 집안 형편이 어려워진 까닭이다. 그러다 스무 살이 넘어 중졸, 고졸 검정고시를 잇달아 치르고 공무원 시험에까지 합격해, 총무처(현 행정안전부)에서 공직 생활을 시작하게 됐다. 특허청에서 2002년 서기관으로 퇴직한 뒤 이후 변리사로 활동하고 있다. 전형적인 검정고시 성공 스토리로 보이지만 그에겐 쉽사리 풀리지 않는 응어리가 많다.

"내 나이 대에는 타이핑을 못하는 사람들이 대부분이었다. 그래도 나는 예전부터 타이핑을 아주 잘했다. 그럴 수밖에 없는 이유가 있다." 이씨가 공무원 생활을 하던 시절에는 연필로 서류를 작성한 다음 사무실 여직원에게 타자기로 타이핑을 해달라고 부탁해야 했다. 그런데 이씨가 부탁한 서류는 번번이 우선순위에서 밀렸다. "동료들이 나보다 늦게 서류 타이핑을 부탁하면서도 검정고시 출신에 배경이 없는 나를 만만히 여겨 '내 것부터 해달라'고 너도나도 새치기를 하는 통에 결재 서류 작성이 자주 늦어졌다. 결국 참다못해 스스로 타자 치는 법을 배웠다." 보이지 않는 차별이었다.

검정고시인에게는 문제아라는 근거 없는 편견이 두텁게 덧씌워져 있다. **사진 김주성**

검정고시 출신이라는 이유로 비非검정고시인에 비해 근무평정이 박했고 승진과 인사이동에서 불이익을 받는다고 느꼈다. 이씨는 공직 생활을 하는 동안 회식 자리에서 취해본 적도 없다. 그는 "작은 트집 하나 잡히지 않으려고 항상 신경을 곤두세워야 했다"고 했다. "검정고시 출신이라고 하면 사고를 쳐 교도소에 다녀온 사람이나 소년원 출신이 아닌가 생각하는 시각이 있었다. 검정고시 출신임을 드러내지 않으려고 술자리에서 학창 시절 얘기가 나오면 살짝 빠져나와 담배를 피우며 대화 주제가 바뀌기를 기다린 적도 많았다."

평범하게 학교를 졸업한 이들로선 이씨 같은 검정고시인이 학연의 영향력을 너무 과대평가한다고 여길 수도 있다. 하지만 그의 얘기는 달랐다. 이씨는 "졸업장이 아무것도 아니라고 생각할 수 있지만 영영 가질 수 없는 사람에게는 그 의미가 남다르다"고 했다. "어머니와 아버지가 있는 사람이 부모님의 존재가 얼마나 중요한지 잘 모르는 것과 마찬가지다."

또 검정고시인에게는 문제라는 근거 없는 편견이 두텁게 덧씌워져 있다. 야학을 운영하며 검정고시인을 양성하는 김지혜(46세) 씨는 본인도 검정고시 출신이다. 어려운 가정 형편 탓에 고등학교를 자퇴한 뒤 봉제 공장에서 이른바 '시다'(미싱 보조) 일을 하며 생활비를 벌었다. 김씨는 '대학생 언니 오빠'들이 교편을 잡는 야학에서 공부해 고졸 검정고시에 붙었다. 하지만 이후 그의 삶은 편견과의 싸움으로 점철됐다. 20대 후반에 전문대에 입학한 김씨는 과 친구들과 함께 미팅에 나간 적이 있다. 그 자리에서 검정고시 출신임을 알렸다가 상대편 남자한테 '혹시 일진이었냐'는 경멸조의 질문을 받아 마음의 상처를 받았다. 좀 더 번듯한 직장에서 일해보자는 꿈 역시 현실의 벽 앞에서 좌절됐다. "이력서를 내면 '왜 검정고시를 봤느냐, 학창 시절에 문제아였느냐'고 면접관이 대놓고 물어보더라. 번번이 취업에 실패했다. 외환위기 여파까지 겹치면서 아르바이트 일자리를 전전했다."

대학 신입생 김아연(20세) 씨는 대학 친구들과 대화하는 중에 출신 고등학교에 대한 질문이 나오면 "검정고시 출신이지만 친구 문제가 있었던 건 아니라고 꼭 강조한다"고 했다. "검정고시 출신이라고 하면 학교 폭력의 피해자 아니면 가해자 둘 중 하나일 거라고 생각하는 사람들이 많아서 미리 해명하는 것이다."

가족이라고 해서 늘 같은 편이 되어주는 것도 아니다. 대학생 손유라(21세) 씨는 다니던 고등학교에서 자퇴를 하기 위해 가족을 설득하는 데 6개월이나 걸렸다. "자퇴를 한 뒤에도 가족이 '사회생활을 하려면 고등학교 졸업장이라도 있어야지, 검정고시를 누가 알아줄 줄 아냐. 인생 망치고 싶냐'고 상처 주는 말을 자주 했다."

최근엔 '대학 입시를 위해 편법을 쓴다'는 식의 색안경을 끼고 본다고 검정고시인은 입을 모은다. 2000년대 중반에 특수목적고나 상위권 고등학교에 다니던 학생이 낮은 내신 점수를 만회하려고 졸업하기 직전에 학교를 그만두고 검정고시를 보는 일이 유행처럼 번진 적이 있는데, 이후 '검정고시는 대학에 쉽게 가려고 쓰는 편법'이라는 인식이 생겨났다. 대학생 이희경(19세) 씨는 "학교를 그만두고 검정고시와 대학 입시를 준비하던 시절 만나는 고등학교 친구들마다 '너는 좋겠다'는 말을 하곤 했다"고 했다. "우리 또래 사이에서 검정고시라고 하면 3년 공부할 것을 시험 한 번에 끝내는 일종의 '치트키'(어려운 상황에서 결정적으로 해결하는 존재)로 보는 시각도 있다."

현행 입시 제도에서 검정고시생이 대학에 입학하는 것도 쉬운 일이 아니다. 대입 제도조차 비우호적이다. 한국대학교육협의회 대학입학전형위원회의 발표에 따르면 2019학년도 대입에서 대학들의 수시모집이 차지하는 비중은 76.2퍼센트로 정시의 세 배에 가까웠다. 학생부 기록이 없는 검정고시 출신은 수시모집에서 불리할 수밖에 없다. 더구나 검정고시생이 아예 응시할 수 없는 학

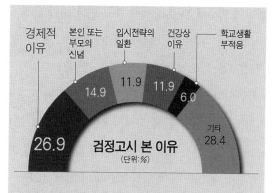

경제적
이유

본인 또는
부모의
신념

입시전략의
일환

건강상
이유

학교생활
부적응

14.9 11.9 11.9 6.0

기타
28.4

26.9   검정고시 본 이유
（단위:%）

검정고시인은 차별 · 불이익을 받는다?
（단위:%）

그렇다

62.7

아니다

37.3

차별을 받는다고 느낀 영역 （단위:명, 복수응답）

사람들의 시선 ················· 27
대학입시 ················· 23
취업 ················· 18
학연 등 인맥 ··········· 12
기타 ··· 5

검정고시인으로서 듣기 싫은 말이나 질문
（주관식）

더 버티지 그랬어요 10대 남성

학교에서 왕따 당했어요? 10대 여성

（비꼬는 말투로）학교 안 나가는 시간에 뭐했어요?
20대 여성

검정고시였어요? 50대 남성

그렇게 쉽다면서요? 60대 여성

※ 한국일보 · 검정고시지원협회 2018년 검정고시인 67명 온라인 설문조사 결과

생부종합전형의 비중은 매년 늘어나 2019년엔 대입 전체 모집 인원 중 24.4퍼센트를 차지했다. 서울교대 등 전국 11개 교대가 수시 모집에서 학생부를 반드시 제출하게 하는 방식으로 검정고시 출신을 원천 차단했다가 2017년 말 헌법재판소에서 위헌 결정을 받은 것은 검정고시에 대한 입시 차별의 단적인 사례로 거론된다. 송혜교 홈스쿨링생활백서 대표는 "검정고시 출신이 제일 잘 갈 수 있는 대학은 한두 곳으로 정해져 있다는 말이 있을 정도로 검정고시인이 아예 넣을 수 없는 전형을 갖춘 대학들이 상당수"라고 설명했다. "학생부교과전형 역시 검정고시에서 만점을 받더라도 이를 내신 점수로 환산할 때 불이익을 주는 대학이 많다."

검정고시인이 지원할 수 있는 전형도 불친절하기는 마찬가지다. 대학 신입생 정유은(19세) 씨는 "전국 거의 모든 대학의 수시에서 자기소개서의 1번 문항은 '고등학교 재학 시절의 경험을 쓰라'는 것이다. 검정고시생은 1번부터 어떻게 답을 해야 할지 고민에 빠지게 된다"고 했다. "정부가 주관하는 토론회 등에서 이에 대해 문제 제기를 했는데도 차별이 여전하다."

검정고시인이 겪는 어려움을 해소할 컨트롤타워 또한 마땅치 않다. 한마디로 정부는 이런 문제에 대해 아예 눈감거나 손을 놓고 있다. 검정고시 문제 출제부터 자격 부여에 이르기까지 전부 관리하는 시도 교육청은 전국 단위의 정책은 수립할 수 없는 구조다. 교육부 측은 "법에 검정고시는 시도 교육청의 사무로 되어 있다"면서 개입이 어렵다고 밝혔다. 그나마 학교 밖 청소년을 관리하는 여성가족부가 지역별 '청소년지원센터 꿈드림'과 손잡고 매년 두 차례 맞춤형 대학입시 설명회를 여는 정도다. 예비 검정고시인에 대한 지원은 이 이상은 어렵다는 게 정부 입장이다. 여성가족부 관계자의 말처럼 "검정고시 지원을 강화하면 학생들이 '학교를 그만두고 검정고시를 보라'는 신호로 받아들여 공교육이 흔들릴 수 있다"는 우려 때문이다. 사회에 진출한 검정고시인이 목말라할 수밖에 없는 동문의 정이나 자부심은 1989년 설립된 '전국검정고시 총동문회'가 그나마 채워주고 있다고 한다.

"검정고시 문제 난이도 높여
자격 시비 못 하게 하자"

소수자가 느끼는 차별감은 배려 없이 무심코 던지는 말 한마디에서 비롯할 때가 많다. 검정고시인 역시 마찬가지다. 취재팀은 사단법인 검정고시지원협회와 함께 '검정고시인이 받는 차별'을 주제로 2018년 4월 6일부터 12일까지 일주일간 온라인 설문조사를 실시했다. 검정고시인(시험 준비 학생 포함) 67명이 조사에 응했다.

'검정고시인은 같은 학력의 비검정고시인에 비해 차별이나 불이익을 받는다고 생각하는가'라는 질문에 응답자의 62.7퍼센트(42명)가 '그렇다'고 답했다. 3명 중 2명 꼴이다. 이 42명에게 차별을 받는다고 생각하는 영역(복수 응답 허용)을 물었더니 '사람들의 시선'(27명)을 가장 많이 지목했다. 이어 '대학 입시'(23명), '취업'(18명), '학연 등 인맥'(12명) 순으로 꼽았다.

'제일 듣기 싫은 말이나 질문은 무엇인가'라는 질문에 대한 주관식 답변에는 검정고시인이 받는 편견이 고스란히 반영돼 있다. 한 10대 여성 응답자는 '너, 왕따 당했니?', '내신 망했니?'와 같은 질문을 꼽았다. 하지만 이런 말은 실제 설문 결과와 크게 상충하는 대목이다. 검정고시를 선택한 이유로 '경제적 이유'(18명), '본인 또는 부모의 신념'(10명), '입시 전략의 일환', '건강상의 이유'(각각 8명) 등을 꼽았다. '학교생활 부적응'이라는 대답은 비교적 적은 4명에 그쳤다. 설령 실제 학교 폭력의 피해자나 가해자라고 하더라도 주위에서 이런 질문을 하는 것은 배려 부족이라는 지적을 받을 수밖에 없다.

검정고시인을 배려하는 마음에서 던진 질문이나 충고 역시 상처가 될 수 있다. 10대 남성 응답자는 '학교를 다니지 않으면 사람을 버린다', '어디가 안 좋아서 학교를 그만뒀느냐'와 같은 질문이 듣기 싫다고 했고, 또 다른 10대 남성은 '더 버티지 그랬느냐'라는 말을 꼽았다.

초·중·고교 졸업장은 1등부터 꼴찌까지 결격사유만 없으면 누구나 받을 수 있다. 그런데 유독 검정고시 합격자에게는 시험의 난이도를 문제 삼으며 자격 시비를 하는 사람이 적지 않다. '검정고시는 쉬워서 제대로 된 학력이 아니다'라는 취지의 말이 듣기 싫다고 답변한 이들도 상당수였다.

"검정고시 출신이야?"라고 되묻는 질문 역시 이들에게는 적지 않은 상처가 된다. 출신을 묻고서는 신기하다는 듯 "다시 봤어"라고 하는 태도에 담긴 무언의 비하 또는 구분 짓기가 차별로 다가갈 수 있다는 얘기다.

제도를 개선할 방안을 묻는 주관식 질문에는 '대학 입시의 선택 폭을 넓혀달라', '검정고시의 난이도를 높여 사람들이 무시하지 못하게 하자', '검정고시라는 이름을 바꿔달라' 등의 의견이 주를 이뤘다. 이은주 검정고시지원협회 총무이사는 "검정고시 준비생에게 일탈의 프레임을 씌우는 '학교 밖 청소년'이라는 명칭부터 바꾸는 것이 좋지 않겠느냐"고 말했다.

주변 시선이 두려운 탈모인

"아무리 돈 많아도 대머리는 좀…"
조롱과 경멸에 연애도 힘들어요

서울 지역의 대학에서 일하고 있는 이 모(36세) 씨는 2018년 3월 친구가 소개해 소개팅에 나갔다가 '또' 좌절했다. 상대 여성이 만난 지 30분 만에 일이 있다며 자리에서 일어섰다. 다음날 친구에게 슬쩍 물어보니 여성이 "아무리 직장이 좋아도 탈모가 심하면 호감이 가지 않는다. 그래서 먼저 나왔다"고 했단다. 소개팅을 하기 전에 탈모 증세가 있다는 것을 미리 밝히고 괜찮다고 해서 나간 자리인지라 마음의 상처는 더욱 컸다.

2010년부터 병원에서 탈모 치료제를 처방받아 복용해온 김 모(48세) 씨는 상태가 많이 호전됐는데도 계속 약을 복용하고 있다. 아들 걱정 때문이다. "탈모 치료를 받기 전에 아들이 나와 외출하는 것을 꺼리는 것 같아 속상한 적이 많았다. 혹시라도 며느리가 될 사람이 내 머리를 보고 아들도 훗날 대머리가 될 것이 두려워

중년 남성이 탈모 치료를 위해 탈모 전문 치료제를 복용하고 있다. **사진 한국일보**

결혼을 포기하면 그 원망을 어떻게 감당할 수 있겠느냐. 적어도 아들이 결혼할 때까지는 계속 탈모 치료를 받을 생각이다." 이처럼 편견에 사로잡힌 사회에서 자신의 연애는 물론 자식의 결혼에까지 영향을 줄까 봐 신경을 곤두세워야 하는 것이 탈모인의 비애다.

국민건강보험공단에 따르면 병원에서 탈모 치료(비급여 제외)를 받은 적이 있는 탈모 환자는 2018년 22만 8910명, 2019년 23만 6001명으로 매년 증가하고 있다. 이는 건강보험이 적용되는 질병으로서의 탈모를 겪는 환자의 수로, 여성이 10만 1400여 명으로 43퍼센트를 차지하고 10대와 20대가 28.5퍼센트를 차지한다. 이제 탈모는 남녀노소를 가리지 않고 모두 아우르는 질병이 된 셈이다. 병원 치료를 받는 탈모인이 전체의 4퍼센트 정도에 불과하다는 것을 감안하면 실제 탈모 인구는 수백만 명에 이를 것으로 추정된다.

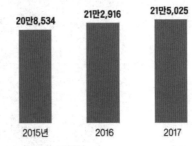

병원 치료를 받은 적 있는 탈모환자 수

(단위: 명)

20만8,534 (2015년)
21만2,916 (2016)
21만5,025 (2017)

자료: 건강보험심사평가원

탈모 관련 논문들에 따르면 백인 남성의 탈모 비율은 45퍼센트, 흑인도 40퍼센트 정도나 된다. 서양인 50대 인구의 50퍼센트는 탈모를 겪는다는 연구 조사도 있다. 하지만 동양인의 경우 탈모 비율은 25~30퍼센트 정도에 그쳐 상대적으로 적다. 소수여서 그런지, 아니면 피부색과 머리카락 색이 대비돼 눈에 잘 띄어서 그런지 탈모인을 향한 편견과 조롱은 우리나라에서 유독 심하다. 미국 보스턴에서 20년 넘게 생활하다 2017년에 귀국한 김기환(47세) 씨는 미국 상황과 비교했다. "미국인들은 탈모가 심하면 아예 머리를 밀고 다닌다. 미국인들도 탈모에 관심이 많지만 우리나라처럼 노골적으로 대머리라고 무시하거나 심하게 조롱하지는 않는다."

탈모인을 향한 조롱과 경멸이 심지어 범죄로 이어지는 경우마저 있다. 2018년 3월 전주 완산구의 환경미화원 이 모(50세) 씨가 구속됐다. 전년 4월에 자신의 원룸에서 동료 Y씨(59세)를 목 졸라 살해한 뒤 시신을 유기한 혐의다. 이씨는 경찰에서 "함께 술을 마

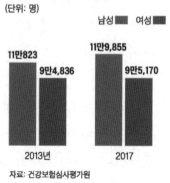

성별 탈모환자 추이

(단위: 명)

남성 ■ 여성 ■

11만823   11만9,855
9만4,836   9만5,170

2013년   2017

자료: 건강보험심사평가원

시던 Y씨가 내 가발을 잡아당기며 욕을 해 홧김에 범행했다"고 진술했다. 물론 애초에 동료의 돈을 노린 계획범죄였지만 외모에 대한 언급이 사건을 촉발시킨 것은 사실이다.

백종우 경희대병원 정신건강의학과 교수에 따르면 탈모인이 겪는 정신적 고통은 심각한 수준이다. "아무리 돈이 많아도 대머리하고는 같이 살 수 없다는 말이 있듯 우리 사회에서 탈모인을 경멸하는 것은 현실이다. 탈모는 자연적 현상인데도 탈모인은 자기관리를 하지 않거나 능력이 부족한 사람 취급을 받기도 한다. 이런 상황에서 범죄는 정당화할 수 없지만, 외모 지상주의 사회에서 갖가지 불이익을 받아온 탈모인이 충동적으로 범죄를 일으킬 수도 있다."

이들은 심적 고통에 시달릴 뿐 아니라 탈모 관련 상품에 상당한 비용을 지출하는 경제적 부담까지 지고 있다. 심적 고통이 심할수록 그만큼 지출 비용도 늘어난다. 30대 후반부터 탈모가 시작된 정 모(42세) 씨도 탈모 방지 상품에 큰돈을 썼다. "국내에서 판매되는 탈모 방지 샴푸는 거의 다 써봤다. 미용실에서 효과가 뛰어나다고 권한 탈모 치료제도 6개월가량 발라봤지만 이마저도 효과를 보지 못했다. 지금까지 탈모 방지 제품을 사는 데 든 비용만 300만 원이 넘는다. 탈모인의 심리를 자극해 이익을 추구하는 업자들이 탈모인을 두 번 죽이고 있다." 국내 탈모 시장의 규모는 4조 원 정도이며 해마다 시장 규모가 확대되고 있다.

탈모인에게 병원 치료는 그야말로 마지막 카드다. 하지만 탈모가 너무 심하면 치료 효과를 장담할 수 없어 치료조차 받지 못한다. 피부과 전문의들은 "탈모 초기에 치료를 받아야 효과를 볼 수 있는데 상태가 악화되고 나서 마지막에 병원을 찾는 이들이 많다"고 말한다.

다행히 병원 치료에 돌입한다고 해도 약값 부담이 만만치 않다. 하루 한 알씩 복용하는 탈모 치료제는 건강보험 급여가 적용되지 않는다. 6년 넘게 한 대학병원 피부과에서 탈모 치료제를 처방받아 복용하고 있는 김 모(39세) 씨는 "시장에서 원단 장사를 하는 형편에 병원에 갈 때마다 15만~30만 원 정도의 약값을 내야 하니 상당한 경제적 부담이 된다"고 토로했다.

가발 비용도 입이 떡 벌어지는 수준이다. 브랜드와 크기에 따라 가격이 다르지만 TV 광고도 하는 유명 브랜드 제품은 남성용 부분 가발이 100만~120만 원, 여성용이 130만~140만 원이나 된다. 전체 가발은 부분 가발보다 20만~30만 원 더 비싸다. 3년 전부터 전체 가발을 쓰기 시작한 박 모(45세) 씨도 비용 부담을 말한다. "가발을 한 개만 사용하면 2년 정도밖에 쓰지 못한다고 해서 두 개를 맞췄다. 그런데 두 개를 번갈아 사용해도 3년이 지나니 가발의 상태가 안 좋아졌다. 올여름 다시 가발을 맞춰야 하는데 비용이 만만치 않아 걱정이다." 이런 비용을 들이고도 고민은 사라지지 않는다. 가발이 혹시 벗겨지지는 않을까, 상대가 가발을 쓴 것을 눈치 채지는 않을까, 가발 안에 땀이 맺히면 그 전쟁을 어떻게 견딜까 등.

남성보다 수가 적기는 해도 여성 탈모인도 적지 않다. 더 적극적으로 감추다 보니 잘 드러나지 않을 뿐이지 더 큰 고통을 안고 지낸다. 주로 유전과 노화 때문에 탈모가 발생하지만, 직장과 가정에서 쌓인 스트레스로 인해 일찍 탈모가 생기는 여성도 많다. 2019년 기준 전체 여성 탈모 환자 10만 1400명 중 20~40대 탈모 환자는 6만여 명이었으며 이는 전체의 60퍼센트에 달한다. 이들은 '여자가 대머리가 어디 있느냐'라는 잘못된 상식과 삐딱한 시선에 더욱 심한 고통을 받는다.

여성 탈모는 남성 탈모와 달리 앞머리 이마선이 퇴축되지 않고 유지되는 것이 특징이다. 이마 위쪽의 모발선이 유지되는 반면 상대적으로 눈에 잘 띄지 않는 정수리의 모발이 가늘어지고 숱이 적어지는 특징적 양상을 보인다. 게다가 급격히 빠지는 것이 아니라 서서히 진행되므로 탈모 초기에는 인지하지 못하는 경우가 많다.

최근 환경적 요인으로 생기는 탈모가 늘어나면서 젊은 여성도

탈모 증세로 병원을 찾은 여성 환자가 머리카락을 들어 보이고 있다. 여성에게 더욱 가혹한 외모 기준이 요구되는 한국 사회에서 여성 탈모인이 겪는 심리적 고통은 매우 크다. **사진 서재훈**

탈모에서 안전하지 않게 됐다. 20~30대 여성의 탈모를 악화시키는 인자는 잦은 파마나 염색, 드라이기 사용, 다이어트, 스트레스 등이 있다. 머리카락을 손상하는 미세먼지도 탈모에 영향을 주는 원인으로 꼽는다. 특히 단기간에 체중을 줄이려고 음식 섭취를 제한하는 다이어트는 탈모의 주범으로 꼽는다.

여기에 무한 경쟁으로 학업, 취업 스트레스가 늘어난 것이 여성 탈모의 또 다른 원인으로 꼽는다. 스트레스를 심하게 받으면 교감신경 흥분 상태가 지속돼 자율신경계의 균형이 깨지고, 두피 근육과 혈관은 수축해 스트레스 호르몬인 코르티솔을 분비한다. 이는 두피에 영양 및 산소를 공급하는 것을 막고 혈액 순환을 어렵게 만들어 모근의 성장을 저해함으로써 탈모를 유발한다.

박 모(47세) 씨는 2015년 가을 시험관아기 시술을 받으면서 급격한 탈모 증세가 생겼다. 난자 배양을 위해 호르몬 주사를 맞는 등 임신과 관련한 스트레스가 누적되고, 파견 근무를 하며 직장생활에서 어려움을 겪은 것이 원인이었다. 매일 머리카락이 한 움큼씩 빠지자 박씨는 시술을 중단했다. 하지만 증상은 호전되지 않았고 이제 상당한 수준으로까지 탈모가 진행됐다. "출근 전에 빈 머리를 감추기 위해 매일 새벽 5시에 일어나 1시간가량 머리를 손질한다. 말 그대로 머리카락과 전쟁을 치른다. 어떤 날엔 손질한 머리가 비바람에 날려 사람들이 이상한 눈으로 쳐다보는 통에 화장실에서 몰래 울음을 터뜨린 적도 있다." 심우영 강동경희대병원 피부과 교수는 "여성 탈모인을 바라보는 사회적 시선이 너무 좋지 않다. 병원을 찾은 여성 환자들을 보면 정신적 충격이 상당하다"고 말했다.

"충격의 민머리 공개…" 외모로 사람 조롱하는
천박한 방송은 사라져야

1990년대 댄스 가수로 인기를 모았던 현진영 씨는 최근 인스타그램에 대머리 사진을 올렸다가 화제가 됐다. '오늘부로 머리를 밀었습니다. 그동안 감사했습니다'라는 글과 함께 올린 이 사진은 사실 만우절 이벤트용 합성사진이었다. 네티즌들은 이 사진에 '빵 터졌어요', '너무 웃겨요' 같은 댓글을 달며 즐거워했다.

이처럼 대머리는 우리 사회에서 우스꽝스런 모습을 연출하는 소재로 사용되고 있다. 코미디 프로그램뿐 아니라 심지어 시사 프로그램에서도 탈모인을 조롱하는 경우가 있다. 한 종합편성 채널은 2016년 11월 시사 프로그램에서 '문화·예술계 청와대 실세'로 알려진 차은택 감독에 대해 '충격의 민머리 공개', '이제 다시 가발 안 써?' 같은 표현을 쓰며 이른바 '비선 실세 의혹'과는 무관하게 탈모를 조롱하는 방송을 내보냈다가 이듬해 방송통신심의위원회에서 주의 조치를 받았다.

대머리를 소재로 한 프로그램이 화제가 될 때마다 탈모인은 자신들을 향한 조롱이 더 심해졌다고 느끼고 고통받는다. 10년 넘게 탈모로 고생하고 있는 서 모(45세) 씨는 이렇게 한탄했다. "과거 한 공중파 방송의 개그 프로그램에서 '마빡이'가 인기를 끌었을 때다. 사람들이 나를 보고 '너도 마빡이니까 이마를 치면서 춤을 추면 재미있을 것 같다'고 놀려 싸움이 날 뻔했다. 그렇게 사람들이 놀릴 때 화를 내면, '농담인데 뭘 그리 화를 내냐'며 옹졸한 사람 취급을 한다. 그들이 조롱할 때 같이 웃고 맞장구를 쳐야 하는 비참한 신세라 할 수 있다."

전문가들은 미디어에서 대머리를 우스꽝스러운 모습으로 연출해 편견을 조장하는 것은 다수의 횡포라고 말한다. 유현재 서강대 신문방송학과 교수는 "개그는 물론 드라마, 쇼 프로그램에서 대머리는 전문적이지 않고 덜 떨어진 사람의 전형이 돼 있다"고 지적했다. "코가 납작하면 '납작코', 점이 많으면 '점박이'라고 부르는 것처럼 미디어에서 특정 신체 부위를 희화화하는 것이 문제다. 이런 소재는 쉽고 빠르게 대중을 웃길 수 있을지 몰라도 그만큼 미디어가 성숙하지 못한 존재임을 드러낸다. 특정 신체 부위를 과도히 강조하고 외모로 사람을 조롱하는 천박한 관행은 이제 사라져야 한다."

그저 다른 손을 쓸 뿐, 왼손잡이

배척 않지만 배려도 없어,
오른손잡이에 길들여질 것을 강요하는 사회

양경수(34세) 씨는 요즘 '핫한' 일러스트 작가다. 직장인의 애환과 부당한 노동 현실을 재치 있게 풀어낸 웹툰으로 젊은 층의 엄청난 지지와 공감을 얻고 있다. 그런데 그의 작품을 유심히 살펴보면 특별한 점이 눈에 띈다. 작품에 등장하는 인물 캐릭터가 유독 왼손을 많이 쓴다. 왼손으로 필기를 하거나 음식을 먹는 등 다른 작가의 작품에서는 자주 볼 수 없는 장면들이 나온다. "그 수는 적어도 왼손잡이도 분명 존재하는 사람들이잖은가. 있는 그대로의 현실을 반영했을 뿐인데, 무슨 의도가 있는 것처럼 생각하는 자체가 편견이다." 물론 그 역시 왼손잡이다.

'모두가 똑같은 손을 들어야 한다고 / 그런 눈으로 욕하지 마 / 난 아무것도 망치지 않아 / 난 왼손잡이야!' 1995년 가수 패닉은

억압받는 성 소수자의 삶을 왼손잡이에 빗대 노래했다. 그만큼 당시 왼손잡이는 주류 문화에서 소외된 비주류의 상징이었다. 25년의 세월이 흐른 지금, 사용하는 손이 다르다는 이유만으로 배척되는 일은 없다. 국가와 조직이 주는 불이익도 없고, 다른 소수자처럼 권리 옹호를 위한 전투적 인권 운동의 대상도 아니다. 그러나 이들에게 한국 사회는 여전히 적응하기 힘든 공간이다. 두 손의 생김새가 같고 그 쓰임도 다르지 않은데 세상은 별다른 배려 없이 '오른손잡이 사회'에 길들여질 것을 강요한다. 차별과 무관심 사이 어느 지점에서 왼손잡이는 불편을 숙명으로 받아들이며 살아가고 있다.

'서툴다, 불길하다, 음흉하다.' 통상 세계 인구의 10퍼센트 정도로 알려진 왼손잡이는 동서고금과 종교, 문화를 막론하고 뿌리 깊은 편견에 시달려왔다. 특히 역사를 통해 왼손에는 온갖 부정적 이미지가 덧씌워졌다. 차별과 억압의 대명사가 됐다. 기원전 3000년쯤 유럽 언어의 원류가 된 고대 인도어에는 왼쪽을 뜻하는 단어가 아예 없었다. 프랑스어에서 왼손잡이 성향을 뜻하는 단어 'gaucherie'는 '서투름' '실수'와 같이 좋지 않은 의미를 갖고 있고, 이탈리아어에서 왼손잡이를 뜻하는 단어 'manchino'는 도둑을 뜻하기도 했다. 영어 'left hand'에도 '버림받다'라는 의미가 내포돼 있다. 옛날 중국의 식자층은 왼손을 쓰지 않으려고 손톱을 자르지 않고 길렀고, 중세 유럽에서는 왼손으로 글을 쓰면 그 손을 '악마의 손'으로 간주했다.

우리나라는 왼손잡이에 더욱 가혹하다. 서른을 넘긴 성인 왼손 잡이에게는 공통점이 있다. 오른손잡이로 바꾸려는 '강제된 사회화'의 과정을 거쳤다는 것이다. 양경수 작가는 스무 살을 인생의 분기점으로 여긴다. 전통 불교미술을 하는 집안에서 태어난 그에게 왼손은 무조건 금기시되는 불온한 것이었다. 밥을 먹고 글씨를 쓰는 모든 생활에서 왼손을 쓰면 체벌이 가해졌다. 아무런 설명 없이 그저 왼손을 써서는 안 된다는 식의 윽박지르기가 계속됐다. 왼손에서 비롯된 갈등은 커가면서 개성에 대한 통제로 확장됐다. 그는 급기야 이에 반발해 서양화를 전공하고 힙합을 좋아하는 길을 택했다. 대학 입학과 동시에 독립을 하면서 비로소 왼손을 맘대로 쓸 수 있게 됐다. "왼손은 삐딱한 외부 시선에 맞서 삶의 주인은 나이며 나 자신은 자유의지를 가진 존재임을 느끼게 하는 버팀목이었다."

    왼손잡이 어린 자녀를 강제로 오른손잡이로 개조하려는 '강요'
는 대개 밥상머리에서 시작된다. 비영리 단체에서 일하는 김수연
(33세) 씨는 어릴 적 할머니의 눈치를 살피는 날이 많았다. 혹여 왼
손을 쓰다 걸리면 지청구가 날아오기 예사였고, 나쁜 짓(?)을 한
대가로 손등을 맞기도 했다. 김씨는 "갖은 핍박을 받으며 오른손
잡이로 길러진 끝에 어쩔 수 없이 양손을 자유자재로 사용하게 됐
다"고 말했다. 성인 왼손잡이 중에는 김씨처럼 후천적 양손잡이(혼
합형 손잡이)가 된 경우가 적지 않다.

    젊은 세대가 이러한데 중장년층의 고충은 비길 바가 아니다. 왼
손은 '옳지' 않고 '바르지' 않다는 배타적 관념이 훨씬 강고했던 시
절을 겪은 이들이다. 태생적 차이를 고스란히 차별로 감내하며 살
아야 했다. 소설가 이순원은 2005년 3월 한국일보에 연재한 에세
이 '길 위의 이야기'에서 "왼손잡이라 오른손 감각이 무뎌 주산만
은 어쩔 수 없어 그걸로 낙담한 시절이 있었다"고 썼다. 한국은행
에 입사하는 길을 목표로 삼아 상업고등학교에 들어갔다가 오른
손잡이용 주판에 적응하지 못해 포기했다는 고백이다. 농사일을
하다 왼손잡이용 농기구가 없어 낫이 흉기가 됐던 기억, 등단한
뒤 초대받은 서양식 식사 자리에서 원형 테이블의 방향을 헷갈려
옆 사람의 포크를 집었다가 오른손잡이를 기준으로 만들어진 '좌
빵우물' 원칙(빵은 자신의 왼쪽, 물은 오른쪽에 놓인 것을 집으라는 테이
블 매너)을 되새겼다는 일화까지…. 왼손잡이를 대하는 세상의 태
도는 언제나 적대적이었다. 이순원 작가는 "오른손 환경에 억지로
맞춰 살다 보니 가장 고도의 기능을 수행하는 손의 미세한 감각을

잃어버렸다"고 했다.

　자의든 타의든 차별을 받아들이는 순간 왼손잡이에게는 고단한 일상이 펼쳐진다. 무엇보다 글씨 쓰기는 왼손의 본능을 꺾게 만드는 거대한 장벽이 된다. 학부모 이 모(41세) 씨는 원래 초등학교 3학년 아들의 왼손 쓰기 방식을 고칠 계획이 없었다. 생각이 바뀐 건 아이가 입학한 후 얼마 지나지 않아서다. 아이가 허리가 아프다는 말을 이따금 하기에 병원에 데려갔더니 한쪽 척추에 무리가 왔다는 진단이 나왔다. 의사는 잘못된 쓰기 자세 때문이라고 했다. "왼손으로 왼쪽에서 오른쪽으로 필기를 할 때마다 몸이 틀어지는 데다 거의 엎드린 자세로 글자를 봐야 한다. 그래서 아이가 스트레스를 받아도 할 수 없이 오른손 쓰기로 교정하는 중이다."

　학교 현장에서는 글씨를 쓰는 방향이나 한글 획순 모두를 좌에서 우로 진행하는 방식으로 가르치므로 오른손잡이에게 절대적으로 유리하다. 대전 송림초등학교 김선화 교사는 이렇게 설명했다. "요즘에는 자녀의 특성을 살려주는 쪽으로 양육관이 변해 왼손으로 필기하는 학생의 수가 늘었다. 하지만 그 때문에 건강 문제가 생겨 상담을 요청하는 부모도 아직 있다. 때로는 교사가 교정을 권하기도 한다." 2013년 한국갤럽이 실시한 여론조사 결과를 보면 스스로를 왼손잡이로 인식한다고 답한 성인 남녀는 세계 평균의 절반인 5퍼센트 수준이었다. 그중에서도 필기를 왼손으로 한다는 비중은 1퍼센트에 불과했다. 교육 과정에서 오른손 쓰기 훈련을 받은 왼손잡이가 꽤 많다는 의미다.

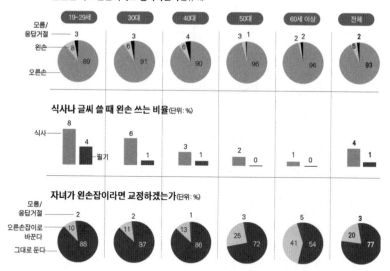

본인은 어느 손잡이라고 생각하는가(단위: %)

	19-29세	30대	40대	50대	60세 이상	전체
모름/응답거절	3	3	4	3 / 1	2 / 2	2
왼손	8	6	6			5
오른손	89	91	90	96	96	93

식사나 글씨 쓸 때 왼손 쓰는 비율(단위: %)

식사 8 / 필기 4 | 6 / 1 | 3 / 1 | 2 / 0 | 1 / 0 | 4 / 1

자녀가 왼손잡이라면 교정하겠는가(단위: %)

모름/응답거절	2	2	1	3	5	3
오른손잡이로 바꾼다	10	11	13	25	41	20
그대로 둔다	88	87	86	72	54	77

*한국갤럽, 2013년 10월 전국 만 19세 이상 남녀 1217명 대상 조사

  글쓰기 외에도 왼손잡이로서 겪는 다양한 어려움은 인터넷에서 조금만 검색하면 쉽게 찾아볼 수 있다. 흔히 알려진 가위 및 컴퓨터 마우스 사용부터 냉장고 문 여닫기, 기역 자 모양의 대학 강의실 책상, 전화기 수화기, 음료 자판기, 전자계산기, 지하철 개찰구, 카메라 셔터, 총 쏘기, 깡통 따기, 나사 조이기 등 난관은 셀 수 없이 많다. 소총도 탄피 배출구와 노리쇠 전진기가 오른쪽에 있다. 스포츠에서도 사정은 마찬가지여서 육상 트랙이나 야구장 베이스는 오른손잡이에 맞게 설계돼 있다. 폴로나 필드하키의 경우 왼손잡이의 진입이 원천적으로 불가능하다. 주변의 모든 사물이 오른손잡이에 맞게 만들어진 일상이 불편한 것투성이다. 심지어 신발 끈을 묶는 방법마저 왼손잡이 아이에게는 배우기 버거운 도전 과

제가 된다.

왼손잡이에게 하루하루는 고난의 연속이지만 이들이 힘을 합쳐 목소리를 내는 일은 드물다. 왜 그럴까. 조수민 씨는 2017년 다니던 회사에서 사내 프로젝트 형식으로 왼손잡이용 노트를 출시했다. 시장 규모가 확실한 만큼 어느 정도 수익만 보장되면 제품군을 늘려 왼손잡이를 위한 종합 온라인 쇼핑몰을 만들 요량이었다. 그러나 예상은 금세 빗나갔다. 초도 물량으로 찍은 2000부 가운데 판매량은 겨우 절반을 넘겼다. 조씨는 곧 사정을 파악했다. "막상 판매처를 찾아보니 모임이나 커뮤니티가 활성화되지 않았더라. 그렇다고 왼손잡이를 대표하는 단체가 있는 것도 아니어서 타깃 마케팅을 하기도 여의치 않았다."

실제 1999년 출범한 한국왼손잡이협회는 2000년대 중반 문을 닫았다. 국내 최초 왼손잡이 용품을 판매하는 웹사이트도 비슷한 시기에 수지 악화로 자취를 감췄다. 이후 변변한 전문 매장은 나타나지 않고 있다. 1992년부터 '세계 왼손잡이의 날'(8월 13일) 공식 행사를 열어온 영국왼손잡이협회나 왼손잡이에게 필요한 맞춤형 용품을 지원하는 미국과 일본, 호주, 뉴질랜드 등의 행보와 비교하면 대조적이다. 한때 왼손잡이협회를 창립했다가 운영을 중단한 강미희 광주보건대 유아교육과 교수는 왼손잡이들 사이에서 조직화가 덜 된 이유를 이렇게 진단했다. "집단의 권익을 증대하려면 시간이 지남에 따라 발전적인 지향성을 보여야 하는데 협회 활동은 동호회 수준에서 서로 고민을 나누는 차원에 머물렀다. 왼손잡이 스스로 사회의 편견에 길들여져 이를 극복하지 못한다는 인상을 강하게 받았다."

원손잡이는 이런 체념이 오른손이냐 왼손이냐 양자택일을 요구하는 우리 사회 특유의 작동 방식에서 비롯한다고 항변한다. 이순원 작가는 "복잡해진 사회구조는 점점 오른손잡이에게 맞게 설계되고 효율성도 높여간다. 딱히 해결책이 없다면 하루라도 빨리 시스템에 익숙해지는 것이 낫다"고 말했다.

한편 미디어는 '왼손 신화'를 부추기며 오히려 평범한 왼손잡이를 더욱 움츠러들게 한다. 대학생 이지혜(22세) 씨는 이렇게 토로했다. "(미디어는) 버락 오바마 전 미국 대통령, 이탈리아 예술가 레오나르도 다빈치 같은 왼손잡이 유명인의 성공 스토리를 열거하면서 '왼손잡이 중에 천재가 많다'는 식으로 결론을 내린다. 그런 이야기가 부각될수록 구경거리로 전락하는 것 같아 배려받기를 포기했다."

왼손으로도 경례하고 선서할 수 있게
국기법 및 선서 규칙 등 개정해야

왼손잡이를 정신적 결함이 아닌 신체적 차이로 인식하게 된 건 비교적 최근인 20세기에 들어서다. 의학 기술이 발달하고 각종 과학적 연구가 진행되면서 왼손잡이에 대한 잘못된 인식을 벗겨내고 긍정적 특성을 탐색하려는 노력은 계속되고 있다. 하지만 법과 제도 등을 개선함으로써 다양성을 존중하는 차원에서 왼손잡이를 보듬으려는 시도는 더디기만 하다. 사회적 소수자로서 이들을 보호할 방안은 마련되지 않고 있다.

우리 법령과 자치법규에서 왼손잡이를 규정하는 항목은 없다. 법적 정의가 미비하다 보니 당연히 보호 방안과 지원 대책도 전무하다. 왼손잡이의 권익을 증진하기 위한 입법 시도 역시 단 한 차례에 그쳤다. 정몽준 전 의원은 2003년 장애인등편의법(장애인·노인·임산부 등의 편의증진보장에 관한 법률) 개정안을 대표 발의하면서

I MAY BE
LEFT-HANDED
BUT I'M
ALWAYS RIGHT
#lefthandersday lefthandersday.com

국제왼손잡이협회 홈페이지에 나와 있는 국제 왼손잡이의 날 홍보 그래픽

왼손잡이를 위한 편의 시설을 생산하거나 설치하는 기업을 지원
하자고 제안했다. 왼손 사용자가 소외받고 있으니 국가나 지방자
치단체가 나서서 조세특례제한법 등 관계 법령을 활용해 세금을
감면해주자는 주장이었다. 그러나 이 법안은 주위의 호응을 얻지
못하고 흐지부지 사라졌다. 감정적 호소에만 의존했을 뿐, 왼손잡
이의 권리가 어떻게 침해되는지, 보완해야 할 내용이 무엇인지 등
구체성이 떨어졌기 때문이다.

전문가들은 평상시에 무심코 왼손의 사용을 제한하는 법 조항
부터 손질할 필요가 있다고 입을 모은다. 대표적인 차별 항목이
경례와 선서에 관한 내용이다. 대한민국국기법 제6조는 경례 방식
을 오른손으로만 하도록 규정하고 있다('국기에 대한 경례를 하는 때
에는 선 채로 국기를 향하여 오른손을 펴서 왼편 가슴에 대고 국기를 주목하
거나 거수경례를 한다'). 선서 역시 국가공무원 선서에 관한 규칙 제

3조에서 오른손 용례만 명시하고 있다. 한국외국어대에서 법학을 가르치는 전지수 박사는 "군대의 집단 제식 같은 특수한 상황을 제외하면, 일반 국민의 행복 추구권을 보장하는 취지에서 왼손으로 경례할 여지를 두는 것이 바람직하다"고 말했다.

왼손잡이가 소수자라는 강박에서 벗어나도록 학교 현장에서 관련 편의 시설을 구비하고 적합한 환경을 조성하는 일도 시급하다. 대전 송림초등학교 김선화 교사가 2012년 발표한 '왼손잡이 학생 모니터링 연구' 보고서에 따르면, 초등 교사 46명을 대상으로 설문 조사를 실시한 결과 응답자의 64퍼센트가 "왼손잡이 학생들의 학교생활이 불편하다"고 답했다. 많은 교사가 오른손잡이 중심으로 이뤄지는 교육 환경의 문제점을 인지하고 있는 것이다.

초등 교과서에조차 오른손을 기준으로 바른 필기 자세와 한글 자음 쓰기 방법을 소개함으로써 왼손 글씨 쓰기는 잘못됐다는 생각을 은연중 주입하고 있다. 김선화 교사는 대책을 촉구했다. "외국의 경우 교육 당국은 왼손으로 글씨를 쓰더라도 불편을 느끼지 않도록 지침서와 워크북을 통해 연필 잡기나 공책 놓는 방법 등을 제공한다. 우리도 한글에 맞는 쓰기 방식을 체계화해 학생과 학부모가 강제 교정의 압력에서 벗어나게 해야 한다."

'죄인' 같은 발달장애인 가족

"발달장애인을 왜 데리고 나와서…" 가족에게 쏟아지는 핀잔과 눈총

김남연(52세) 씨는 최근 주말 아침에 자폐성 발달장애 1급인 아들 윤호(20세) 씨와 서울 삼성동의 한 대형 커피 전문점에 갔다가 30분 만에 쫓겨났다. 김씨는 음료를 주문하기 전 "아이가 소리를 내거나 돌아다닐 수도 있다"고 양해를 구했고, 종업원도 "고객이 별로 없으니 괜찮다"고 허락했다. 하지만 30분쯤 지났을 때 매장 매니저가 나타나 굳은 얼굴로 "영업에 방해되니 당장 나가달라"고 요구했다. 김씨는 아이가 혼자 소리만 낼 뿐 다른 고객에게 다가가지도 않으며 주문 전에 직원에게 양해를 구했다고 설명했다. 매니저는 "고객들이 얘기를 못 하는 것이지 이분을 싫어하고 힘들어한다. 매장을 관리할 자격이 없는 종업원이 잘 모르고 허락한 것"이라고 쏘아붙였다.

김씨는 더 이상 실랑이를 벌이기 힘들어 매장을 나올 수밖에 없

김정숙(왼쪽) 씨와 발달장애 1급인 아들 민우씨가 산책을 하고 있다. **사진 신상순**

었다. "공중목욕탕에서도 아이가 용변을 보고 물장난을 치는 바람
에 쫓겨난 뒤로 가지 않은 지 오래됐다. 주변의 따가운 시선에 적
응은 했지만 발달장애인 가족들은 대부분 공공장소에 가는 걸 힘
들어한다."

우리 사회에서 장애인은 평생 사회적 편견과 차별을 견디며 살
아가야 한다. 보건복지부의 '등록장애인 통계'에 따르면 2019년
말 기준 등록 장애인은 총 261만 8000명으로 전체 인구 중 5.1퍼
센트를 차지한다. 이들 가운데에는 신체적 어려움에도 의사표현
이 가능한 이도 있고 성인이 되면 독립하는 이도 있다. 하지만 전
체 장애인 중 9.2퍼센트를 차지하는 발달장애인 24만 2000명은 상
황이 다르다. 지적장애인(21만 3000명)과 자폐성장애인(2만 9000명)

을 통칭하는 발달장애인은 평생 주위의 돌봄을 필요로 한다. 보건복지부가 3년마다 실시하는 2017년 '장애인 실태조사'에 따르면 일상생활에서 도움을 필요로 하는 장애인의 비율은 33.9퍼센트이지만, 지적장애인 중에서는 78.9퍼센트, 자폐성장애인은 87.3퍼센트에 달했다. 그리고 다른 장애인과 달리 정작 발달장애인 본인은 주변의 차별과 편견을 인식하지 못하는 경우도 많다. 이를 고스란히 감당해야 하는 이는 발달장애인의 가족이다.

서울 중랑구에 사는 김정숙(52세) 씨는 2016년 자폐성 발달장애 1급인 아들 민우(21세)를 고등학교 2학년 때 전학시켜야 했다. 일반 고등학교에서 특수 학급에 배정받아 과목에 따라 일반 학급과 특수 학급을 교차하며 수업을 듣던 중 체육 시간에 일반 학급의 친구를 때린 것이다. 일반 학급의 교사 혼자 학생들 전부를 관리하기에는 버거웠을 상황임을 감안해도 한 번의 실수에 대한 결과는 냉혹했다. 곧바로 학교폭력위원회가 열렸고 민우에게 강제전학 조치가 내려졌다. 김씨는 "민우는 자기주장이 강하고 고집이 센 편이기는 하지만 좀 더 신경을 써주면 적응할 수 있었을 것"이라며 아쉬워했다. 특히 전학을 요구하던 교사한테 들은 말, "고등학교는 대학 입시를 준비하는 곳이에요"라는 말은 김씨에게 큰 상처가 됐다. 즉 민우가 다른 학생의 공부에 피해가 된다는 말이었다.

사실 김씨는 초등학교 때부터 다른 학생들이 민우에게 가하는 폭력에 대해서는 꿋꿋이 참아왔다. 책상 위에 올라가 발로 민우의 머리를 밟기도 하고 과자를 변기 물에 적셔서 민우에게 먹으라고 하는 등 괴롭힘이 이어졌지만 참고 또 참았다. 그저 보통 아이들과 함께 학교에 다닐 수 있게 해준 것만으로도 감지덕지해서 큰소리 한번 내지 않았다. "민우를 특수학교에 보내고 싶었지만 자리가 부족했다. 다른 보통 학생들과 조금이라도 어울릴 기회가 있기를 바랐지만 돌아온 건 강제전학뿐이었다."

김남연 씨도 10년 가까이 지났지만 아직도 잊을 수 없는 일이 있다. 윤호가 초등학교 4학년 때 담임교사가 '기물을 파손하는 등 누군가에게 피해를 주는 행위를 하면 책임을 진다'는 내용의 각서를 쓰라고 요구한 것이다. 김씨는 교사와 다른 학부모들의 요구에 따라 마지못해 각서를 쓰면서 학교 측에 이 문제를 따졌다. 결국 이 일을 계기로 교사의 입장을 두둔한 다른 부모들과의 사이가 틀어졌다. "교사와 부모들이 한편이 되어 문제를 삼으니 전학을 하지 않을 수 없었다. 그 후 특수학교에도 자리가 없어 결국 1년간 집에서 보내야 했다."

발달장애 자녀가 있는 부모 중엔 아이의 특성을 고려해 수업을 하는 특수학교에 보내고 싶어 하는 이도 있고, 사회에 나와 일반인과 어울려 살아야 하는 만큼 일반학교의 특수 학급을 선호하는 이도 있다. 문제는 특수학교를 보내고 싶어도 마음대로 갈 수 없는 게 현실이라는 점이다. 보건복지부에 따르면 학령기 장애인은 9만여 명 수준인데 특수학교의 정원은 2만 5000명밖에 되지 않는다. 나머지는 원하든 원하지 않든 일반학교의 특수 학급으로 가야한다. 하지만 일반학교에선 학업에 방해된다거나 다른 아이에게

국가 등록 발달장애인 수(단위:명)

지적장애
20만 903

자폐성장애
2만 4,698

전체장애인
254만 5,637

22만 5,601 ─ 발달장애인

연령대별 발달장애인 구성(단위:%. 괄호안은 명)

아동(6~17세) ─
19.5
(4만 4,001)

영유아(0~5세)
1.3(2,920)

성인(18~64세)
75.2(16만 9,650)

노인(65세 이상)
4.0(9,030)

전체 장애인 vs 발달장애인
(2017년 12월 기준)

일상생활에서 타인 도움 필요한 비율(%)

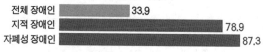

전체 장애인 **33.9**
지적 장애인 **78.9**
자폐성 장애인 **87.3**

부모 도움 받는 비율(%)

전체 장애인 **21.2**
지적 장애인 **72.8**
자폐성 장애인 **98.5**

장애로 인한 월 추가비용(원)

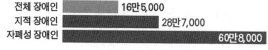

전체 장애인 **16만5,000**
지적 장애인 **28만7,000**
자폐성 장애인 **60만8,000**

자료:보건복지부

해를 끼칠 우려가 있다는 이유로 환영하지 않는다.

특수학교를 더 짓는 것도 쉽지 않다. 2017년 9월 서울 강서 지역에 특수학교를 설립하는 문제를 두고 지역 주민들이 반대하면서 장애 학생의 부모 수십 명이 무릎을 꿇어야 했던 사건은 이런 현실을 잘 보여준다.

고등학교 1학년이 된 자폐성 발달장애 1급 아들을 둔 이진주(42세) 씨는 외출이 두렵다. '떼를 쓰면 엄마가 어떻게 해주겠지'라는 점을 알고 있는 아들이 공공장소에서 소리를 지르거나 울면서 자신이 원하는 걸 언어가 아닌 온몸으로 표현하기 때문이다. "그럴 때면 창피하기도 하고 당황스럽기도 하다. 어쩔 수 없이 제압해야 할 때도 있는데, 주변 사람들이 이를 보고 학대한다고 생각할 수도 있을 것 같아 신경이 쓰인다."

이런 상황에서 주변 사람들이 개입하면 문제는 더욱 복잡해진다. "왜 이런 애를 데리고 나와서 민폐를 끼치냐"고 하는 사람들과 언쟁이 벌어지기 일쑤다. "아들이 왜 그러냐"면서 안쓰럽다는 투로 말을 거는 이들도 곤욕스럽기는 마찬가지다. 이씨는 고충을 토로했다. "조금이라도 빨리 아이를 진정시키려고 실랑이를 하고 있을 때 어르신이 물어보면 모른 척할 수도 없어 그럴 때는 머리가 갈라지는 것 같다. 그러다 보니 애랑 집에 있게 되고 자연히 집에 갇혀 있는 시간이 많아지는 것 같다."

김정숙 씨의 사정도 다르지 않다. 아들 민우가 갑자기 주위를 돌아다니거나 자신의 손으로 머리를 치는 행동을 하면 주변 사람들은 슬금슬금 자리를 피한다. "'사정을 모르니까 그러는 거겠지' 라고 생각하며 이해는 한다. 그래도 특별히 다른 사람에게 피해를 주는 것도 아닌데 그럴 때면 서운한 건 사실이다."

"정부에서 해주는 것이 많지 않느냐는 얘기를 들을 때면 정말 한숨만 나온다." 취재 중에 서울 중랑구민회관에서 만난, 발달장애인 자녀를 둔 엄마들 여섯 명은 "혜택의 종류는 많지만 실제 쓸 수 있는 혜택은 별로 없다"고 목소리를 높였다. 고등학교 3학년이 된 발달장애 아들을 둔 유인숙(52세) 씨는 "택시만 타도 '나라에서 해주는 게 얼마나 많으냐'는 질문을 받는다"고 했다. "교육비와 급식비를 지원받는 것은 맞지만 엄마가 돌보느라 경제활동을 하지 못하고 소비만 하는 형편이라 앞으로 살아갈 날을 생각하면 막막해진다."

윤경자(52세) 씨는 발달장애 1급인 스물다섯 살 아들을 위해 마련했던 중랑구 내 장애인종합복지관에서 쫓겨났다. 대기자가 많아 1년 전부터 명단에 올린 끝에 겨우 들어간 곳인데, 복지관 관계자가 "아이가 화가 나면 억제하기 힘들다"며 재계약을 해주지 않았다. 윤씨는 "이곳에서 밀리면 다른 곳에 갈 데가 없다"며 사정했지만 결국 받아들여지지 않았다. 어쩔 수 없이 근처 노원구까지 샅샅이 뒤져 아들을 받아줄 주간보호센터를 찾았다. 하지만 시설이나 프로그램 수준이 크게 떨어진다. "복지관이나 주간보호센터 제도가 있지만 중증 장애인(1~3급)이 이용할 시설은 크게 부족하다. 사정이 이런데도 발달장애 자녀를 둔 엄마가 과도한 요구를 하는 것처럼 비춰지는 게 속상하다."

활동보조 서비스도 마찬가지다. 장애 1급에서 3급까지는 지급되는 금액이 같기 때문에 활동보조인도 이왕이면 등급이 낮은 장애인을 맡고 싶어 한다. 하지만 발달장애인은 전체 중증 장애인의 23.1퍼센트(2018년 기준)를 차지할 정도로 다른 장애인에 비해 심한 장애의 비중이 월등히 높다. 고등학교 3학년이 된 발달장애 아들을 둔 이순식(40세) 씨는 "아이의 힘은 점점 세지고 말은 여전히 알아듣기 어려운데 어떤 활동보조인이 선뜻 나서겠느냐. 남자 활동보조인이 필요하지만 구하는 것은 정말 어렵다"고 말했다. 더욱이 원하는 시간에 이용하기도 어렵고 이용할 수 있는 시간도 부족하다. 김정숙 씨는 "아이가 고등학교를 졸업하는 동시에 활동보조 서비스 시간이 118시간으로 줄어들었다"고 했다. 보호자가 다른 직장을 구하기에는 턱없이 시간이 부족한 게 현실이다. 이순식 씨는 "발달장애인 엄마가 제일 걱정하는 게 내가 죽은 다음 남겨진 자녀"라고 토로했다. "정부에서 실질적으로 도움이 되는 혜택을 준다면 왜 발달장애 자녀를 둔 엄마가 아이와 함께 극단적 선택을 하거나 그런 일을 고민하겠느냐."

"가족의 돌봄 휴식도 필요해요,
성인 발달장애인이 낮에 갈 수 있는 곳 있었으면"

발달장애 자녀를 둔 엄마들이 자녀가 어릴 때 하지 못했다고 후회하는 게 있다. 친구 사귀기도 여행 가기도 아닌 바로 입학 유예다. 초등학교의 경우 최장 2년까지 입학을 유예할 수 있는데, 입학을 늦추면 자연히 졸업이 늦춰지므로 자녀가 돌봄의 부담이 훨씬 큰 성인이 됐을 때 2년의 시간을 벌 수 있어서다. 이순식 씨도 "당시에는 자녀(발달장애 아동)가 동생보다 늦게 졸업하는 게 마음에 걸렸고, 그래도 나이에 맞춰 학교를 보내는 게 낫다고 생각했다. 하지만 지금은 입학을 늦춘 부모가 가장 부럽다"고 말한다.

실제 발달장애인은 고등학교를 졸업하면 갈 곳이 마땅치 않다. 집 근처에 있는 주간보호센터에 들어가거나 취업을 하면 좋겠지만, 자녀의 장애 정도가 심할수록 '낮에 갈 수 있는 곳'을 찾기는 더욱 어렵다. 이는 발달장애인 가족의 삶의 질과 직결된다. 발달장애 아들의 고등학교 졸업을 앞두고 있는 이순식 씨도 이 점을 우려한다. "아들이 학교에 가 있는 동안이라도 쉴 수가 있었는데 졸업 이후에는 대책이 없어 벌써부터 걱정스럽다. 그렇게 되면 이제 집마저도 내겐 휴식 공간이 될 수 없을 것이다."

문제는 부모가 나이가 들수록 성인이 된 발달장애 자녀를 돌보는 데 신체적, 정신적 부담이 커지게 된다는 데에 있다. 그래서 발달장애인 가족에게 무엇이 가장 필요하냐고 물으면 발달장애인을 위한 평생교육 시설과 일자리를 꼽는다. 하지만 실상은 반대로 가고 있다. 먼저 주간보호센터의 경우 수용 인원은 1만 명에 불과한 데다 서비스의 질이 지역마다 천차만별이다. 그러다 보니 위치나 시설, 프로그램이 좋은 주간보호센터에 신청자가 몰리게 되고 그에 따라 대기하는 시간이 길어진다. 또 센터가 이용자를 선택할 수 있다 보니 이른바 '도전적 행동'(발달장애인이 하고 싶은 것을 하지 못하게 제지받는 등 어려운 상황에 몰릴 때 보이는 자해나 타해, 공격성 같은 부적응 행동)을 보이는 발달장애인은 후순위로 밀린다.

취업도 마찬가지다. 한국장애인고용공단 고용개발원이 실시한 '2019년 장애인 경제활동 실태조사'에 따르면 15세 이상 발달장애인 20만여 명 중에서 5만 4000여 명이 고용돼 취업률이 27퍼센트에 그쳤다. 박승희 이화여대 특수교육과 교수는 "성인이 된 발달장애인이 다양한 진로를 선택할 수 있도록 중등교육 이후 다양한 교육 프로그램과 평생교육이 필요하다"고 강조했다. "프로그램의 다양화뿐 아니라 실시 장소에서도 특수학교를 넘어 지역사회의 평생교육 기관이나 대학교로 확대할 필요가 있다."

서울 종로구 효자동치안센터 앞에서 전국장애인부모연대 소속 부모들이
'발달장애 낮시간 활동 지원 대책' 마련과 장애인 가족지원 예산 확대를 요구하는
집회를 하고 있다. **사진 홍인기**

성인 발달장애인에게 직장 생활은 자립을 위한 방편을 넘어 일하고 싶은 욕구를 충족한다는 측면에서도 고려돼야 한다. 유은혜 서울시장애인종합복지관 센터장은 "성인 발달장애인에게 직업은 단순히 임금을 받는 경제적 의의뿐 아니라 일을 하고 싶은 욕구를 충족하는 수단"이라고 했다. "인간관계를 넓히고 가정과 사회에서 존재를 확립하는 측면에서도 발달장애인을 위한 직업 환경이 조성돼야 한다."

알레르기 환자

알레르기 좀 있다고 이런 것도 못 먹어?
배부른 소리 한다! 참 유별나네!!

"사내자식이 이런 것도 못 먹어? 그래서 비실비실한 거 아닌가."

결혼을 앞둔 직장인 이승준(35세) 씨는 얼마 전 고대했던 예비 장인과의 첫 대면에서 꾸지람을 들었다. 고향이 전남 목포인 여자 친구의 집을 찾았다가 장인어른이 권하는 산낙지를 거절하자 나온 말이다. 이씨는 고등어나 꽁치 같은 일반 생선뿐 아니라 갑각류, 어패류, 연체류 등 역시 조금만 먹어도 온몸이 벌겋게 부어오르고 두드러기가 나는 해산물 알레르기를 가졌다. "먹다 보면 괜찮아진다"고 강권하는 통에 이씨는 눈을 딱 감고 낙지를 꿀떡 삼켰지만 그 대가는 어마어마했다. 서울 집에 돌아온 뒤 새벽에 갑자기 열이 오르고 숨 쉬기조차 힘들어 결국 응급실에 실려 갔다. 요즘 그의 걱정은 이만저만이 아니다. "아픈 것도 그렇지만 예비 장인이 이 문제로 나를 마음에 들어하지 않는 것 같아서 걱정된다."

'유별나다', '편식한다', '예민하다' 등. 특정 물질에 대한 알레르기 질환을 앓고 있는 이를 우리 사회는 부정적인 시선으로 바라본다. 사실 알레르기라는 단어 자체가 '과민 반응'이라는 뜻에서 왔다. 알레르기는 세균이나 바이러스 등을 공격해야 하는 면역 체계가 외부에서 몸 안으로 들어오는 해롭지 않은 물질을 유해 요소(항원)로 잘못 인식하면서 피부가 부풀어 오르고 발열이나 기침, 설사, 구토, 가려움 등이 나타나는 증상이다. 이는 항원을 몸에서 내쫓기 위한 정상적인 면역 과정이지만, 심한 경우엔 기도가 붓고 호흡 곤란이 오거나, 급격한 증상으로 사망까지 이르는 아나필락시스(전신성 반응을 일으키는 심한 쇼크 증상)까지 겪을 수 있다.

특히 현대 사회의 주거 형태가 달라지고 위생 상태가 발전하면서 알레르기 질환은 급격히 증가하는 추세다. 건강보험심사평가원에 따르면 2018년 알레르기 비염과 천식, 아토피 피부염 등을 포함한 알레르기 질환으로 병원을 찾은 환자는 무려 1865만 명에 달했다. 국민 서너 명 중 한 명 꼴이다. 연령별로 보면 12세 이하 아동이 전체의 41.5퍼센트로 가장 많고, 성별로 보면 여성이 53.6퍼센트로 남성보다 좀 더 많았다.

그런데 흔한 질병이다 보니 오히려 이를 경증 질환으로 치부해 버리는 경향이 있다. 게다가 '거지에게는 알레르기가 없다'는 말처럼 알레르기를 문명에 따른 병으로 인식해 "배부른 소리"라며 고까운 시선으로 바라보기도 한다.

식품 알레르기 질환을 가진 이는 안 먹는 게 아니라 못 먹는 것인데도 불구하고 어려서부터 '먹으면 낫는다'라는 잘못된 미신에 따라 밥상머리 교육에 시달린다. 그래서 몸에 좋다고 여겨지는 우유와 생선, 계란 등에 알레르기를 보이는 이는 어렸을 적부터 심적 고통을 겪는다. 우유 알레르기가 있는 유지안(27세) 씨는 어린 날의 아픈 기억을 이렇게 떠올렸다. "초등학교 때 우유 급식이 나오면 늘 짝꿍한테 미뤄두거나 가방에 몰래 넣어 가곤 했다. 선생님에게 들키기라도 하면 당장 우유 한 팩을 다 마시라고 강요를 받았다. 반 아이들 모두가 보는 앞에서 토했던 기억은 아직도 트라우마로 남아 있다."

2013년에는 유제품 알레르기가 있는 초등학생 A군이 급식 시간에 나온 우유가 든 카레를 먹고 뇌사 상태에 빠졌다가 결국 숨지는 일도 있었다. 사고가 발생한 뒤 교육부는 부랴부랴 학교 급식에서 알레르기 유발 식품을 공지할 것을 의무화하는 내용의 학교 급식법 개정안을 만들어 시행에 들어갔다.

그러나 법 개정보다 시급한 것은 사회의 인식 변화다. 식품 알레르기는 현재로선 뚜렷한 예방책이 없으므로 진단을 받으면 해당 음식뿐 아니라 비슷한 성분의 음식도 섭취하지 않아야 한다. 해당 식품을 직접 섭취하지 않고 알레르기 유발 음식과 함께 조리한 음식을 먹는 '간접 섭취'만으로도 증상이 나타날 수 있다. 토마토 알레르기가 있는 이미지(41세) 씨는 생과일주스를 판매하는 카페에서 딸기 주스를 주문했다가 직전에 토마토를 갈았던 믹서기를 사용한 탓에 입 주변에 두드러기가 난 적이 있다. "음료나 음식을 주문할 때마다 냄비나 조리 도구를 깨끗이 씻어달라고 부탁하는데 따라주지 않는다"며 아쉬워했다. 옆 사람이 흘린 커피가 몸에 튀는 바람에 카페인 알레르기가 있는 17개월 된 아이가 응급실로 실려 간 사례도 있다. 아이 엄마 신윤정(31세) 씨는 "내가 조심한다고 해서 다 될 일이 아니라는 생각에 하루하루가 살얼음판"이며 "하루에도 몇 번씩 생사의 기로를 넘나드는 기분"이라고 했다.

식품 알레르기만 있는 건 아니다. 이제는 익숙한 꽃가루 알레르기부터 화장품이나 약물, 햇빛, 땀, 귀금속 등 알레르기를 유발하는 물질은 도처에 널려 있다. 선크림 알레르기 때문에 매년 찾아오는 여름이 두렵다는 사람도 있다. 임용희(30세) 씨는 살갗이 유난히 햇빛에 약해 바깥을 5분만 돌아다녀도 피부가 벌겋게 올라오지만 자외선을 차단하기 위해 선크림을 바르는 건 꿈도 꾸지 못한다. 선크림을 바르기만 하면 모기에 물린 것처럼 온 얼굴에 빨갛게 오돌토돌한 발진이 생기기 때문이다. "선크림은 성분이 수십 가지가 넘는 까닭에 그중 어떤 성분이 알레르기를 유발하는지 정확히 알지 못한다. 게다가 시중에 나온 제품들은 대부분 성분을 구체적으로 표시하지 않고 있어서 괜찮기를 기도하며 일단 발라보는 방법밖에 없다."

알레르기 환자를 배려하지 않는 모습은 사회적 차별로 이어진다. 어린이들의 경우 알레르기가 있다는 이유로 유치원이나 어린이집에서 받아주지 않는 사례도 흔하다. 밀가루가 들어간 음식에 알레르기 증상을 보이는 아이를 가진 윤새롬(34세) 씨는 주변 어린이집에서 받아주는 곳이 없어 결국 회사를 그만두고 가정 보육을

선크림 알레르기를 앓고 있는 임용희 씨가 서울의 한 화장품 매장에서 선크림 제품에 들어간 성분을 일일이 확인하고 있다. **사진 전혼잎**

시작했다. 윤씨는 분통을 터뜨렸다. "우리 동네뿐 아니라 차로 통원이 가능한 근처에 있는 어린이집까지 열 곳이 넘는 곳에 문의했으나 모두 입소를 거부하더라. 병원도 아닌데 아이의 식사를 일일이 신경 쓸 수 없다는 이유였다. 결국 아이의 건강은 집에서 엄마가 알아서 오롯이 책임지라는 것 아니냐."

경기 일산에 사는 이 모(32세) 씨는 아이의 점심과 간식을 집에서 준비해 들려 보내는 조건으로 겨우 유치원 입학을 허락받았다. "평소엔 그나마 괜찮지만 유치원에서 소풍이나 견학이라도 가는 날엔 걱정이 태산 같아진다. 그런 날엔 유치원 측에서 넌지시 '등원하지 말고 집에서 쉬게 하라'는 연락이 온다. 사정을 듣고 시무룩해하는 아이를 보면 마음이 아프다."

성인이 돼서도 알레르기로 인한 차별은 이어진다. 화장품 알레르기가 있어 화장을 할 수 없는 여성 직장인 윤 모(32세) 씨는 이와 관련한 이유로 부당한 전보 조치를 당했다고 주장했다. "회사 로비에서 안내를 맡았는데, 어느 날 고위 임원이 보고 '화장도 하지 않은 사람을 회사의 얼굴로 세워둬도 되겠느냐'고 한 후로 내부에서 하는 다른 일을 맡게 됐다." 또 알레르기 때문에 화장을 하지 못한다고 수백 번 말해도 여전히 "좀 꾸미고 다녀라", "회사에 나오는데 예의가 없다"고 지적하는 사람들이 있어서 넌덜머리가 난다고 호소했다.

남들은 다 가는 해외여행도 이들에겐 어렵다. 복숭아나 자두 같은 과일에 알레르기 증상을 보이는 대학생 이슬아(22세) 씨는 "병원에서 알레르기 검사도 해봤는데, 외국에 어떤 식물들이 자라고 있는지 알 수 없는 까닭에 여행할 때 알레르기로 쇼크가 올 수 있다고 하더라"고 설명했다.

알레르기의 유일한 치료이자 예방법은 식품을 포함한 유발 요인을 철저히 제한하는 것이다. 하지만 환자 본인 역시 괜찮겠지 하고 가벼이 여겼다가 화를 키우는 사례가 적지 않다. 안 모(33세) 씨는 경기 화성의 한 중식당에서 짜장면을 주문하며 "알레르기가 있으니 새우를 넣지 말라"고 요구했다. 그러나 나온 짜장면엔 새우가 들어가 있었다. 손톱 크기 정도의 새우 살이 씹히자 안씨는 이를 뱉어내고 계속 식사를 했다. 이후 그는 목이 붓고 호흡이 곤란해지는 증상이 나타나 병원에서 치료를 받아야 했다. 곧 이때일로 목소리에 문제가 생겨 일상적인 대화조차 어려워졌다. 통역

식품 알레르기 관련 위해 사고 접수 건수

- 2015년: 419
- 2016: 599
- 2017: 835

알레르기 질환자 수 (단위:만명)

- 2014년: 1,470
- 2015: 1,440
- 2016: 1,496

연령대별 식품 알레르기 관련 위해 사고 건수 (2015 ~ 2017년)

- 451 10세 미만
- 113 10대
- 210 20대
- 246 30대
- 234 40대
- 259 50대
- 181 60세 이상

자료:건강보험심사평가원
한국소비자원 소비자위해감시
시스템

사인 안씨에게는 치명적인 피해여서 그는 해당 중식당을 상대로 1억여 원의 손해배상 청구소송을 냈다. 재판부는 식당의 책임을 인정하면서도 "안씨는 갑각류 알레르기가 있음을 스스로 알았고, 음식에 새우가 들어 있다는 점을 발견하고도 계속 음식을 먹었다"며 그의 잘못도 있다고 봐 배상액을 6790만 원만 인정했다.

다만 이런 식의 체념은 사회로부터 강요된 것이라는 항변도 있다. 2017년 식품의약품안전처는 조리 식품에 계란과 우유, 토마토, 호두처럼 알레르기를 잘 유발하는 식품 18종이 들어가면 반드시 표시하도록 시행령을 개정했는데, 표시 의무가 있는 곳은 버거킹과 도미노피자, 파리바게뜨 등을 포함한 30개 업체의 1만 5000여 개 매장뿐이다. 빵과 디저트 등을 판매하는 커피 전문점이나 소규모 음식점은 의무 대상에서 제외돼 있다.

그렇다고 음식점에서 일일이 식품 성분을 확인하려다간 무시당하거나 면박을 받기 일쑤다. 강현종(30세) 씨는 메밀은 물론이고 메밀을 삶았던 냄비를 사용한 음식을 먹는 것만으로도 알레르기 증상이 일어난다. 그래서 음식점에 가면 먼저 메밀이 들어간 메뉴가 있는지부터 확인한다. "자세히 알려주는 경우도 있지만 '그런 걸 왜 물어보냐'고 귀찮은 사람 취급하는 경우도 많아 음식점에 갈 때마다 눈치가 보인다." 메밀은 알레르기 유발 물질 중에서도 급성 쇼크로 이어질 가능성이 높은 식품이지만, 이 사실을 알고 있는 사람은 드물다. 강씨는 "워낙 유별난 사람 취급을 하니 나중에 탈이 날 걸 감수하고 그냥 먹어버리는 경우도 종종 있다"고 전했다.

일반 음식점도 알레르기 유발 성분 표시 의무화, 학교에 응급약 비치해야

서울 압구정동의 한 뷔페식당. 수십 가지 음식이 차려져 있었지만 음식마다 어떤 재료가 들어갔는지는 일일이 확인하기 어려웠다. 소비자가 알 수 있는 건 일부 재료의 원산지뿐이었다. 이는 알레르기 유발 성분을 표시하도록 하는 현행 제도의 대상에 일반 음식점인 '식품 접객업소'가 제외돼 있기 때문이다. 식품위생법에 따라 어린이 기호식품에 해당하는 제과·제빵류, 아이스크림, 햄버거 등을 판매하는 프랜차이즈 매장은 알레르기 유발 성분을 반드시 표시해야 하지만, 프랜차이즈가 아니거나 점포 수가 100개 이하인 프랜차이즈 점포라면 표시하지 않아도 된다.

또 온라인상으로 음식을 판매하는 경우에는 배달앱이나 홈페이지 등에 식품명이나 가격 주변에 표시해야 한다. 하지만 배달앱에 입점한 프랜차이즈 브랜드 대부분이 알레르기 유발 성분을 표기하는 데 미흡하다. 메뉴별로 알레르기 유발 성분을 표시하는 게 아니라 프랜차이즈 브랜드(가맹점)의 메인 페이지 하단에 일괄적으로 표시하는 식이다.

이런 상황에서 매년 식품 알레르기와 관련한 위해 사고 건수가 급격히 늘어나고 있다. 2017년 1월부터 2020년 9월까지 한국소비자원이 운영하는 소비자위해감시시스템(CISS)에 접수된 식품 알레르기 관련 위해 사례는 총 3251건이다. 이 중 외식과 관련한 사례가 36.2퍼센트를 차지했다. 특히 햄버거나 김밥, 피자, 만두류처럼 다양한 원료가 포함된 식품을 통해 위해 사례가 빈번히 발생했다.

알레르기 환자들은 알레르기 유발 물질을 표시할 대상을 어린이 기호식품뿐 아니라 모든 식품으로 넓혀야 한다고 주장한다. 최근 3년간(2015~2017년) 식품 알레르기와 관련한 위해 사고(1853건) 중 20대 이상 성인 피해자만 61퍼센트에 달한다. 음식점의 알레르기 유발 성분 표시 의무가 어린이 기호식품에만 머물러서는 안 되는 이유가 여기에 있다.

'포장된 식품'에 의무화돼 있는 알레르기 유발 성분 표시도 개선해야 할 필요성이 제기된다. 우리나라(식품위생법)는 원재료 표시와는 별도로 혼입 가능성이 있는 알레르기 유발 물질에 대해서도 주의, 환기 표시를 의무화한다. 즉 알레르기 유발 물질을 원재료로 사용하는 제품과 사용하지 않는 제품을 같은 제조 과정에서 생산해 혼입 가능성이 있는 경우 주의 사항으로 표기하는 것이다. 유럽연합이나 미국 등 해외에서는 의도하지 않게 혼입될 가능성은 표시하지 않아도 되는 것에 비추어볼 때 일견 과도해 보이지만

서울 압구정동의 한 뷔페식당. 음식에 들어간 재료의 원산지는 표시돼 있지만 알레르기를 일으킬 수 있는 성분에 대한 설명은 찾아볼 수 없다. **사진 전혼잎**

실상은 다르다. 해외의 경우 원재료 표시란에 기재돼 있지 않은 성분이 검출될 경우 제조 업체에 관리 책임을 물어 제품을 회수하도록 하지만, 우리나라는 주의 표시만 해두면 나중에 문제 성분이 검출되더라도 회수 대상에서 뺀다. 이렇게 되면 업체는 실제 원재료로 사용하지 않은 알레르기 유발 물질에 대해 자유롭게 주의 · 환기 표시를 할 수 있어 품질 관리를 소홀히 하게 된다. 이때 소비자가 표시를 확인하지 않으면 사고가 날 위험이 커진다. 최낙언 식품평론가는 "식품 회사는 애매할 경우 정확히 따지는 것보다 그냥 혼입 가능성을 표시하는 것이 훨씬 효율적인 셈"이라고 꼬집었다. 알레르기 주의 · 환기 표시 의무화가 오히려 업체의 관리 책임을 소홀히 하게 하거나 위해 제품 회수에 대한 면책용으로 활용될 여지가 있다는 말이다.

생명을 위협할 수도 있는 알레르기 질환을 개인에게만 맡겨둘 것이 아니라 사회가 나서야 한다는 의견도 많다. 아주대병원 소아청소년과의 이수영 교수팀이 2008년 2월부터 2018년 3월까지 이 병원에서 식품 알레르기 진단을 받은 환자 2733명을 대상으로 분석한 결과에 따르면, 전체 식품 알레르기 중에서 아나필락시스가 발생하는 경우는 29.2퍼센트나 됐다. 현재 미국은 대다수 주가 학교 양호실에 알레르기 응급약으로 쓰이는 에피네프린을 비치해두도록 하는 데 반해, 우리나라는 의사의 처방을 먼저 받아야 한다는 이유로 학교에서 자체적으로 응급약을 구입해놓지 않고 있다. 또 학생이 알레르기 쇼크를 일으키더라도 환자 본인과 보호자, 의료진만 주사할 수 있다. 이용주 강남성심병원 소아청소년과 교수도 이 점을 지적한다. "(알레르기 쇼크로) 사망에 이르는 경우가 흔하지는 않지만 아나필락시스는 생각보다 자주 발생한다. 학교에서는 에피네프린을 갖춰 모든 교사가 사용 방법을 숙지하도록 할 필요가 있다."

이수영 교수팀의 분석 결과에 따르면 국내 성인에게 식품 알레르기를 가장 자주 일으키는 식품은 갑각류, 밀, 생선 순서였다. 어린이와 청소년에게 식품 알레르기를 빈번히 유발하는 식품은 계란과 우유, 밀이었다.

어디에도 기댈 곳 없는 난민

"평화를 찾아 한국에 왔는데",
가짜 시비와 인종 차별에 멍드는 이방인

"에티오피아로 돌아가면 어떻게 되냐고? 며칠 안에 잡혀 죽을 거다. 거기선 경찰 한 사람이 체포부터 심판, 처벌까지 마음대로 할 수 있거든."

23년째 독재가 계속되는 고향의 상황을 설명하던 사보카(24세) 씨가 깊은 한숨을 쉬었다. 그는 한때 장래가 촉망되는 축구선수였다. 2010년엔 17세 이하 청소년 축구 국가대표로 선발되어 아프리카 대회에도 참가했다. 하지만 축구장에 관객만큼 많은 수의 경찰을 배치해 시민을 감시하는 나라에서 그는 행복할 수 없었다. 유명 선수인 그가 집권당인 '에티오피아 인민혁명 민주전선'에 반대하며 야당 단체인 '진봇 7'(Ginbot 7)에 가입했다는 사실이 알려지면서 상황은 악화됐다. 2016년 10월, 반정부 시위와 진압이 반복되는 와중에 400여 명이 목숨을 잃었고 결국 정부는 국가 비상사태를 선포했다. 시위에 참여했던 사보카는 경찰의 표적이 됐고 이내 살기 위해 고국을 떠나야 했다.

한국으로 피난 온 지 1년 6개월이 됐다. 여전히 그는 '불인정 난민'이다. 한국 구단과 계약할 수 있는지도 알아봤지만 난민 신청 상태라 취업 허가를 받지 못하면서 좌절됐다. 사보카는 "한국에 와서 평화는 얻었지만 가족과 축구를 잃게 되어 마음이 텅 빈 느낌"이라고 말했다.

사보카를 만난 2018년 7월 1일은 한국이 아시아에서 최초로 난민법을 시행한(2013년 7월 1일) 지 딱 6년째 되는 날이다. 한국은 1994년부터 난민을 받아들였지만 이들이 우리 사회에 있다는 사실, 그리고 이들과 어떻게 공존해야 하는가라는 질문은 제주도에 예멘 난민이 몰려 들어온 2018년에야 수면 위로 떠올랐다. 국내 여론은 이들에게 비우호적인 쪽으로 점점 더 기우는 양상이었다.

추방될 걱정 없이 자립에 필요한 작은 자리 하나만을 바라고 온 한국 사회에서 난민의 입지는 점점 더 비좁아지는 모습이다. "가짜 난민은 나가라." 2018년 6월 30일 저녁 서울 지하철 광화문역 인근에서 열린 난민 반대 집회에 참가한 이들이 외친 구호다. '진짜냐, 가짜냐'라는 질문은 한국에 들어온 난민이 가장 먼저 마주하는 관문이기도 하다. 정부의 난민 심사는 난민법에 따라 신청자가 '인종, 종교, 신분 또는 정치적 견해를 이유로 박해를 받을 수 있다고 인정할 충분한 근거가 있는 외국인'인지 판단하는 것부터 시작된다. 즉 신청자가 난민 제도를 이용해 한국에 장기 체류하며 취업하려는 것은 아닌지 확인하는 것이다.

2015년에 난민 인정을 받은 에티오피아 난민 다니(48세·가명) 씨는 이 같은 심사 과정이 불가피하다는 점을 인정한다. 그가 볼 때도 일부 난민 신청자 중엔 박해를 받았다고 주장하면서도 자국 대사관을 쉽게 드나드는 등 국가의 위협을 느끼지 않는 것처럼 보이는 사람이 있기 때문이다.

하지만 철저히 심사한다는 이유로 난민 신청자 본인에게 자국에서 위협받고 있다는 증거를 스스로 구해 제출하게 하는 현행 방식은 실제 보호가 필요한 난민조차 위축되게 만든다. 다니 씨의 목소리에는 '진짜 난민'임을 입증하려면 목숨까지 걸어야 하는 설움이 가득했다. "난민심사관은 내게 반정부 단체 행동을 하다가 탄압받았다는 사실을 증명하라면서 에티오피아 정부가 발부한 체포영장 등 관련 기록을 제출하라고 한다. 이걸 받기 위해 자국 대사관을 찾는 건 자살 행위나 다를 바 없다." 공익법센터 어필의 김세진 변호사는 이렇게 지적했다. "어렵게 증거 자료를 구하더라도 이 문서가 진짜라는 것을 입증하려면 (자국의) 경찰이나 검찰 같은 정부 기관에 확인을 요청해야 하는데 그런 일 자체가 박해받을 위험을 높이는 요소다."

난민이 처한 위험 정도를 판단하는 기준도 다른 나라에 비하면 다소 엄격하다. 코트디부아르 출신 무용수인 엔젤(38세) 씨는 2002년 한국 회사의 초대를 받아 공연을 하려고 왔다가 사기를 당했다. 그 후 체불임금을 받기 위해 소송을 하는 과정에서 발이 묶이

엔젤(왼쪽 두 번째) 씨와 여성 난민들이 난민 지원 시민단체 피난처가 개최한 '키친노마드' 행사에서 자국의 음식을 참석자에게 소개하고 나누고 있다. **사진 피난처**

게 됐다. 고향에 내전이 발발해 돌아갈 수 없게 된 것이다. 하지만 난민 신청을 하는 과정에서 번번이 '위험이 충분하지 않다'며 불인 정 통보를 받았다. 반면 같은 시기 유럽 국가들로 피신한 동료들은 대부분 난민 인정을 받았다고 한다. 엔젤 씨는 "지금도 간간이 친구 가 테러를 당해 다치거나 죽었다는 소식이 들려오는데, (한국) 정부 는 아직도 내가 거짓말을 한다고 생각하는 것 같다"고 했다.

이처럼 한국에서 난민 인정을 받는 일은 바늘구멍을 통과하는 것과 같다. 법무부가 작성한 '출입국·외국인정책 통계월보'에 따르 면, 우리나라는 1994년 4월 최초로 난민 신청을 받은 이후 2020년 10월까지 총 7만 646건 신청을 받았다. 2013년 난민법이 시행된 이 후에는 큰 폭으로 증가해 2018년에는 1만 6173명, 2019년에는 1만 5452명을 기록했다. 코로나19 사태가 이어진 2020년 1~10월에는 난민 신청자가 6288명으로 집계됐다. 코로나19 여파에 외국인 입국자가 줄어든 것을 감안하면 난민 신청자는 꾸준히 유입된 것으로 볼 수 있다.

반면 한국의 난민인정률은 해가 갈수록 줄어들고 있다. 난민인정률은 난민 심사가 종료된 사람 중에서 난민 인정을 받은 사람의 비율을 말한다. 또 난민 인정자에 인도적 체류자까지 합해 통계를 낸 비율을 난민보호율이라 한다. 법무부에 따르면 2013년 난민인정률은 10.9퍼센트였다가 이후 계속 감소해 2017년 2.1퍼센트, 2018년 3.6퍼센트, 2019년 1.5퍼센트를 기록했다. 2020년 1~10월엔 난민 심사를 받은 5646명 가운데 44명만이 난민으로 인정돼 0.8퍼센트라는 역대 최저치를 기록했다.

인도적 체류 허가를 받은 신청자는 123명이었다. 난민 지원 시민단체 '피난처'의 이호택 대표는 "난민 제도의 남용을 걱정하는 시선은 이해된다. 그럼에도 2017년 유엔난민협약 가입국 전체의 난민인정률 평균인 36.4퍼센트에 비하면 턱없이 낮은 수준"이라고 말했다. 법무부의 통계월보에 따르면 2020년 10월까지 난민 인정을 받은 이는 총 1066명, 인도적 체류자는 총 2355명이었다. 즉 난민 신청자 7만 646명 중에서 3421명만이 한국에 체류할 자격을 얻었다.

난민법상 난민 인정 신청자에겐 6개월간 체류할 임시 비자가 주어진다. 하지만 난민 심사가 연장되거나 불인정 처분에 대해 소송까지 이어져 이 기간을 넘길 경우 정부는 사정을 고려해 인도적 체

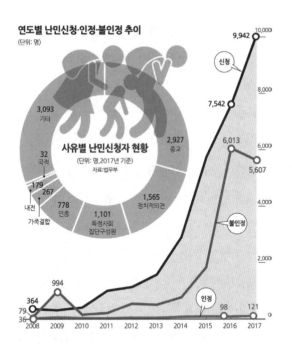

연도별 난민신청·인정·불인정 추이
(단위: 명)

사유별 난민신청자 현황
(단위: 명, 2017년 기준)
자료:법무부

3,093 기타
2,927 종교
32 국적
179 내전
267 가족결합
778 인종
1,101 특정사회 집단구성원
1,565 정치적의견

신청
9,942
7,542
6,013
5,607
불인정
인정
364
994
79
36
98
121

2008 2009 2010 2011 2012 2013 2014 2015 2016 2017

10,000
8,000
6,000
4,000
2,000
0

류 지위를 부여한다. 임시 체류 및 취업을 허가하는 비자인데, 이를 받는 것 역시 쉽지 않다. 인도적 체류 지위는 난민 인정 사유에 해당하지는 않지만 자국으로 돌아갈 경우 생명을 위협받거나 고문 같은 비인도적인 처우를 받을 가능성이 높은 사람에게 내려진다. 2018년 당시 무사증 제도로 제주도에 입국한 예멘인은 561명이었다. 이들 중에서 난민 지위를 인정받은 예멘인은 언론인 출신인 이스마일 씨 등 4명뿐이다. 난민 인정을 받지 못한 이들에겐 인도적 체류 지위가 주어졌고, 이들은 제주를 떠나 일자리를 찾기 위해 전국으로 흩어졌다. 2019년 기준 예멘인 195명은 인도적 체류자 지위로 한국에 머물며 전국 각지 공장에서 일하고 있다.

국제법상 난민으로 인정받으면 체류 자격 F-2가 부여되고 3년마다 자격이 갱신된다. 이와 달리 인도적 체류자에게는 G-1 자격이 주어진다. 이들의 체류 기간은 1년이므로 1년마다 출입국 사무소에 직접 나와 연장 허가를 받아야 한다. 난민과 달리 인도적 체류자는 배우자나 미성년 자녀를 초청할 수 없고 직장 건강보험에만 가입된다. 여행증명서도 발급되지 않으므로 국외 여행도 할 수 없다.

이마저도 받지 못하는 난민 신청자는 취업 불가 상태에서 석 달에 한 번씩 임시 비자를 연장하며 버텨야 한다. 유엔난민협약 덕분에 그나마 강제 추방되지 않을 뿐이다.

난민에게 한국 사회에서 일자리를 구하는 문제는 난민 인정을 받기보다 더 고통스러운 일이다. 난민 인정 과정에서 최대 3~4년, 재신청이면 그보다 더 오래 기다려야 하므로 생존하기 위해 일자리를 구해야 한다. 구직은 물론 일하는 과정에서 부딪치는 차별 역시 이들을 힘들게 한다.

취업 허가 비자가 있다 해도 인적 네트워크가 없고 한국어도 할 줄 모르는 난민에게 구직은 험난한 산이다. 피난 과정에서 자국의 경력 증명서나 학위증을 챙겨 오는 경우도 드물어서 기존의 전문성을 인정받는 것은 언감생심이다. 결국 많은 난민이 인력소개소에서 일용직 일자리를 소개받는다. 이 과정에서 난민에게 비싼 소개비를 받거나 월급을 가로채는 이들이 있다. 파키스탄 난민 모한(40세) 씨도 억울한 일을 겪었다. "2014년에 입국해 직업소개소의 소개로 어렵게 식당에서 일을 하게 됐는데 매일 15시간 넘게 일해도 하루 일당이 2만 원밖에 되지 않았다. 알고 보니 직업소개소 사장이 중간에서 2만 원을 가로채고 있었다." 그래도 모한은 일자리를 잃는 것이 두려워 한동안 계속 일을 해야 했다.

일자리를 구하는 과정에서 인종 차별도 자주 겪는다. 콩고 출신 난민 신디(39세) 씨는 "피부색을 바꾸지 않는 이상 아르바이트를 구하는 것도 어렵기는 마찬가지다"며 답답해했다. 그는 한국에 온 뒤 서울 이태원 인근에 머무르며 아르바이트를 구한다고 써 붙인 모든 식당과 카페를 찾아갔다고 한다. 하지만 돌아온 답변은 "우리는 흑인은 안 뽑는다"였다. 신디가 "서빙은 하지 않고 주방에서만 일하겠다"고 하자 더 고약한 답이 돌아왔다. 식당 주인은 아무렇지도 않은 듯 "손님들이 음식이 더럽다며 불쾌해한다"고 내뱉었다. 그런 차별 발언이 그의 폐부를 찔렀다. 가까스로 바느질 등 부업을 구해 생계를 잇고 있지만 그는 "늘 미래가 걱정된다"고 말한다.

난민이 한국 사회에서 공존하려면 한국어와 한국 문화에 대한 이해가 필수이지만 실제 이에 대한 지원은 턱없이 부족하다. 인천 영종도에 위치한 출입국·외국인지원센터에서 난민 신청자와 인도적 체류자를 대상으로 한국어와 문화, 법질서 등을 가르치는 교육 프로그램을 제공하지만, 센터의 연간 최대 수용 인원은 164명에 불과하다. 이 지원센터는 숙식 제공과 의료 지원 등 기초 생계를 지원하고 교육 프로그램을 제공하는 법무부 소속의 정부 기관이다.

법무부가 귀화 신청자 등을 대상으로 운영하는 사회 통합 교육이나 지방자치단체가 개설하는 한국어 교실이 대체제가 될 수 있다. 하지만 정보와 시간이 부족한 난민에겐 이마저도 먼 얘기다.

2014년에 종교 탄압을 피해 예멘을 탈출한 아브라힘(48세) 씨는 "절대 공짜를 바라는 게 아니다. 한국 정부가 난민의 구직과 적응을 지원해주면 좋겠다"고 말했다.

가족과 함께 피난 온 난민, 특히 부모들에게는 또 한 가지 고민이 있다. 자신들의 불안한 지위 때문에 자녀도 무국적자가 되어 교육 기회를 놓친다는 것이다. 다니 씨는 세 살 된 딸의 출생신고를 3년째 하지 못하고 있다. 출생신고를 하러 동사무소에 갔더니 담당 직원이 '혼인증명서부터 떼어 오라'고 한 것이다. 다니는 답답한 사정을 토로했다. "빈손으로 한국으로 온 상태에서 누가 그런 서류를 챙겨 오겠느냐. 나와 아내는 함께 난민 인정을 받았지만 이 기록이 다른 시스템에서는 통용되지 않아 서류가 인정되지 않는 경우가 너무 많다."

난민 인정을 받지 못한 엔젤 씨 또한 자신과 남편이 한국에서 태어난 큰아들(12세)의 미래를 가로막는 것은 아닌가 싶어 전전긍긍한다. 아들은 운동신경이 뛰어나 중학교 축구팀에서 벌써 스카우트 제의가 올 정도인데, 무국적 상태라 초등학교는 다닐 수 있어도 중학교 진학은 불투명하다. 엔젤 씨는 말하는 중간에 눈시울을 붉혔다. "우리 부부의 난민 신청을 인정하지 않는 건 어쩔 수 없다고 쳐도, 코트디부아르에 한 번도 가본 적 없이 오직 한국 땅에서 자란 아이들만큼은 제발 보살펴주기를 바란다."

난민 신청 단계부터 언어의 벽,
한국어 지원과 문화 교육을 통해 자립을 도와야

에티오피아 출신 난민 사보카 씨는 2018년 3월 서울출입국관리사무소로부터 난민 불인정 결정통보를 받고 바로 이의신청을 하지 못했다. 불인정 사유가 무엇인지 찾느라 헤매다가 30일의 신청기간을 놓쳐버린 것이다. 통지서엔 불인정 사유를 '붙임' 서류에서 설명하겠다고 나와 있는데, 사보카는 처음부터 이를 받지 못했다. 출입국관리사무소를 다시 찾아가 겨우 불인정 사유서를 얻어냈다. 문서는 모두 한글로 써 있었다. 인맥을 모두 동원해 사유서를 해석하고 나니 이미 한 달이 지난 뒤였다.

한국에 온 난민은 이처럼 난민 신청 단계에서부터 언어의 벽에 부딪친다. 우선 난민신청서가 영어 등 주요 언어로만 제공되므로 소수 언어를 사용하는 난민의 경우 신청서를 작성하는 일부터 어려움을 겪는다. 난민심사관과 인터뷰하는 과정에선 통역이 제공된다. 하지만 각 나라의 방언이나 난민 신청자의 종교와 성별을 고려해 통역을 구하다 보면 시간이 계속 지체되는 경우도 허다하다.

법무부는 2018년 6월에 발표한 '제주 예멘 난민 관련 대책'에서 제주출입국·외국인청에 있는 심사 담당 인력을 4명(통역 2명 포함)에서 6명(통역 2명 포함)으로 늘려 심사에 속도를 내겠다고 밝혔다. 난민 심사 인력이 부족해서 난민인정률이 낮다는 분석도 있듯이 심사 전담 인원을 늘리고 통역 같은 언어 지원을 보완한다면 심사 기간을 단축할 수 있을 것이다. 난민인권센터가 법무부를 상대로 낸 정보공개 청구 자료에 따르면, 2019년 난민 심사에 투입된 인력은 65명에 불과했다. 2019년 기준 담당자 1명이 난민 신청자 230여 명에 대한 심사를 맡은 셈이다. 이런 상황에선 심사에 속도가 나지 않으니 기다리는 난민 신청자는 지치고 심사는 부실해질 수밖에 없다.

통역이나 국가 정황을 수집하고 분석하는 담당자 등 전문 심사 인력이 태부족한 것도 부실 심사의 원인이 된다. 이는 자연히 심사에 대한 불복이나 이의신청으로 이어져 악순환이 계속된다. 김환학 헌법재판연구원 책임연구관은 이렇게 지적했다. "소수의 난민심사관이 언어 장벽이 있는 상황에서 신청자의 사연을 면밀히 듣고 진위 여부를 확인하기는 어렵다. 인원도 충원해야 할 뿐 아니라 언어 지원 등 전문성 측면에서도 보완이 필요하다."

언어 및 문화적 지원은 난민 심사가 끝난 이후에도 중요하다. 난민이 한국 사회에서 구직 활동을 하고 더 나아가 한국인들과 공존하는 데도 필수 요소이기 때문이다. 하지만 현재 정부가 난민 신청자에게 공식적으로 지원하는 정착 교육은 출입국·외국인지원센터에서 진행하는 한국어와 문화, 법질서 교육이 전부다. 2019년 정보공개 청구에 따라 법무부가 공개한 자료에 의하면 출입국외국인지원센터는 정원 82명, 연인원 164명이 이용할 수 있는 시설이지만 매년 60퍼센트대의 이용률을 보였다. 이마저 재정착 난민을 제외하면 이용률은 평균 48.5퍼센트로 뚝 떨어진다. 매년 1만 명에 가까운 난민 신청자에 비하면 센터의 혜택을 받는 이는 소수일 뿐이다. 머물 수 있는 기간도 6개월밖에 되지 않는다. 게다가 난민 수용 시설은 전국적으로 이곳 센터가 유일하다. 그러니 난민 신청 대기자가 많을 수밖에 없다. 2016년 서울대 법학전문대학원의 '대한민국 체류 난민의 취업 실태 연구'에 따르면 2013년 기준 한국 지방자치단체나 정부로부터 한국 생활에 대한 정보나 교육을 받았다고 응답한 난민은 93명 중 17명(19퍼센트)뿐이었다.

이호택 '피난처' 대표는 난민 상당수가 한국 문화에 대한 정보나 이해가 부족한 데다 언어도 서툴러서 한국 이웃과의 소통 과정에서 오해를 겪곤 한다고 했다. "이들에게 한국 사회에서 자립하고 공존하는 데 필요한 문화적 소양 교육을 제공하면 정착은 물론 난민에 대한 편견을 해소하는 일에도 도움이 될 것이다."

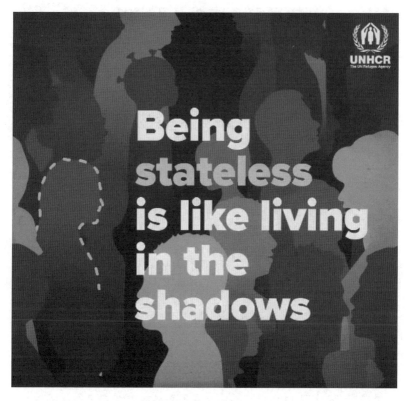

무국적자로 산다는 것은 어둠 속에서 사는 것과 같다. 각국 통계에 따르면 전 세계에 무국적자의
수는 420만 명으로 집계되지만 유엔난민기구는 이보다 훨씬 많을 것으로 추산한다.
사진 유엔난민기구 동영상 캡처

"멀쩡한 거 같은데?
군대를 안 갔다 와서 눈치가 없어",
폭언 넘어 혐오의 말도 예사

"왜 이렇게 빠릿빠릿하지 못해? 군대만 갔다 왔어도 어리바리하지는 않을 텐데 말이야."

이정수(33세) 씨는 3년간 다니던 첫 직장을 그만두고 2017년 새 직장에 정착했다. 이직을 결심한 이유 중 하나는 직장 상사의 계속된 무시와 차별이었다. 그는 2006년 유전성 신장 질환으로 병역 판정검사에서 군 면제 판정을 받았는데, 상사가 그걸 물고 늘어지며 폭언을 서슴지 않았다. '군대에 다녀오지 않아서 눈치가 없다'는 등 황당한 말을 하고 다른 남성 동료들과 빈번히 비교했다. 이 씨는 이 때문에 스트레스를 받아 손발이 퉁퉁 붓고 결석도 생기는 등 신장 질환이 악화하면서 결국 이직하게 됐다. 그는 "친한 친구들 사이에서도 군 면제자나 사회복무요원(보충역)은 '어딘가 모자란 사람'으로 치부된다"고 토로했다.

'병역 사회'라 불릴 정도로 군대 문화에 젖어 있는 한국 사회에선 현역으로 군 복무를 하지 않은 남성은 소외되고 무시받기 일쑤다. 병무청이 집계한 '2019 병무통계연보'에 따르면 2019년에 남성 32만 3700여 명이 병역판정검사를 받았는데, 이 가운데 16.6퍼센트(5만 3857명)가 보충역과 면제자(전시근로역 포함) 판정을 받았다. 현행 병역 처분 기준(2019)에 따르면 고졸 미만의 학력 미달자나 신체 등급 4급 판정을 받은 사람은 보충역, 5급 판정을 받거나 1년 6개월 이상의 징역을 선고받은 사람 등은 전시근로역(전시에만 소집돼 노동력을 제공), 그리고 6급 판정을 받은 사람은 면제자로 분류된다.

군 면제자 및 보충역 복무자는 편한 복무 생활을 했다는 이유로 현역 출신에게 부러움과 시기의 대상이 되기도 하지만, 그에 못지않게 일상에서 편견의 시선과 맞닥뜨려야 한다. 특히 사회복무요원으로 일했던 이들은 "복무 기간 중 생전 처음 본 사람에게 무시를 당하기도 했다"고 입을 모은다. 2009년 병역판정검사에서 4급 판정을 받아 지하철 복무요원으로 일한 김 모(30세) 씨도 그런 경험을 했다. "일반 직원보다 사회복무요원에게 취객이나 시비 거는 사람이 많이 몰리는 게 사실이다. '남자 구실도 못 하는 애'라는 폭언을 서슴지 않는 사람도 있다. 이러한 대우를 자주 받으면서 상당히 위축되고 정신적으로 고통스러웠다."

막 직장 생활을 시작한 사회 초년병이면 누구나 할 수 있는 작은 실수일 텐데도 이들이 그러면 주위에선 군대를 다녀오지 않아

유리벽 뒤로 보이는 군복을 입은 현역 출신 예비역의 뒷모습. 군대 문화에 젖은 한국 사회에서 군 면제자 및 보충역과 현역 복무자 사이에는 보이지 않는 높은 유리벽이 존재한다. **사진 김주성**

서 그런 것이라는 식으로 몰아간다. 사회생활에 미숙한 것이 군대 문화를 모르기 때문이라는 말이다. 2010년 고도 난시로 보충역 판정을 받아 군 복무를 마친 이 모(28세) 씨도 이렇게 털어놨다. "군대 문화가 강하다는 영화, 광고 촬영장에서 일하고 있는데, 작은 실수를 해도 주위에서 '쟤는 공익(사회복무요원)이니까'라는 식의 시선으로 바라본다. 그런 대우를 견디느라 필요 이상의 스트레스를 받는다."

사회에서 마주한 사람들뿐 아니라 친구와 동료마저 이들을 무시한다면 어떨까. 2017년 통풍으로 4급 판정을 받아 보충역으로 근무한 대학원생 박찬호(27세) 씨는 "개인적으로 사람들이 장애인을 비하하는 모습보다, 군 면제자나 사회복무요원을 병신이라 부르며 비하하는 모습을 더 많이 봤다"고 했다. 2006년 기흉으로 4급

보충역 판정을 받은 인 모(32세) 씨도 비슷한 얘기를 했다. "친구나 동료들끼리 평소 군 복무 경험에 대해 얘기할 때가 많은데, 힘든 근무를 했으면 자랑스럽게 내세우고 쉽게 복무했으면 비하 대상이 된다. 이러한 구조에서 군 면제자나 보충역 복무자는 부러움의 대상인 동시에 놀림감이 된다."

심지어 인터넷상에선 공익이라는 용어가 어떤 사람이나 주제를 혐오하는 용어로까지 사용되고 있다. 2013년 서울중앙지방검찰청에서 사회복무요원으로 근무한 대학생 정벼리(28세) 씨가 설명한다. "인터넷 커뮤니티들을 보면 '공익 게임'이나 '공익 게시판' 같은 용어가 흔히 눈에 띈다. 특정 사이트나 게임을 깎아내리는 뜻에서 공익이라는 말을 앞에 붙이는 것이다. 공익이라는 말이 아무렇지 않게 비하 용어로 사용되는 것을 보고 깜짝깜짝 놀랄 때가 많다."

수십 년 전부터 군 면제자 및 보충역 복무자에 대한 채용 차별이 문제가 돼오면서 국가인권위원회는 2003년 기업들이 입사지원서에 병역 면제 사유를 적지 못하도록 제동을 걸었다. 당시 위원회는 2002년에 50명 이상을 채용한 38개 업체의 입사지원서를 분석한 결과 35개 업체(92.1퍼센트)가 병역 면제 사유를 적도록 하고 있는 것을 확인하고, 해당란을 삭제하도록 권고했다. 헌법재판소도 2007년 5월 국회 별정직 4급인 정 모 씨가 병역공개법(공직자 등의 병역사항 신고 및 공개에 관한 법률)의 병역 면제 사유 공개 규정이 헌법 제17에서 규정한 사생활의 비밀과 자유 등의 기본권을 침해한다며 청구한 헌법소원에서 해당 법 조항에 대해 헌법불합치 결정을 내린 바 있다.

하지만 여전히 기업 채용 절차에서는 물론 아르바이트 구인 과정에서조차 보충역, 면제 판정의 사유를 캐묻는 경우가 적지 않다. 무릎의 십자 인대가 파열돼 군 면제 판정을 받은 황성하(25세) 씨가 아르바이트 구직 경험을 말했다. "편의점이나 PC방 등도 아르바이트생을 구할 때 군필자 우대 조건을 내걸고 있다. 면접 때마다 군 면제자라고 하면 몸에 무슨 하자가 있느냐고 묻는 통에 내가 아르바이트를 얼마든지 해낼 수 있다는 것을 증명하기 위해 진땀을 빼야 했다." 2017년에는 오른손 엄지손가락이 잘 펴지지 않는 장애로 군 면제를 받은 한 남성이 충청남도 공무원 임용시험에 응시하다 겪은 일로 지역 인권센터에 조사를 요청한 적이 있었다. "면접 과정에서 군 면제 사유에 대한 질문을 받았고, 장애가 있는 신체 부위까지 보여주며 사유를 증명해야 했다." 이런 사정을 반영하듯 취업준비생 다수가 모인 온라인 커뮤니티에는 '군 면제자에 대한 취업 불이익이 있느냐', '면접 때 보충역 사유를 솔직히 말해도 되냐' 등 채용 과정에서 불이익을 받을까 봐 걱정하는 글들이 상당수 게재돼 있다.

병역 판정 제도의 사각지대를 노린 병역 회피 사건이 매년 터져 나오는데 그때마다 군 면제자 및 보충역 복무자를 통틀어 '현역으로 가지 못한 것이 아니라, 일부러 가지 않은 것이 아니냐'는 오해의 시선으로 바라보는 것도 문제다. '2019 병무통계연보'에 따르면 특별사법경찰에게 적발된 병역 면탈(회피) 사례는 75건이나 됐다. 고의로 체중을 빼거나 늘린 경우가 25건(33퍼센트), 정신질환으로 위장한 경우가 11건(15퍼센트), 고의로 문신을 한 경우가 11건(15퍼센트), 고의로 수술한 경우가 6건(8퍼센트), 학력을 속인 경우가 1건 등 적발 유형도 다양했다.

습관성 어깨 탈골로 사회복무요원으로 근무한 직장인 최 모(28세) 씨도 주위의 시선에 대해 씁쓸해했다. "어깨 탈골 때문이라고 얘기를 해도 곧이곧대로 믿는 사람들이 별로 없다. 주변에서 신체검사 당시에 살을 쫙 빼고 몸무게를 낮춰 현역 판정을 피한 것 아니냐는 식의 농담을 아무렇지도 않게 한다. 특히 일상생활에 지장이 있을 정도로 어깨가 아픈 날이면 더욱 서럽다." 최씨는 "검사를 앞두고 체중을 인위적으로 조절하는 등 병역을 기피하는 사람들이 근절되지 않는 이상 이러한 편견은 없어지기 힘들 것 같다"고 강조했다. 박찬호 씨도 비슷한 얘기를 했다. "군 면제자와 보충역 복무자에게 흔히 '꿀빨러'(편한 자리에서 일하는 사람을 비하하는 말)라는 편견이 덧씌워진 이유 중 하나는 현역으로 가야 할 사람과 자격이 안 되는 사람을 제대로 구분하지 못해 신뢰성이 훼손된 데 있다."

이러한 한국 사회의 왜곡된 시선을 너무도 잘 알기에 군 면제 및 보충역 판정을 받고도 현역으로 입대하기 위해 여러 차례 재검사를 받으며 고군분투하는 이들도 많다. 병무청에 따르면 2017년 병역판정검사에서 보충역과 전시근로역으로 구분됐던 821명이 자발적으로 재검사(병역처분 변경) 신청을 했고, 이중 72.5퍼센트

비현역 출신은 사회생활에 미숙한 것이 군대 문화를 모르기 때문이라는 말을 듣는다. **사진 김주성**

(595명)가 실제 현역 입대 대상이 됐다. 김형세(27세) 씨도 첫 병역 판정검사에서 간 질환으로 보충역 판정을 받자 재검사를 거쳐 결국 현역 판정을 받아 입대했고, 2016년에 제대했다. 김씨는 그때를 생각하며 씁쓸히 웃었다. "증세가 조금 나아진 것 같기에 재검사를 받았다. 워낙 군 면제자를 혹독히 대하는 한국 사회의 면모를 잘 알고 있었기 때문이다."

입사지원서에 병역란 삭제를, 면제자 위한 다양한 대체복무 도입해야

징병제가 실시되는 한국 사회에서 군 면제자 및 보충역 복무자의 처우를 개선해야 한다는 의제는 좀처럼 심각하게 논의되지 못했다. 주변의 차별 어린 시선은 현역으로 군 복무를 하지 않은 대가로, 당사자들이 마땅히 감내해야 하는 부분으로 여겨져왔다.

군 면제자와 보충역 복무자들은 "잠시만이라도 주변을 돌아봐달라"고 호소한다. 지하철이나 관공서에서 복무하는 사회복무요원을 대할 때, 또는 군대에서 겪은 경험담을 나눌 때 이들을 '문제 있는 사람'으로 대하지 않는지 한번 되새겨달라는 얘기다. 보충역으로 군 복무를 마친 직장인 김희석(31세) 씨는 "현역으로 다녀오지 않았다고 하면 그 이상으로 이유를 캐묻지 않는 것이 예의라는 인식도 확산됐으면 좋겠다"고 했다. "군 면제 및 보충역 판정을 받은 신체상 사유를 설명하기도 벅찬데 지금은 괜찮다고 설득까지

하려면 너무 많은 스트레스가 따라온다."

입사지원서에 여전히 남아 있는 병역 사항란을 제도적으로 없애달라는 목소리도 많다. 군 면제자인 황성하 씨가 보기엔 "현역 대상자이지만 아직 다녀오지 않은 '미필' 정도만 특이 사항으로 적게" 하는 게 낫다. 현역필인지 보충역필인지, 군 면제자는 사유는 뭔지 등을 지원서에 세세히 적도록 하는 관행을 좀 더 적극적으로 해소해야 한다는 지적이다.

유사한 개선 사례가 있다. 병무청은 채용 과정 등에 제출하는 병적 증명서에 군번, 계급, 주특기, 역종(현역·보충역 여부), 입영 및 전역 일자 등 여덟 가지 항목을 자세히 표시해오던 것을 2017년부터 입영 및 전역 일자만 남기고 나머지를 선택 사항으로 두는 방식으로 바꿨다. 인권을 침해할 여지가 있다는 국가인권위원회의 권고에 따라 뒤늦게나마 나온 조치다. 군 면제자와 보충역 복무자들 사이에선 "그나마 숨통이 트였다"는 평가가 나온다. 황성하 씨도 이렇게 덧붙였다. "정부 차원에서 채용시 기업의 자율성을 침해하지 않는 범위에서 병역 사항을 삭제한 '모범 이력서' 같은 가이드라인을 만드는 것을 한 번쯤 시도해보면 좋을 것 같다."

군대에 가지 않으려고 안간힘을 썼다는 오해가 덧씌워지지 않도록 병역판정검사의 신뢰성도 제고할 필요가 있다. '2019 병무통계연보'에 따르면 병역 판정 시스템의 허점을 노려 병역 면탈을 했다가 적발된 사례는 2017년 59명, 2018년 69명, 2019년 75명으로 매년 늘어나는 추세다. 적발 유형을 보면 병역판정검사를 앞두고 갑자기 살을 찌우거나 빼는 등 체중을 인위적으로 조절하는 수

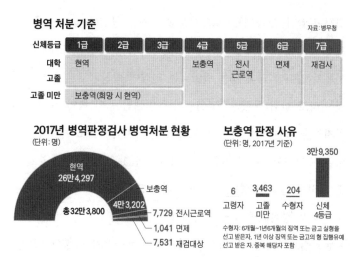

병역 처분 기준

자료: 병무청

신체등급	1급	2급	3급	4급	5급	6급	7급
대학 고졸	현역			보충역	전시 근로역	면제	재검사
고졸 미만	보충역(희망 시 현역)						

2017년 병역판정검사 병역처분 현황
(단위: 명)

현역
26만 4,297

총 32만 3,800

보충역
4만 3,202

7,729 전시근로역
1,041 면제
7,531 재검대상

보충역 판정 사유
(단위: 명, 2017년 기준)

3만 9,350

6	3,463	204	신체 4등급
고령자	고졸 미만	수형자	

수형자: 6개월~1년6개월의 징역 또는 금고 실형을
선고 받은자, 1년 이상 징역 또는 금고의 형 집행유예
선고 받은 자. 중복 해당자 포함

법이 가장 많았다. 현역 입영 대상 기준인 3급보다 낮은 4급, 5급 판정을 받기 위해 식사량을 늘리고 단백질 보충제를 복용하는 방식으로 갑자기 살을 찌우는 식이다. 2019년 기준 체질량지수가 33 이상이면 현역으로 입대하지 않고 공공기관에서 사회복무요원으로 근무하는 4급(보충역) 판정을 받는다. 체질량지수가 50 이상이면 병역 면제에 해당하는 5급(전시근로역) 판정을 받는다. 이때 신체검사 등급 4급, 5급 판정을 받은 대상자 중 체질량지수 2를 가감할 경우 등급이 변경될 수 있는 사람은 '신장·체중 불시측정대상자'로 분류된다. 불시에 재측정을 하는 것이다.

게다가 신체검사에서 신장이 158.6센티미터로 측정됐는데도, '소수점 첫째 자리까지 본다'라고 개정된 병무판정검사 규정을 알지 못한 검사 군의관이 반올림하는 과거 규정을 적용해 현역 판정(159센티미터 이상은 현역)을 내리는 황당한 사례도 지속적으로 발생하고 있다. 보충역으로 군 복무를 마친 고창민(31세) 씨는 "병역 판정 체계에 구멍이 없어야 군 면제자와 보충역 복무자가 마땅한 사유가 있어 해당 판정을 받았다는 인식이 확산되고 존중받게 될 것"이라고 힘줘 말했다. "고위층이나 연예인 등의 병역 비리 또한 방지책을 세워서 군 면제 및 보충역 판정이 특권으로 여겨지는 오명을 씻어내야 한다." 이들은 병역을 감면할 방법을 공유하고 병역 회피에 관한 정보를 나누는 온라인 커뮤니티나 SNS에 대해서도 단속을 강화해줄 것을 요청했다.

궁극적으로는 군 면제자를 위한 대체복무제가 다양한 형태로 도입되는 것이 필요하다는 목소리도 조심스럽게 나온다. 2007년 만성 사구체신염으로 군 면제 판정을 받은 직장인 이 모(30세) 씨는 "거의 모든 남성이 현역으로 입대하는 만큼 그렇지 않은 소수를 대상으로 생겨나는 차별을 방지하기 위해선 결국 다양한 종류의 대체복무제를 도입해야 한다"고 제안했다.

거인국에서 사는 왜소증 장애인

"아유, 불쌍해라, 키가 그렇게 작아서…" 무심히 던지는 상처의 말들

1980년 초 전북 군산고 주변에 있는 나무들은 돌팔매질의 표적이었다. 고등학교 2학년 당시 키가 136센티미터이던 김현수 군은 날마다 돌을 던졌다. 5미터에서 시작해 10미터, 그리고 나중에는 20미터가 넘는 거리에서도 백발백중으로 맞힐 무렵 표적은 나무에서 사람으로 바뀌었다. 움직이는 사람은 나무와 달랐지만 그래도 서너 번 던지면 한 번은 맞았다. 김군은 그렇게 돌에 맞은 이와 마주할 수 있었다. 주먹다짐하다가 피투성이가 되는 경우가 다반사였지만.

지금은 군산에서 건축 사무소를 운영하며 한국저신장장애인협회(ALPK: Association Little People of Korea) 회장을 맡고 있는 김현수(58세) 씨가 당시를 돌아봤다. "비슷한 또래는 물론 나보다 어린 애들까지 나를 놀리고 도망가는데 나는 다리가 짧아 달려가 잡을 수가 없었다. 도망치던 놈이 돌에 맞으면 싸움을 하러 돌아올 것이라 생각하고 돌 던지는 연습을 정말 많이 했다. 그렇게 돌에 맞은 녀석이 돌아오면 그다음엔 피 터지게 싸웠다."

동네 형이나 누나도 한 가족 같은 시골 마을에서 자라다 1969년 군산에 있는 국민학교(현 초등학교)에 입학하면서 그는 처음 낯선 사회의 높은 벽을 실감했다. 주위의 수군거림은 그에게 장애인이라는 정체성을 부여했다. 아홉 살이 돼서야 학교생활을 시작했지만 키는 또래보다 한참 작은, 다섯 살 아이 정도에 머물러 있었던 것이다. 그가 가진 가장 위력적인 방패는 전교 1등도 어렵지 않았던 우수한 성적이었다. 그래도 수시로 침투하는 조롱 어린 시선까지 모두 막을 수는 없었다. 돌팔매질로 각인된 질풍노도의 시기를 거치며 성적도 떨어졌다.

2남 2녀 중 장남이었던 그에게 "너는 존재 자체가 온전한 형제들의 앞길을 막는 걸림돌"이라는 말의 압박감은 스스로 목숨을 끊는 구상까지 불사하게 만들었다. 고등학교 3학년이 돼서 허겁지겁 다시 책을 편 그는 벼락치기 공부 끝에 모 대학 약대에 합격했다. 하지만 곧 청천벽력 같은 얘기를 들어야 했다. "실습 테이블이 키에 맞지 않아 해당 학과로 받아줄 수 없다"는 학교 측 답변이었다. 그 대신 학교 측은 장학금을 지급할 테니 건축학과에 입학하라고 권유했다. 그는 마지못해 받아들였다. 기독교 신자인 그는 교회에 갈 때마다 "왜 나를 이렇게 만들었느냐"는 신에 대한 원망과 함께 "죽으면 정상으로 다시 태어나게 해달라"는 기도를 반복했다.

김현수 한국저신장장애인협회 회장이 자신의 건축사무소가 전북 군산시로부터 의뢰받은 일제강점기 시장 관사(부윤사) 복원 사업 현장을 둘러보고 있다. **사진 조원일**

키가 큰다는 것은 관절에 있는 성장판 연골의 세포가 자라면서 뼈가 되는 과정이다. 같은 성별의 또래 아이들 100명 중 3번째 이내로 키가 작으면 저신장(단신)으로 분류된다. 그렇다고 실제 몸에 문제가 있는 경우는 많지 않다. 보건복지부가 신장을 기준으로 장애를 판정하는 왜소증은 지체장애의 한 종류로 분류된다. 남성은 성장이 멈춘 만 18세 이상의 성인 중 145센티미터 이하, 여성은 성장이 멈춘 만 16세 이상의 성인 중 140센티미터 이하인 경우다. 연골무형성증으로 인한 왜소증 증상이 뚜렷하면 만 2세 이상부터도 장애 판정을 받을 수 있다.

원인은 매우 다양한데 유전 질환만 그 종류가 300가지가 넘는다. 대부분 희귀난치성 질환에 속한다. 가장 대표적인 것이 김현수 씨처럼 연골세포의 증식과 분화가 억제되는 연골무형성증이다. 연골저형성증, 골형성부전증, 구루병 등도 저신장을 초래한다. 치료법이 없지는 않다. 뼈를 자른 후 '일리자로프'라는 고정 기구를 이용해 최대 10센티미터 정도까지 매일 1밀리미터씩 그 간격을 벌려 뼈가 다시 붙도록 하는 사지 연장술 또는 교정술이 있다. 그러나 수년간의 치료 기간, 수술과 간병에 수천만 원이 넘게 드는 비용, 무엇보다 생명까지 위태롭게 하는 합병증의 위험 부담이 만만찮다. 그런 것에 비해 효과는 그리 높지 않다.

일선 병의원에서 담당해온 장애 등급 판정 업무를 국민연금공단이 맡은 2011년 4월부터 2018년까지 보건복지부에 왜소증으로 장애 판정을 받은 사람은 모두 1235명이다. 장애 판정을 받을 수 있다는 사실을 몰라 정부에 등록하지 않은 왜소증 장애인의 숫자까지 합하면 그 수는 더 많을 것으로 추정된다. 왜소증을 가진 이들은 "스스로 사회로부터 숨었거나 부모에 의해 사실상 숨겨진 왜소증 장애인도 많아 정확한 현황을 파악하기는 어려울 것"이라고 말한다.

왜소증 장애인은 처음 맞닥뜨리는 사회인 학교에서 김현수 씨처럼 좌절을 배운다. 2006년 초등학교에 입학한 김지영(20세·가명) 씨는 어머니와 마찬가지로 연골저형성증을 갖고 태어났다. '땅콩'이라 부르며 때리고 도망가는 아이들이 늘어가면서 그는 울다 겨우 잠들어도 이불에 실례를 하는 일이 많아졌다. 어머니는 딸의 야뇨증을 고쳐보려고 한밤중에 몇 번씩이나 억지로 깨워 화장실

왜소증 장애인 현황

구분	- 지체장애 중 변형 등의 장애
기준	- 남성:성장이 멈춘 만 18세 이상으로 신장 145cm 이하 - 여성:성장이 멈춘 만 16세 이상으로 신장 140cm 이하 *연골무형성증으로 인한 왜소증이 뚜렷할 경우 만 2세 이상부터 장애판정 가능
등록현황	- 1,235명 *2011년 4월 국민연금공단의 장애판정 업무 개시 이후 등록 인원
주요질환	- 연골무형성증 등

자료: 보건복지부

에 보냈다. 단지 또래의 괴롭힘만이 아니다. 교정의 계단, 교실의 책상과 걸상, 화장실 변기 같은 일상의 도구조차 그들에겐 극복의 대상이다.

학교 밖 세상은 더욱 험난하다. 대중목욕탕에 가기라도 하면 일면식도 없는 사람들로부터 "몸이 원래 그런 거냐", "수술을 받았느냐" 같은 질문을 받는 것은 예사다. 버스나 지하철을 탔다가 연세가 많은 승객들이 "아유 불쌍해라, 어쩌다 이렇게 됐니", "이쁜데 시집은 갔느냐", "'엄마가 장애인이냐" 같은 말을 던지는 경우도 부지기수다.

같은 왜소증 장애인 사이에서도 도움의 손길을 내밀면 밀어내는 경우가 있다. 14세가 돼서야 ALPK 모임을 통해 자신이 구루병이라는 사실을 알고 교정술을 받게 시작한 김학휘(31세) 씨는 한때 'ALPK 전도사'를 자처했지만 이내 접었다고 한다. 김씨는 이런 말을 하며 쓸쓸한 표정을 지었다. "우연히 만난 왜소증 장애인에게 모임을 소개하면 '난 정상인으로 생각하고 잘 살고 있는데 왜 건드리냐'는 식의 반응을 보이는 경우가 많다. 마치 자석의 N극이

N극을 멀리하는 것처럼 우리 중 누군가는 서로를 거부하고 있다는 생각이 든다." 연골무형성증을 가진 자녀를 둔 김영석 ALPK 서울지부장은 이런 반응을 "외면하던 거울을 보는 효과"라고 설명한다. "모임에 처음 참석하는 부모는 다른 아이들을 보면서 자기 아이의 처지를 그제야 실감하고 대성통곡을 한다. 그리고 나서 마음의 문을 열기도 한다."

주변 사람들한테 숱하게 편견의 공격을 받은 왜소증 장애인 모두가 자신의 상황을 마주하지 못한 채 마음의 문을 닫고 '그들만의 세계'에 은둔하는 것은 아니다. 사람들의 시선을 극복해가며 적극적으로 자신의 자리를 찾아 나서 다른 이들에게 희망이 되는 이도 있다. 그들은 은둔을 벗어나 세상으로 나아간다. H그룹 계열사의 인재개발팀에서 임직원 교육을 담당하고 있는 이지영(34세·연골저형성증) 씨는 지난날을 회상했다. "초등학교 1학년 때는 화장실만 가면 모두들 나를 구경하는 눈으로 쳐다보고 놀리는 바람에 수업 시간 도중에 손을 들고 화장실을 다녀와야 했다. 그러다가 계속 피할 수는 없는 일이라는 것을 알고 당당해져야겠다고 마음을 먹었다." 체육 시간에 혼자 교실에 남지 않고 뭐든 할 수 있는 건 운동장에서 함께 했던 게 작은 전환점이었다. 그 후 중학교 때는 학급 임원으로 활동하고 친구들과 댄스 장기 자랑에 출연했으며, 대학에 들어와서는 과 대표를 지내고 호주에 어학연수를 다녀왔다. 대학을 졸업한 뒤에도 60개 회사에 이력서를 내고 취업의 문을 두드리며 도전을 이어갔다. "아직 장애인으로서 살아가는 방

뮤지컬 '바넘'에서 왜소증을 가진 장군 역할을 맡고 있는 김유남 씨가 저녁 막바지 연습을 마치고 서울 충무아트센터를 나서며 익살스런 포즈를 취하고 있다. **사진 조원일**

법을 알아가고 부딪치는 단계에 있다. 비슷한 처지의 어린 친구를 만날 때마다 질릴 정도로, 밖으로 나가 부딪쳐야만 바뀐다고 얘기한다. 상처를 무서워만 할 것이 아니라 다시 치유하는 과정 자체를 받아들여야 하는 것이 우리의 정체성인 것 같다."

자신의 작은 키를 강점으로 여기고 사는 이도 있다. 왜소증을 가진 김유남(26세) 씨는 2018년 8월 초 막을 올린 뮤지컬 '바넘'에서 조연인 왜소증 장군 '톰 섬' 역을 맡았다. 그는 신체적 차이가 사람들의 시선을 모으게 되는 상황과 왜소증 인물 역할에 묶이는 것에 대한 부담을 일부 인정하면서도 "오히려 나를 독보적인 존재로 각인시킬 기회라고 생각하고 있다"며 밝게 웃었다. "왜소증이라는 핸디캡 역시 남들은 갖지 못한, 나만이 활용할 수 있는 카드가 아닐까."

　김현수 씨 역시 사람들 속에서 자신의 의미를 찾으면서 스스로 치유하는 방법을 배워나갔다. "대학 시절 건축과에 다닌다는 이유로 농촌을 찾으면 변소나 우물을 수리하는 게 고작이었지만, 봉사활동을 나가면서 나도 누군가를 위해 뭔가 할 수 있다는 사실을 처음 알게 됐다." 우여곡절 끝에 소질을 발견한 건축사 일을 통해 능력을 인정받고, 일찍 유명을 달리한 아버지를 대신해 가장으로서 자리매김하던 순간 그는 "더 이상 흔들리지 않았다"고 말했다. 2018년 8월 군산에서 열리는 ALPK의 2018년 여름캠프를 준비하느라 여념이 없는 김회장은 "우리 아이들에게 원하는 일은 무엇이든 할 수 있다는 걸 알려주고 싶다. 왜소증 장애인이 더 이상 꼭꼭 숨지 말고 나왔으면 좋겠다"고 덧붙였다.

장애인 채용, 합리적 기준부터 마련해야,
합병증 고려해 장애 등급 유연한 판정을

이지영 씨는 태어날 때부터 연골저형성증이라는 희귀난치성 질환을 가진 탓에 신장이 1미터 10센티미터까지밖에 자라지 않았다. 대학을 졸업하고 직장을 구하는 과정에서 난관을 겪었다. 특히 면접시험은 유난히 힘들었다. "몸이 좀 불편할 뿐 전화 응대나 기본적인 사무 업무는 일반인들과도 크게 차이가 없는데도 왜소증 장애인은 다른 장애인에 비해 직업을 구하기가 더 힘든 것 같다. 외모에서 비춰지는 장애 정도가 심해서 그런지 다른 장애의 정도가 심해도 키 큰 장애인을 뽑는 경우가 많았다."

이씨를 비롯해 취업 전선에 한 번쯤 뛰어들어본 왜소증 장애인이라면 일반 기업들이 장애에 대한 기본 지식도 없이 외관만 보고 업무 적합성을 판단한다며 분통을 터트린다. 이들은 정부가 기업에 부담금을 주면서 장애인 고용률을 강제하기보다는 실제로 현장에서 어떤 장애인이 어떤 업무를 할 수 있는지 면밀히 분석하고 이에 맞는 입사 전형을 마련하도록 유도해야 한다고 목소리를 높인다. 연골무형성증을 가진 취업준비생 김 모(26세) 씨는 "입사 지원을 해보면 장애인이 담당할 업무가 어느 정도의 신체 능력과 지능지수가 요구되는지 등 기준을 갖고 있는 경우를 거의 본 적이 없다"고 했다. "왜소증 장애인 대부분은 지능에 문제가 없고 타인과의 의사소통 역시 원활한 만큼 기업이 본연의 목적에 맞게 효용을 기준으로 합리적인 선발 기준을 마련했으면 좋겠다."

장애 등급을 부여하는 기준도 이들이 보기엔 지나치게 보수적이다. 외형상으로 보면 키가 작을 뿐이지만 상당수가 척추관 협착증이나 퇴행성 관절염 같은 심각한 합병증이 발생하는 경우가 많다. 하지만 이들 대부분은 최하위인 6등급을 받는다. 사실상 정부 차원의 지원이 거의 없으면서 장애인 등록만 받아주는 셈이다.

게다가 연골무성형증의 경우에만 2세 이상부터 등록이 가능하고, 원인이 다른 경우에는 여성은 만 16세, 남성은 만 18세가 넘어야 장애 등록이 가능하다는 점도 문제다. 왜소증의 경우 유전 가능성도 적지 않은데, 아이 역시 왜소증으로 태어나더라도 성인이 될 때까지는 국가에서 아무런 지원도 받을 수 없다는 얘기다. 연골무형성증을 가진 신연철(49세) 씨는 "아무리 합병증의 심각성이나 고통을 말해도 정부는 장애 등급을 올려줄 수 없다는 말만 되풀이한다"고 지적했다. "합병증 등으로 다른 장애가 생겨 중복 장애 판정을 받고 등급이 올라가는 경우가 아주 드물게 있지만 그 역시 소 잃고 외양간 고치는 격이다."

'빨간 줄'에 우는 전과자

단 한 번의 실수로 전과자 낙인,
먼저 보듬을수록 사회는 더 안전해져요

이철호(56세·가명) 씨의 삶이 달라진 건 36년 전 봄, 대학 신입생 때였다. 술집에서 군 입대를 앞둔 대학 선배를 위해 송별회를 하던 중에 이씨 일행 4명과 옆 테이블에 앉은 남성 5명 사이에 싸움이 붙었다. 싸움에서 밀리던 이씨 일행 중 한 명이 술집 주방에서 칼을 가져와 휘둘렀고, 상대편 한 명이 사망했다. 이씨 일행은 모두 구속됐고, 이씨는 징역 3년 6개월을 선고받았다.

출소 후 그에게 남은 '빨간 줄'은 넘기 힘든 장벽이 됐다. 대학에선 이미 제적됐고, 취업을 하려 해도 범죄 경력을 적어야 하는 신원증명서 때문에 번번이 발목을 잡혔다. 결국 영세한 인쇄 업체 등을 전전해야 했다. 자신의 삶이 나락에 떨어진 것 같아 울화통이 터질 때면 다른 사람과 싸우기도 했다.

이씨는 2017년 사기죄로 30여 년 만에 다시 수감됐다. 몇 년 전

프랜차이즈 치킨 업체의 가맹점을 차리게 도와주겠다는 지인의 말에 속아 평생 모은 재산 4억여 원을 털어 넣었다가 사기를 당해 빈털터리가 됐다. 그런 상태에서 결혼하는 딸을 위한 자금이 필요해 지인들에게 3000만 원을 빌렸다가 갚지 못한 것이다.

2018년 6월에 출소한 그는 갈 곳이 없어서 출소자에게 숙식을 지원하는 법무부 산하 한국법무보호복지공단의 한 생활관에서 지내고 있다. 이씨는 "장애인이나 미혼모 같은 취약 계층은 시민단체 등 여러 곳에서 관심을 갖지만, 전과자는 정말 어둠 속에 있다"고 했다. "나처럼 나이 든 사람은 어쩔 수 없다고 쳐도 젊은 출소자만이라도 장래성 있는 직업을 갖고 사회에 잘 적응할 수 있도록 도와주면 좋겠다."

매년 5만~6만 명이 과거 잘못에 대한 법적 책임을 다하고 사회로 돌아온다. 하지만 '죗값'을 계속 치러야 하는 경우가 많다. 전과자라는 낙인 때문에 직업을 구하거나 인간관계를 맺기가 쉽지 않다. 공무원이나 공인노무사, 법무사 등은 형 집행이 끝난 후에도 몇 년 동안은 해당 직업에 종사할 수 없다. 전과 사실이 밝혀질까 봐 두려워 임시직이나 일용직을 전전하는 전과자도 적지 않다. 국가인권위원회법은 '형의 효력이 실효된 전과'를 이유로 고용과 주거, 교육 등에서 차별하지 못하도록 규정하고 있지만, 전과자에게 평등권은 너무 먼 이야기다.

다른 취약 계층에 비해 심리적 거부감도 유독 심하다. 2016년에 국가인권위원회가 국민 1500명을 대상으로 실시한 국민인권의식 조사에 따르면, 전과자의 '인권이 존중되지 않는다'는 응답이 71.7퍼센트에 달했다. 이는 장애인, 비정규직, 다문화 자녀, 미혼모 등 22개 취약 집단 중 외국인 노동자(72.7퍼센트), 노숙자(72.6퍼센트)에 이어 세 번째로 높은 수치다. 전과자의 인권이 '존중된다'는 답변은 4.3퍼센트에 불과했다. 전과자는 마이너리티 중에서도 마이너리티라는 얘기다.

대부분의 사람들이 생각하는 범죄는 언론을 통해 접하는 살인이나 강간, 강도 같은 강력범죄다. 그래서 전과자라는 말을 들으면 그런 범죄가 먼저 떠오른다. 물론 전과자 중에는 치밀한 계획을 세워 흉악한 범죄를 저지른 이들도 있지만, 평범한 삶을 살다가 단 한 번의 실수로 범죄를 저질러 전과자라는 낙인이 찍힌 사람들도 적지 않다. 생계형 범죄도 그렇다.

한기훈(35세·가명) 씨의 비극은 불과 결혼하기 몇 주 전에 벌어졌다. 퇴근 후 신혼집 앞에 있는 호프집에서 맥주를 마시던 중 여자친구가 다른 남성들에게 성추행을 당했다. 한씨와 상대편 남성 3명 사이에 싸움이 붙었고, 격분한 한씨는 안주를 자르는 칼을 휘둘렀다. 상대 쪽 3명은 전치 2~3주의 상해, 한씨는 4주의 상해를 입었지만 한씨는 살인미수죄로 4년간 복역했다. 호프집 내부에 CCTV가 없었던 데다 여자친구마저 사건의 충격으로 단기 기억상실증에 걸려 병원에 입원하면서 성추행을 입증할 증거가 없었기 때문이다. 또 싸움을 한 직후 두려운 마음에 친구가 사는 지역으로 차를 타고 간 것이 도주로 간주돼 불리하게 작용했다. 대기업에 다니던 한씨는 그 일로 직장을 잃었다. 2018년 7월 출소한 그는 "눈높이를 낮춰 취업은 했지만 앞으로 결혼할 생각을 하면 고민이 깊어진다"고 말했다. 가족의 반대가 심해 당시 여자친구와는 헤어졌는데 새로운 사람과 인연을 맺자니 전과가 발목을 잡을 것 같다는 두려움이 생긴다.

진경수(27세·가명) 씨는 보이스피싱인 줄 모르고 업체가 시키는 대로 하다가 붙잡혀 1년 4개월 동안 복역했다. 그는 2017년 온라인 구직 사이트에 이력서를 올렸다가 "도박 사이트의 자금을 계좌 이체하는 업무를 해보라"는 연락을 받았다. 불법인 것 같기는 했지만 분식집을 운영하다 진 빚 1200만여 원을 갚을 생각에 일을 시작했다. 업체의 지시대로 여러 은행을 돌아다니며 하루 9000만~1억 원을 계좌 이체하고 100만~200만 원을 급여로 받았다. 일한 지 일주일 만에 경찰에 붙잡혔다. 그제야 자신이 중국에 본거지를 둔 보이스피싱 일당의 인출책이었다는 걸 알게 됐다. 진씨는 "처음에는 나 혼자 붙잡혀서 죄를 전부 뒤집어쓴 것 같아 너무 억울했다. 앞으로는 착실히 일하려고 한다"고 했다.

다른 불행들처럼 전과 역시 전적으로 자신의 선택에 따른 것은 아니며 예기치 않게 일어날 수 있는 일이다. 이백철 경기대 교정보호학과 교수에 따르면 교도소에는 생계형 범죄를 저지르고 들어온 사람들이 상당히 많다. "출소 후 다시 범죄를 저지를 가능성이 있어 사법적 차원에서 계속 지켜봐야 할 수형자도 있지만, 보호와 복지 차원에서 접근해야 할 수형자도 많다."

전과자는 보호받아야 할 곳에서 되레 인권 침해를 받는 경우도 많다. 전과가 있다는 이유만으로 경찰과 검찰의 수사 과정에서 반말과 폭언을 듣기도 한다. 한 전과자의 말이다. "경찰이 10년도 더 지난 전과를 언급하며 '화려하시네요'라고 비꼬아서 무척 불쾌했다. 제발 더 이상은 과거를 들추지 말고, 정부 기관부터 전과자의 인권을 보호하는 일에 앞장섰으면 좋겠다."

수사기관이 전과 경력을 주변 사람들에게 알리는 바람에 피해를 입기도 한다. 경찰은 관내에서 비슷한 수법의 범죄가 발생하면 전과자부터 혐의 대상에 넣는데, 이 과정에서 전과가 주변 사람들에게 알려진다. 실제로 2016년에 경찰이 우범자들의 첩보를 수집하는 과정에서 한 남편의 강제 추행 사실을 부인에게 알렸다가 부부가 이혼하게 됐고, 2012년에는 27년 전에 일어난 남편의 성범죄 전과를 부인에게 얘기했다가 남편이 자살한 일도 있었다.

또 2017년에는 검찰에서 쌍방 폭행 사건으로 피의자들을 대면시켜 대질 조사를 벌이던 중 한 피의자의 전과 사실을 다른 피의자에게 알려주기도 했다. 이 진정 사건에 대해 국가인권위원회는 타인의 전과 사실을 발설하는 것은 '진정인의 인격권과 사생활의 자유를 침해하는 행위'라며 해당 지방검찰청에 직원들에 대한 직무 교육을 실시할 것을 권고했다.

사소한 말다툼이나 경범죄처럼 비전과자라면 훈방되는 사건도 전과자는 유치장에 구금되는 일도 적지 않다. 국가인권위원회가 전과자 300여 명을 대상으로 실시한 '출소자의 사회적 차별에 관한 연구'(2006년)에 따르면, 응답자의 25퍼센트가 타당한 이유 없이 경찰서로 동행할 것을 요구받은 적이 있고, 3분의 2 이상이 형사 사법기관 종사자들에 대해 '하지도 않은 범죄까지 덮어씌우려 한다'고 답했다.

비전과자도 취업이 어려운 시대에 낮은 학력과 빈곤, 복역으로 생긴 경력 공백, 나이 등 불리한 조건을 가진 전과자에게 취업의 벽은 훨씬 더 높다. 불안정한 생활은 다시 범죄로 이어지기도 쉽다. 한국법무보호복지공단에 따르면 재복역률은 2014년 22.1퍼센트, 2015년 21.4퍼센트, 2016년 24.8퍼센트, 2017년 24.7퍼센트, 2018년 25.7퍼센트를 기록했다. 재복역률은 출소하고 3년 이내에 다시 금고 이상의 형을 선고받아 수감되는 출소자의 비율을 말한다. 2015년에 잠깐 감소하는 기미를 보였지만 이후 꾸준히 20퍼센트 중반을 웃돌며 증가하는 추세다. 출소해도 4명 가운데 1명은 3년이 채 되지 않아 다시 교도소로 돌아온다는 말이다.

사업이 부도나면서 두 차례 복역한 적이 있는 이명원(49세) 한울배터리 대표는 "가족도 직업도 없으니 어제 출소했다가 오늘 다시 들어오는 사람들도 봤다"고 했다. "전과자들에게 가장 중요한 건 경제적 기반이다." 그는 새 출발을 돕기 위해 현재 출소자 8명을 고용하고 있다.

실제로 정부가 주거와 일자리 등을 지원할 경우 재범률은 낮아진다. 한국법무보호복지공단에 따르면 2017년에 출소자 1만 980명에게 숙식과 주거, 직업훈련, 창업, 취업 분야에서 지원을 했는데, 지원을 받는 동안 다시 범죄를 저지른 사람은 0.3퍼센트(36명)에 불

출소자들을 고용하는 사회적협동조합인 한울배터리의 이명원 대표가 서울 광진구 본점에서 사업을 소개하고 있다. **사진 남보라**

과했다. 법무부가 집계한 재복역률과는 재범을 계산하는 기간이 달라 단순 비교할 수는 없지만, 주거나 일자리 같은 안정적인 생활의 기반과 재범 사이에 관련성이 적지 않음을 보여준다.

또 2017년 한국법무보호복지공단의 '허그일자리지원 프로그램'을 수료한 이들(2288명) 중 79.2퍼센트가 취업에 성공하기도 했다. 이는 출소자에게 전문 상담을 통해 취업 설계부터 직업훈련까지 전 과정을 지원하는 통합 취업 지원 프로그램이다. 하지만 오랫동안 일자리를 유지하는 비율이 낮고 대부분 단순 노동이라는 점에서 한계가 내다보였다. 천정환 동서대 경찰행정학과 교수는 "법무부는 모범수들이 교도소 밖에서 기술을 배울 수 있도록 '희망센터'를 만들어 운영하지만, 대부분 단순 업무에다 유해 물질을 다루는 곳도 있어서 수용자들에게는 도움이 되지 않는다"고 비판했다.

　물론 지난날 물리적으로 또는 물질적으로 다른 사람의 안전을 위협했고 미래에도 그럴 가능성이 우려되는 전과자를 전혀 경계심 없이 대하는 건 불가능에 가깝다. 전과자도 전문가도 이 점을 인정한다. 그러나 전과자가 사회의 일원으로 자리매김해야 모두가 더 안전해진다는 사실도 외면할 수 없다. 김영순 한국법무보호복지공단 서울지부장은 "전과자가 사회에 복귀하도록 도와야 사회가 더 안전해진다. 범죄에 따른 사회적 비용까지 줄이게 되니 사회가 이들을 보듬어야 한다"고 말했다.

　"용서할 때 과거를 바꿀 순 없지만 미래는 확실히 바꿀 수 있다." 미국의 유명 라디오 진행자 버나드 멜쳐가 남긴 말이다. 전과자만큼 이 말이 잘 들어맞는 이도 없을 것이다.

알코올중독자는 재활 치료, 학력이 낮으면 학업 지원, 재소자별 맞춤형 지원 필요

2018년 5월에 출소한 최진석(62세) 씨는 우울증을 앓고 있다. 예기치 못한 수감 생활은 가정 해체로 이어졌다. 몇 년 사이 너무도 달라진 자신의 삶을 받아들이기가 쉽지 않다. 고등학교 교사였던 최씨가 처음 교도소에 가게 된 때는 2014년이었다. 술에 만취한 상태에서 사람을 때려 중상을 입힌 죄로 1년간 복역했다. 그전에 학교 재단과 갈등이 생기면서 퇴직하고 학원 강사 등으로 일했지만 수입이 일정치 않았다. 점점 술에 의존하는 시간이 길어지던 중에 벌어진 일이었다.

그는 출소한 지 1년 만에 다시 수감됐다. 친구와 술을 마시던 중 소란스럽다는 이웃이 민원 전화를 거는 바람에 출동한 경찰과 실랑이가 벌어졌다. 경찰의 멱살을 쥐고 흔들었다가 공무집행방해죄로 구속된 것이다. "비전과자라면 훈방 조치됐을 만한 사안인데

누범 기간에 걸렸다는 이유로 또 재판을 받았다. 그런 조치에 극한의 분노를 느꼈다." 당시 교도관과도 싸움이 붙었다가 결국 복역 기간이 2년 6개월로 늘었다. 게다가 복역 중에 아내의 요청에 따라 이혼을 했다.

출소하고 갈 곳이 없어진 그는 한국법무보호복지공단의 한 생활관에서 숙식을 해결하고 있다. 지금 그에게 제일 절실한 건 신경정신과 치료다. 생각지도 못한 징역살이, 가정 해체, 미래에 대한 불안 등 때문에 삶에 대한 의욕이 없고 우울증이 너무 심하다. "교도소에 들어간 직후 폭력 예방 교육 등 인성 관련 프로그램을 두세 달 받았지만 이후에는 정신건강과 관련된 프로그램이 전혀 없었다. 지금도 한국법무보호복지공단에서 많은 도움을 받고 있기는 하지만 취업에 지원이 집중돼 있어 정신건강 쪽은 소홀한 것 같아 아쉽다."

이처럼 현재 교도소의 교정·교화 정책이 강력범죄자와 장기수에 집중돼 있다 보니 단기수는 사실상 교정의 사각지대에 놓인다. 법무부의 통계에 따르면 징역 1년 미만의 단기 수형자는 7퍼센트만이 인성 교육을 받았고, 교도 작업에 참여한 비율은 20퍼센트에 불과했다. 직업훈련도 마찬가지다. 짧은 징역형을 선고받은 뒤 교도소에 들어가선 방치 상태가 되는 것이다.

전문가들 역시 출소자의 사회 적응을 돕고 재범을 방지하려면 교도소 입소와 동시에 맞춤형 지원 체계가 가동돼야 한다고 지적한다. 이백철 경기대 교정보호학과 교수는 "수감 기간은 죄에 대한 벌을 받는 시간인 동시에 출소 후의 삶을 준비하는 기간이기도

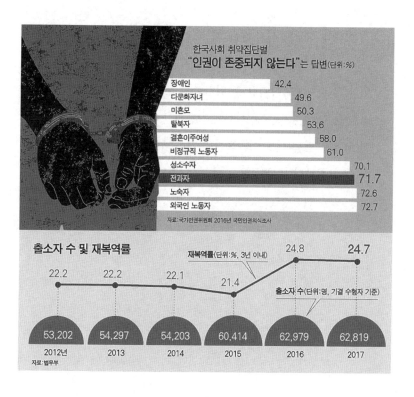

한국사회 취약집단별
"인권이 존중되지 않는다"는 답변(단위:%)

집단	%
장애인	42.4
다문화자녀	49.6
미혼모	50.3
탈북자	53.6
결혼이주여성	58.0
비정규직 노동자	61.0
성소수자	70.1
전과자	**71.7**
노숙자	72.6
외국인 노동자	72.7

자료:국가인권위원회 2016년 국민인권의식조사

출소자 수 및 재복역률

재복역률(단위:%, 3년 이내)

2012년	2013	2014	2015	2016	2017
22.2	22.2	22.1	21.4	24.8	**24.7**
53,202	54,297	54,203	60,414	62,979	62,819

출소자 수(단위:명, 기결 수형자 기준)

자료:법무부

하다"고 했다. "교도소에 처음 들어왔을 때부터 출소할 때까지 재소자를 어떻게 돌볼지 계획을 세워 지원해야 한다." 예컨대 알코올중독자는 중독 치료, 학력이 낮은 이는 학업 지원, 건강이 좋지 않은 이는 치료에 치중하는 식으로 각자의 문제를 구체적으로 파악해 맞춤형으로 지원할 필요가 있다. 이교수는 이런 제안도 했다. "의사와 종교인, 경찰관으로 이뤄진 전문가 대여섯 명이 재소자 10명을 맡아서 출소할 때까지 지속적으로 지원하는 '팀 어프로치'를 적용할 필요가 있다."

전과자에 대한 지원은 취업이 1순위로 꼽히지만 취업 후 적응하지 못하는 경우도 적지 않다. 최 모(35세) 씨도 회사에서 고용한 출소자와 함께 일하다가 그가 적응하지 못하고 그만두는 경우를 보았다. "10년 넘게 복역한 후 취업한 동료가 있었다. 스마트폰을 사용할 줄 모르는 모습 등 사회에 적응하는 것을 힘겨워했고 사람들과 관계를 맺는 데도 어려움이 많았다. 사회에 잘 적응할 수 있도록 출소 전부터 도와야 한다."

난임 부부

체외수정 1회 비용 300만 원 훌쩍,
의료비 폭탄에 시름 더 커져요

오민아(39세, 난임 당사자 이름은 모두 가명) 씨 부부는 결혼하고
1년이 된 2017년 10월 난임 판정을 받았다. 그 후 신선배아 시술
을 두 번 받았다. 그런데 의료비로 벌써 760만 원을 썼다. 지출 내
역을 보면 신선배아 체외수정 난임 검사 비용이 70만 원, 시험관
시술 2회에 든 비용이 300만 원, 황체호르몬제제(질정제) 등의 약
값이 30만 원 등이다. 오씨는 "지푸라기라도 잡는 심정으로 한의
원에서 수정란 착상에 도움이 된다는 착상탕과 착상침 등을 처방
받았는데 이 비용도 200만 원 넘게 들었다"고 전했다. 한방 난임
시술은 현재 건강보험이 적용되지 않는다.

건강보험공단의 자료에 따르면 2020년 상반기 동안 신생아
11명 중 1명은 체외수정이나 인공수정 같은 난임 시술을 통해 태

어났다. 난임 시술로 출산한 아이는 2018년 1만 1949명, 2019년 2만 3727명, 2020년 6월까지 9993명으로 집계됐다. 전체 출생아 중 난임 시술로 출산한 아이가 차지하는 비율도 2018년 4.2퍼센트, 2019년 7.9퍼센트, 2020년(상반기) 8.7퍼센트로 늘었다. 2018년과 비교하면 2년 새 두 배 이상 증가한 것이다.

가임기(15~49세) 부부 중 12.1퍼센트가 난임을 경험했다는 한국보건사회연구원의 조사(2018년 전국 출산력 및 가족보건·복지 실태 조사) 결과도 있다. 부부 100쌍 중 12쌍은 난임이라는 뜻이다. 한국보건사회연구원의 보고서에 따르면 한 해 동안 병원을 찾는 난임 부부는 20만 명 이상에 달하는 것으로 추산된다. 이제 만혼이 대세를 이루면서 난임 문제는 앞으로 더 심각해질 것으로 보인다. 난임이 가정 내 문제를 넘어 초저출산 시대에 우리 사회가 풀어야 할 과제가 된 것이다.

몇 년 전부터 정부가 지원하는 이런저런 제도가 생겼지만 난임의 그늘은 여전히 짙다. 2017년 10월부터 난임 시술에 건강보험이 적용되고 있지만 병원비 부담이 여전히 가계를 위협한다. 수술을 받는 과정에서 생기는 스트레스와 주변 사람들의 배려심 없는 발언은 난임 부부를 우울증의 늪으로 밀어 넣기 일쑤다. 이들은 말한다. "아이 한번 가져보겠다고 미친 듯이 노력하는 간절한 난임 환자를 두 번 울리지 말아달라"고.

난임 부부를 대상으로 난임 시술에 건강보험이 적용되고 있다해도 의료비는 여전히 비싸다. 보건복지부에 따르면 신선배아를

난임 부부가 낳은 출생아 수
(단위: 명, 2019년 기준)

2만3727(7.9%)

총
30만 3,100

자료 : 보건복지부 · 통계청

활용하는 체외수정(시험관)은 1회 시술 비용만 평균 본인부담금이 102만~114만 원에 이른다. 동결배아 체외수정과 인공수정도 평균 본인부담금이 각각 44만 원, 22만 원이다. 더구나 난임 검진비와 약값 등은 건강보험이 적용되지 않는 비급여가 많다. 신선배아 체외수정을 기준으로 1회 전체 의료비가 많게는 300만 원에 이른다.

정부가 신선배아 체외수정 시술시 4회까지 1회 최대 50만 원씩 지원한다고 해도 실효성이 떨어진다는 반응이 많다. 오민아 씨도 여기에 동감한다. "첫 번째 시술 때는 지원금 50만 원을 받을 수 있는 소득 기준에 해당했는데, 일부 비급여 병원비와 약제에만 지원금을 사용하도록 제한하고 있어 10만 원밖에 쓰지 못했다. 차라리 그 돈으로 건강보험 본인부담률(현재 30퍼센트)을 낮춰주면 좋겠다."

또 지원받는 시술비는 건강보험 적용 횟수가 정해져 있어서 초과하면 그때부터 시술비는 전액 본인 부담이 된다. 시험관 시술은

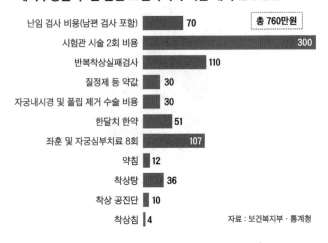

체외수정을 두 번 받은 오민아씨의 지출 내역 (단위: 만원)

난임 검사 비용(남편 검사 포함)	70
시험관 시술 2회 비용	300
반복착상실패검사	110
질정제 등 약값	30
자궁내시경 및 폴립 제거 수술 비용	30
한달치 한약	51
좌훈 및 자궁심부치료 8회	107
약침	12
착상탕	36
착상 공진단	10
착상침	4

총 760만원

자료 : 보건복지부 · 통계청

7회(신선배아 체외수정 4회, 동결배아 체외수정 3회), 인공수정은 3회까지 건강보험이 적용된다. 부부 중 여성의 나이가 만 44세가 넘어도 건강보험 혜택을 받지 못한다. 난임은 민간 실손보험조차도 보장해주지 않는다.

그렇다고 난임 부부가 10번의 건강보험 한도를 모두 쓸 수 있는 것도 아니다. 결혼하고 3년이 된 2017년 6월에 난임 진단을 받은 문지원(29세) 씨는 다낭성난소낭종이라는 질환을 앓고 있다. 그래서 난자를 채취하기 위해 배란유도제를 사용하면 의도와 달리 난자가 여러 개씩 배출된다. 그 때문에 난자를 하나씩만 이식하는 신선배아 시술은 불가능하고, 난자 여러 개를 얼렸다가 그중 몇 개씩을 해동해 이식하는 동결배아 시술만 받을 수 있다. 문씨는 동결배아 시술을 건강보험 한도인 3번까지 다 받았지만 잘되지 않았다. 신선배아 시술 한도는 문씨에게는 무의미하다. 결국 문씨는 앞으로 시술비 전액을 본인이 부담해야 하는 처지가 됐다.

문지원 씨는 비급여 시술비를 마련하기 위해 일단 치료를 접고 2018년 6월부터 경기도의 한 이벤트 업체에 야외 행사 요원으로 취업한 상태다. 문씨의 하소연은 충분히 수긍할 만했다. "사람의 자궁 상태에 따라 시험관 시술의 진행 과정이 모두 다 다른데 신선배아 4회, 동결배아 3회로 칸막이를 쳐놓은 것은 전형적인 탁상행정이다. 그 결과로 피해를 보고 있다. 난임 부부별로 처한 상황에 맞게 돈을 쓸 수 있도록 난임 시술에 지원할 예산을 '아이행복카드' 같은 바우처 형태로 주면 어떨까 싶다."

자궁선근증 수술의 후유증으로 자연임신이 불가능하다는 진단을 받은 허가영(41세) 씨는 반대로 신선배아 시술만 가능하다. 고령의 나이 때문에 난자가 한 번에 한 개씩만 배란되므로 여분의 난자가 있어야 가능한 동결배아 시험관 시술은 받을 수 없다. 그러니 건강보험이 적용되는 동결배아 시험관 시술 3회나 인공수정 3회는 허씨에게는 허울 좋은 지원에 불과하다. 이제 건강보험이 적용되는 마지막 4번째 신선배아 시험관 시술을 받고 있는 허씨 부부는 간절히 호소했다. "정부가 첫아이를 가지기 전까지만이라도 횟수 제한 없이 건강보험 혜택을 받게 하면 저출산 해소에 즉각 효과가 있을 것이다."

수시로 병원에 가야 하고 어렵게 임신에 성공하면 절대 안정을 취해야 하는 난임의 특성상 여성이 원치 않게 직장을 그만두는 경우도 부지기수다. 의료비 지출이 늘어나는 데 더해 가계소득까지 줄어들게 되니 경제적 부담은 그만큼 가중된다. 결혼하고 2년이 된 2018년 4월 난임 진단을 한지영(28세) 씨는 이제 2차 시술을 준비하고 있다. 한씨는 "시험관 시술을 받느라 한 달에 최소 네다섯 번은 병원에 가야 해서 다니는 직장에 사직서를 내고 준비를 했다"고 한다. 하지만 1차(비용 189만 원) 시술의 결과가 좋지 않았다. "남편이 대기업에 다니기는 하지만 외벌이로는 경제적 부담이 커서 신선배아 시술에 건강보험 적용이 끝나는 4차 이후에도 시술을 계속 받을 수 있을지 모르겠다." 또 이렇게 전했다. "주변에도 4차까지만 해보고 안 되면 '딩크족'(의도적으로 자녀를 두지 않는 맞벌이 부부)으로 가겠다는 부부가 많다."

일부 공공기관이나 대기업은 난임 휴직 제도를 둔 곳도 있지만 일반 기업에 다니는 직장인은 휴직도 여의치 않다. 남녀고용평등법 시행령 개정에 따라 2018년 5월 29일부터 연간 최대 3일 난임 치료를 위한 휴가를 쓸 수 있는 제도가 마련됐다. 하지만 실효성이 있을지 의문이다. 3일 중 첫날 하루만 유급이고 나머지 이틀은 무급인데, 국내 직장인들이 주어진 연차유급휴가조차 70퍼센트 정도밖에 쓰지 못하는 현실에선 그림의 떡으로 사용률이 그리 높지 않을 것이라는 전망이 많다. 문화체육관광부의 근로자휴가조사에 따르면 2018년 한 해 직장인이 쓴 평균 연차 일수는 9.9일로, 연차휴가 사용률은 72.5퍼센트로 나타났다.

난임은 정신적 고통도 안긴다. 스트레스와 자책감에서 시작된 고통은 주위 사람들에게서 받는 상처나 피해의식으로 커지고 급

22만 명에 이르는 난임 부부는 여전히 경제적, 정서적 어려움을 호소하고 있다. 난임 당사자들이 서울 을지로에 위치한 국립중앙의료원 중앙난임·우울증상담센터를 찾고 있다. **사진 배우한**

기야 인간관계 단절과 우울증으로 이어진다. 한국보건사회연구원이 실시한 '2018년 전국 출산력 및 가족보건·복지 실태조사'에 따르면 난임 시술을 받으면서 힘들었던 점으로 '정신적 고통과 고립감'을 꼽은 비율이 36.1퍼센트나 됐다. 이는 '신체적 어려움'(25.7퍼센트), '경제적 부담'(25.6퍼센트) 등의 답변을 훨씬 앞지른 것이다.

주변 사람들이 힘이 되기보다 오히려 짐이 될 때도 많다. 난임 치료를 받은 지 10년이 된 김유나(36세) 씨는 예전과 달리 사람들과의 만남을 극도로 꺼리게 됐다. "사람들을 처음 만나면 으레 '결혼했어요?'를 시작으로 '아이는 몇인가요?', '아이 낳아야죠' 등을 묻는다. 누군가를 만나는 것도, 내 이야기를 하는 것도 싫어서 새로운 관계를 맺는 것을 피하게 된다. 자연히 염려와 관심이 부담스러워 지인들과도 거리를 두게 되더라."

또래들과의 관계에서 공통 관심사가 점점 사라지는 것도 난임 부부를 힘들게 하는 요인이다. 2014년에 난임 판정을 받은 유희경 (36세) 씨는 "지인들은 육아 얘기를 하는 비중이 점점 커지고 나는 내 일상만 얘기하게 된다"며 쓴웃음을 지었다. "친구들과의 연락도 차차 끊게 되고, 자립형 외톨이로 지내게 된다."

가족들이 상처를 주는 일도 흔하다. 김유나 씨는 이혼을 하려는 시동생 부부의 아들을 입양하는 게 어떠냐는 시부모님의 제안을 받고 큰 충격을 받았다. 유희경 씨의 경우 친언니가 자신을 배려한다며 6개월이 되도록 임신 사실을 숨긴 적이 있었다. 유씨는 "그 점에 되레 서운함을 느껴 말다툼을 했다가 감정싸움으로 번져 1년 가까이 연락을 하지 않았다"고 털어놨다.

난임이 결국엔 부부간의 사랑을 식게 만드는 요인이 되기도 한다. 이소희 국립중앙의료원 중앙난임·우울증상담센터 부센터장 (정신건강의학과 전문의)은 "기계적으로 진행되는 난임 시술 과정은 환자를 정서적으로 피폐하게 만든다. 죄책감으로 시작해 우울감을 느끼고 서러움, 분노로까지 번져가는 환자들도 있다"고 설명했다. "주변에서 돌잔치를 한다고 연락을 해도 스트레스를 받고, 연락을 일부러 하지 않아도 섭섭함을 느낄 수밖에 없다. 그런 자격지심 비슷한 감정에 휘말리면서 대인 관계가 망가진다. 더 나아가 자연스런 애정에서 비롯돼야 할 부부 관계가 임신을 위한 과업이 되다 보니 부부간의 애정이 식는 일도 잦다."

난소 나이 검사나 호르몬제제 같은 항목에도 건강보험을 적용해야

난임 부부가 제도를 개선해달라고 가장 강력히 요구하는 과제 중 하나는 건강보험 적용 기준을 완화해달라는 것이다. 난임 여성 인 오민아 씨는 "저출산 대책에 매년 수십조 원을 쏟아붓는 마당 에 재정이 모자라서 제한을 둔다는 정부의 해명은 설득력이 부족 한 것 같다"고 했다.

보건복지부는 과학적 근거와 난임 여성의 건강을 고려하더라도 제한이 필요하다는 입장이다. '난임 시술은 시술 대상자의 연령이 증가할수록 임신 확률 및 출생률은 급격히 감소하고 유산율은 증 가하는 등 의학적 안정성에 대한 우려가 높다. 재원이 한정된 건 강보험의 특성상 치료 횟수 제한이 불가피한 측면이 있으며, 여러 다른 나라들도 지원 횟수에 제한을 두고 있다'는 것이 보건복지부 의 공식 입장(2017년 7월 참고 자료)이다.

하지만 초저출산 사회에 접어든 현실을 감안해 좀 더 과감한 지원에 나서야 한다는 반론도 있다. 주창우 서울마리아병원 가임력 보존센터장은 "어차피 난임 시술은 40대 후반 폐경하기 전까지만 받을 수 있어서 건강보험 적용 기준을 완화해도 재정이 무한정 들어가지는 않는다. 위험한 고령 임신 등은 담당 의사와 충분히 상의해 어느 정도 예방할 수 있다"고 했다. 난임 부부의 절실한 입장에 서서 생각해볼 필요가 있다는 주장이다.

결국 보건복지부는 이런 사회적 목소리를 반영해 2019년 7월부터 난임 시술의 연령 제한을 폐지해 만 45세 이상인 여성도 의사의 판단을 거쳐 건강보험이 적용되도록 했다. 건강보험을 적용하는 횟수도 신선배아 체외수정 시술은 4회에서 7회로, 동결배아 시술은 3회에서 5회로, 인공수정 시술은 3회에서 5회로 늘렸다. 다만 본인부담률을 차등 적용해 만 45세 이상 여성과 초과 횟수에 대해선 50퍼센트, 만 44세 이하 여성과 기존 횟수에 대해선 30퍼센트로 적용된다.

또 정부는 2019년부터 난임 시술 지원 대상을 기준 중위 소득의 130퍼센트 이하에서 180퍼센트 이하로 확대했다. 2018년 2인 가구에서 보면 기준 중위 소득의 180퍼센트는 월 512만 원이므로 난임 부부의 월 소득이 512만 원 이하면 시술비를 지원받을 수 있다.

현재 건강보험이 적용되는 횟수 내에서 보장성을 넓히는 과제도 급선무로 꼽힌다. 검진에서 시술로, 시술에서 사후 관리로 이어지는 일련의 치료 과정에서 현재 건강보험이 전면 적용되는 분야는 시술뿐이다. 최안나 국립중앙의료원 중앙난임·우울증상담

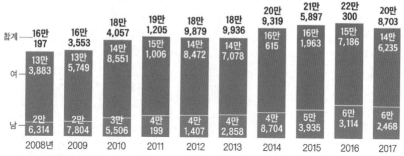

연도별 난임진단자 추이
(단위: 명. 해당연도 진단 받은 자 기준)

	2008년	2009	2010	2011	2012	2013	2014	2015	2016	2017
합계	16만 197	16만 3,553	18만 4,057	19만 1,205	18만 9,879	18만 9,936	20만 9,319	21만 5,897	22만 300	20만 8,703
여	13만 3,883	13만 5,749	14만 8,551	15만 1,006	14만 8,472	14만 7,078	16만 615	16만 1,963	15만 7,186	14만 6,235
남	2만 6,314	2만 7,804	3만 5,506	4만 199	4만 1,407	4만 2,858	4만 8,704	5만 3,935	6만 3,114	6만 2,468

자료 : 보건복지부 · 통계청

센터장은 검진이나 시술 이전 단계에도 건강보험이 적용돼야 한다고 말한다. "난임 진단 과정에서 필수적으로 포함되는 난소나이 검사(AMH) 같은 검사나 일부 치료 항목에 여전히 비급여가 많이 남아 있다. 체외수정 시술의 경우 초기 착상 단계까지 꼭 써야 하는 황체호르몬제제 역시 가격이 수십만 원에 달하는데도 비급여로 남아 있다. 이런 필수 항목은 서둘러 건강보험 급여로 전환해야 한다." 박춘선 한국난임가족연합회 회장 역시 "난임 지원이 병원 치료에 편중된 탓에 사각지대가 생긴다"고 지적했다. 그러면서 "난임 관련 교육과 예방 사업 등을 포괄한 '난임 헬스 케어'를 구축해야 한다"고 제안했다.

난임 부부를 대하는 주변 사람들의 태도 또한 바뀌어야 한다. 박춘선 회장은 "난임 부부를 격려한다면서 '이렇게 하면 임신이 잘 된다더라'라는 식의 부정확한 정보를 주거나 과하게 간섭하는 태도는 피해야 한다"고 했다. "일가친척일수록 더욱 주의를 기울어야 한다."

나홀로 중년

이혼과 실직, 부도를 거쳐 은둔형 외톨이로, 위기에 내몰린 중년 1인 가구

　　서울 양천구에 사는 김민식(51세·가명) 씨는 지난 16년간 가족이나 친구, 이웃 등과 교류하지 않고 '나 홀로' 살아왔다. 본래 컴퓨터 부품을 제조하는 사업체를 운영했는데 30대 후반에 실패하면서 수억 원 빚이 쌓였다. 이후 아내와 자녀를 남겨두고 빚 독촉을 피해 긴 도피 생활에 들어가면서 혼자가 됐다. 시간이 가면서 자존감까지 잃고 은둔형 외톨이로 떨어졌다. 해 뜨기 전에 인력시장에 나가 일용직 노동일을 구하고, 하루 일당 8만 원을 받으면 며칠씩 집 밖에 나오지 않고 술을 마셨다. 그렇게 자책하며 괴로워하는 생활을 10년 넘게 반복했다. 그러는 사이 거주 불명자로 처리됐다가 주민 등록까지 말소되면서 사회에서도 '투명인간'이 됐다.

　　김씨는 "믿었던 사람에게 속아 평생 모은 재산을 탕진해 빈털터리가 되고 나니 하루아침에 무능력자로 보는 가족과 주변 사람들의 시선을 견딜 수가 없었다"며 씁쓸히 웃었다. "사나이 자존심에 힘들어도 도와달라는 얘기를 하기 싫었고, 이웃이 나를 알아보는 게 싫었다." 김씨는 해가 진 뒤에야 집에서 나와 쓰레기를 내다 버리고 담배도 밤에만 밖에서 피운다.

중년의 1인 가구가 위기에 처해 있다. 개인이 자발적으로 선택한 '화려한 싱글'도 있지만 김씨처럼 부도와 실직, 이혼을 거치고, 또는 장애 등이 생겨서 가족과 떨어져 지내는 '비자발적 1인 가구'가 늘어나고 있다. 특히 '나홀로 중년'은 독거노인처럼 사회적으로 고립된 이들이다. 사회적 관계가 단절돼 소득과 고용, 건강, 주거 측면에서 위기를 겪고 있는 이들을 복지 사각지대로 봐야 한다는 지적이 나온다.

통계청이 발표한 '2019년 인구주택총조사'에 따르면, 2019년 11월 1일 기준 우리나라의 1인 가구 수는 614만 8000가구로 전체 가구의 30.2퍼센트를 기록했다. 처음으로 전체 가구의 30퍼센트를 넘은 것이다. 2005년 이전엔 가장 주된 유형의 가구는 4인 가구였으나, 2010년에 2인 가구, 2015년 이후엔 1인 가구로 달라졌다. 즉 이제 전체 가구에서 1인 가구가 차지하는 비중이 가장 높다.

1인 가구를 연령별로 보면 70세 이상이 18.4퍼센트로 가장 높고, 20대(18.2퍼센트), 30대(16.8퍼센트), 50대(16.3퍼센트), 60대(15.2퍼센트) 순으로 높게 나타났다. 특히 남성 1인 가구는 30대(21.7퍼센트), 20대(19.2퍼센트) 다음으로 중년인 50대(18.4퍼센트)와 40대(18.0퍼센트)가 많다. 반면에 여성 1인 가구는 70세 이상(28.0퍼센트)에 밀집

돼 있고 중년인 40대(10.4퍼센트)와 50대(14.1퍼센트)의 비중이 적은 편이다.

라이프 스타일이 변함에 따라 1인 가구가 증가하는 것은 자연스러운 현상이지만 중년 1인 가구의 증가는 가벼이 볼 문제가 아니다. 가족 해체와 사회적 실패를 겪으며 비자발적으로 홀로 살게 된 이들이 상당하다는 분석이 적지 않다. 한국보건사회연구원이 '2015년 인구총조사' 자료에 토대해 1인 가구의 혼인 상태를 분석한 결과를 보면, 20대(98.7퍼센트)와 30대(87.2퍼센트)는 결혼을 하지 않아 홀로 살지만 50대(78.1퍼센트)와 40대(43.7퍼센트)는 이혼과 사별을 겪거나 배우자가 있는데도 홀로 사는 것으로 나타났다.

'나홀로 중년'은 경제적으로도 불안하다. 국회예산정책처에서 낸 '1인 가구의 인구경제적 특징' 보고서를 보면 1인 가구는 전반적으로 고용의 질과 소득이 낮은 편인데 40대 이후부터는 그 정도가 심해진다. 40대의 경우 다인 가구의 임시직·일용직 비율이 11.6퍼센트인 반면, 1인 가구에선 24.3퍼센트로 나타나 두 배가 넘는다. 특히 50대의 경우 1인 가구의 임시직·일용직 비율은 무려 41퍼센트에 달한다. 소득 수준도 당연히 낮을 수밖에 없다. 이 때문에 오현희 국회예산정책처 경제분석관은 50대 1인 가구의 특징을 '불안한 독신'으로 정의했다.

인천 부평구에 사는 이원우(50세·가명) 씨는 10여 년 전 한 대기업 협력업체 공장에서 일하다 손가락 3개가 절단돼 지체장애 4급

판정을 받았다. 그다음 해에는 결혼이 파경에 이르면서 극심한 우울증을 겪었다. 이혼한 뒤에는 다니던 직장을 그만두고 동네에 작은 음식점을 차렸지만 혼자 힘으로 꾸려가기엔 벅찼다. 결국 빚만 2억여 원이나 지고 폐업하고 말았다. 실패를 거듭하면서 자연스럽게 가족이나 친구들과의 사회적 관계도 끊어졌다. 이씨는 명절날 가족 모임에 나가면 이혼하고 5년이 지났건만 여전히 "왜 헤어졌느냐"고 묻는 친척들에게 질려 수년째 명절도 홀로 보내고 있다. 그는 "가족을 꾸려 함께 사는 모습만 정상적인 삶으로 보고 혼자 사는 이는 측은하게 보는 게 싫다"고 했다.

이씨의 가장 큰 걱정은 안정된 일자리를 찾아 노후를 준비하는 것이다. 음식점 운영을 그만두고 휴대폰을 판매하고 대형마트 물류센터에서 분류하는 등의 업무를 거치는 동안 1년 넘게 같은 일을 한 적이 드물다. 이씨는 늙어 병들면 돌봐달라고 의지할 가족이 없고 노후 준비도 못 하고 있는 지금 상황이 걱정스럽다. "현재 일하고 있는 마트에서 정규직 전환 공고가 날 때마다 지원해도 후순위로 밀리고 있다. 직장 동료들은 '당장 돌볼 가족이 없으니 괜찮다'며 위로하지만, 오히려 나는 가족이 없어서 미래가 더 불안하다고 느낀다."

30대에 남편과 이혼한 후 지금껏 홀로 살고 있는 정주연(55세)씨도 안정적인 일자리와 노후 대비가 없는 것을 걱정한다. 정씨는 10년 가까이 운영하던 속옷 가게를 몇 년 전에 그만두고 콜센터 상담 등의 일을 하고 있는데, 한 달 소득은 200만 원 남짓 된다. 전세 대출금의 이자 35만 원, 친정어머니에게 보내는 생활비 30만

1인가구 연령별 혼인상태 비교(단위:%) ■미혼 ■배우자있음 ■사별 ■이혼

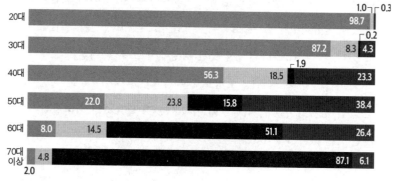

	미혼	배우자있음	사별	이혼
20대	98.7	1.0		0.3
30대	87.2	8.3	0.2	4.3
40대	56.3	18.5	1.9	23.3
50대	22.0	23.8	15.8	38.4
60대	8.0	14.5	51.1	26.4
70대 이상	2.0	4.8	87.1	6.1

*2015년 통계청 인구주택총조사 자료 분석. 자료:한국보건사회연구원

서울 양천구 중년 남성 1인가구 전수조사 결과
(단위:%. 괄호안은 명)

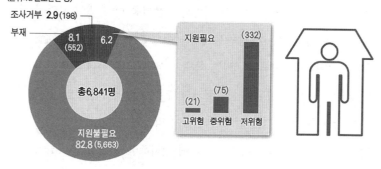

조사거부 2.9 (198)
부재 8.1 (552)
6.2
총6,841명
지원불필요 82.8 (5,663)

지원필요
(332) 저위험
(75) 중위험
(21) 고위험

*생계, 건강, 일자리, 정신건강, 주거, 가족관계 중 3가지 이상 위기는 고위험, 1,2가지는 중위험, 1가지는 저위험. 2017년, 50~64세 이하 주민등록 1인가구 대상. 자료: 서울 양천구청

원을 떼고 남는 돈으로 생활하다 보면 살림이 빠듯하다. 저축할 여윳돈도 부족해 각종 모임을 줄이다 보니 지금껏 연락하고 지내는 친구는 단 두 명뿐이다. 형제들은 모두 자녀를 키우는 형편에 부모님 생활비까지 도와드리기는 어렵다고 해서 자신이 부담하고 있다. 아직 집도 마련하지 못한 상황에서 노후를 어떻게 꾸려야 할지 막막하다. 정씨는 "요양보호사 자격증을 따서 75세까지는 일을 할 생각이지만 갑자기 몸이 아파 목돈이 필요하면 어떡할까. 기댈 곳은 없다"고 걱정했다.

스스로 사회적 관계를 맺기 거부하는 '나홀로 중년'은 역설적이게도 가장 두려운 것으로 '고독'을 꼽는다. 가족이 없거나, 있지만 없는 것과 같은 1인 가구여도 질병과 돌봄에 대한 고민이 사라지는 것은 아니기 때문이다. 만성 신부전증으로 일주일에 한 차례씩 투석을 받는 박인수(59세) 씨는 아내와 사별한 후 자녀와 연락이 단절됐다. 그렇게 이웃이나 가족과의 교류가 없어지면서 늘 고독사할 것을 두려워한다. "갑자기 건강이 악화돼 집 안에서 쓰러지면 주위에 아무도 없으니 누가 119에 연락해줄지 걱정된다. 뉴스에서 무연고 고독사로 생을 마감한 사람이 수개월째 방치됐다는 사연을 접하면 남의 일 같지 않아 마음이 아프다."

박인수 씨의 우려가 기우는 아니다. 우리나라는 아직 고독사에 대한 공식적 정의와 정식 통계가 없어서 무연고 사망자에 대한 통계로 대신하고 있다. 유가족이 없거나 유가족이 시신 인수를 거부해 사망 지역의 지방자치단체가 대신 장례를 치르는 경우 '무연고

시신 처리'가 되는데 이런 사망을 고독사라고도 하는 것이다. 보건복지부에 따르면 2018년 무연고 사망자는 2549명으로 이 가운데 50~59세 남성(513명)이 70세 이상 남성(502명)보다 많았다. 부산시에선 2017년 6월부터 2019년 6월까지 2년간 고독사 86건이 발생했는데 50~60대 중장년층의 고독사 비중이 절반 가까이를 차지했다. 이에 부산시는 중년 1인 남성 가구를 고독사 고위험군으로 보고 있다.

서울 양천구도 관내에서 50대 고독사가 늘자 2017년 만 50~64세의 홀로 사는 남성 6841명을 직접 대면하는 실태 조사를 지방자치단체 가운데 처음으로 실시했다. 조사 결과 428명(6.2퍼센트)이 생계나 일자리, 정신건강, 주거, 가족 관계 측면 중 한 가지 이상에서 위기에 처해 있어서 지원이 필요한 대상으로 파악됐다. 위기 가구를 발굴해 지원하는 최민정 한빛종합사회복지관 사례관리 팀장은 "독거 남성은 대부분 혼자 산 지 수년째가 돼서 초보적인 살림 기술은 갖추고 있지만, 건강검진을 한 번도 받아본 적이 없고 치아 건강과 만성질환을 방치해 악화되는 등 스스로를 돌보지 않고 있었다"고 설명했다. "특히 홀로 지내도 사회적 활동이 왕성한 중년 여성에 비해 중년 남성은 집 안에서만 생활하며 이웃과도 교류가 적어 위기를 알아차리기 어렵다."

위기에 처한 '나홀로 중년'이 늘어나면서 일부 지방자치단체는 이들을 대상으로 복지 프로그램을 마련하고 있다. 하지만 심리 치료나 건강진단 등에 그칠 뿐이어서 현재의 사회보장제도로 보호하기는 쉽지 않다. 복지 제도는 지원 대상의 자격 요건이 주로 노년층과 청년층을 기준으로 만들어져 중년층은 제외되기 때문이다. 송인주 서울시복지재단 연구위원은 "중년의 위기를 방치하면 고령층으로 진입할 때 빈곤이 심화되고 최악의 경우 고독사로 이어질 수 있다"고 지적했다. 지방자치단체는 위기 발굴 시스템을 활용해 고립된 이들을 찾아내고 공적 서비스를 받을 수 있도록 사회 안전망을 확대해야 한다.

독거남끼리 만나 안부 묻고 자활 도움,
서울 양천구 50스타트센터 큰 호응

"아이스 아메리카노와 카페모카를 살면서 처음 먹어봤다. 늘 믹스커피만 먹다가 카페모카를 먹어보니 우유랑 초코 시럽이 들어가서 달고 맛있다."

서울 양천구 신월동의 50스타트센터에서 만난 박민상(50세·가명) 씨가 직접 만든 커피의 맛을 자랑하며 환하게 웃었다. 50스타트센터는 양천구가 50대 독거남들을 위해 마련한 전용 공간이다. 이날은 이곳에서 운영하는 '나비카페'에서 바리스타 교육을 하는 날이라 박씨도 이웃 6명과 함께 참여했다.

이혼하고 10년 넘게 혼자 살면서 말수가 줄었다는 박씨는 50스타트센터에 방문하면 수다쟁이가 된다고 했다. 비슷한 처지의 사람들끼리 모여서 커피를 만드는 법도 배우고 고민도 나누니 마음이 편해진다. "처음 센터를 방문했을 땐 아는 사람이 없어 멋쩍었

50대 '나홀로 중년'을 보내는 50대 독거남들이 서울 양천구 50스타트센터에서 '힐링커피 아카데미' 수업을 듣고 있다. 집 밖을 나서지 않던 독거남들이 모여 취미 생활도 하고 일자리 정보 등을 공유할 수 있도록 양천구가 기획한 자리다. **사진 고영권**

지만 교육에 참여할수록 독거남끼리 친해져서 서로 안부를 묻는다. 사회복지사가 신용 불량자를 위한 상담 등도 실시하니 실질적인 도움을 받고 있다."

양천구는 2018년 4월 지방자치단체 중 처음으로 '나홀로 중년'의 고독사를 예방하고 지원하기 위한 취지로 50스타트센터를 열었다. 혼자 사는 중년 남성이라면 언제든 찾아와 단돈 1000원만 내면 커피를 마실 수 있는 일종의 사랑방인데, 하루 평균 30~40명이 찾아올 정도로 호응이 좋다. 센터에서는 2017년부터 양천구가 진행하는 '나비남 프로젝트'의 일환으로 바리스타 교육이나 영화제작 같은 참여형 프로그램을 진행한다. 또 이웃들이 독거남과 매월 한 차례 이상 만나 인생 경험을 나누는 멘토단을 운영하고, 독거남이 원하면 일자리나 금융, 의료, 복지 문제 등에 대한 전문 상담도 진행한다.

은둔형 외톨이로 지내는 '나홀로 중년'의 마음을 어떻게 열 수 있었을까. 조인주 양천구 희망복지팀장은 "50대 남성 1인 가구의

50스타트센터에서 50대 독거남들이 모여 바리스타 교육프로그램에 참여하고 있다. **사진 고영권**

상황을 조사하기 위해 가구마다 전화를 할 때는 잘 받지 않지만, 사회복지사와 지역 주민이 함께 직접 방문해 취지를 말하면 문도 열어주고 겪고 있는 어려움도 얘기했다"고 했다. "50대는 일할 의욕이 있고 사회로 복귀하고 싶은 세대인 만큼, 마음의 회복뿐 아니라 일자리 상담 같은 자활을 돕는 프로그램을 만들고 언제든 찾아올 전용 공간을 열어뒀더니 호응이 높아졌다."

최근 들어선 구청의 지원을 받아 자립에 성공한 독거남이 다른 은둔 독거남의 멘토가 되기도 한다. 2017년에 나비남 프로젝트에 참여하면서 오랜 은둔 생활을 끝내고 일자리도 얻었다는 조용식 (51세) 씨의 경우, 처음 자활 프로그램에 참여할 때만 해도 타인에 대한 경계심이 많았지만 프로그램을 통해 자기 객관화가 되고 새로운 인생을 시작할 의욕도 생겼다. 조씨는 "그래도 가장 중요한 건 참여자 스스로 변화하려는 노력과 의지"라고 강조했다.

성인 ADHD 환자

"ADHD 탓에 차가운 시선,
인생 황금기에 취업도 결혼도 포기했어요"

충남 아산에 거주하는 윤 모(20세) 씨는 2017년 5월 입대하기 위해 병역판정검사를 받았다. 어려운 가정 형편에 자신이 군대에 가면 살림살이에 도움이 될 것이라는 생각이었지만 이마저도 쉽지 않았다. 병역판정검사에서 정신질환이 의심된다면서 재심 판정이 났고 정신과 치료를 권유받은 것이다. 지역의 대학병원에서 검사를 받은 결과 성인 '주의력 결핍 및 과잉행동 장애'(ADHD)라는 진단이 나왔다. 이후 매주 병원에 다니며 약물 치료를 받고 있다. 윤씨는 "평소 사소한 일에 짜증을 많이 내고 폭력적인 면이 있었던 것은 사실이지만 내가 ADHD라고는 생각하지 못했다"고 했다. "지금은 내 젊은 날을 송두리째 갉아먹고 있는 ADHD라는 놈을 없애는 데 온 신경을 쓰고 있다."

경기 부천에 거주하는 오 모(23세) 씨는 초등학교 2학년 때 신체

검사에서 ADHD가 의심된다는 진단을 받았지만 지금까지 제대로 치료한 적이 없다. '내 아들이 정신질환자일 리 없다'는 부모의 잘못된 믿음이 아들의 병을 키운 것이다. 집중력 저하와 폭력을 동반한 과잉행동을 보이던 오씨는 학창 시절 문제아로 낙인찍혔다. 10분 이상 책을 볼 수 없는 아들에게 부모는 "넌 할 수 있다"는 말만 강조했다. "설상가상으로 중학교 1학년 때 어머니가 유방암에 걸리는 바람에 내 병을 치료할 경제적 여유마저 사라졌다. 그 후 방치된 인생을 살았다."

ADHD(attention deficit hyperactivity disorder)는 주의력이 부족하고 산만하며 충동적으로 행동하는 특성 등이 나타나는 질병이다. 학교나 직장에서 주어진 일을 제대로 완수해내지 못하고 쉽게 화를 내거나 폭력적인 성향 등이 나타나기도 한다. 일반적으로 어린 시기에 나타나고 실제로 환자 대부분이 10대인 소아 청소년기의 정신과적 장애로 알려졌지만 점점 성인 환자도 증가하는 추세에 있다. 어렸을 적 나타난 증상이 청소년기를 거쳐 성인이 되면서 저절로 줄어들기도 하는데, 일부는 성인이 되어서도 증상이 이어져 뒤늦게 진단을 받는다. 대체로 아동기가 지나 청소년기에 접어들면서 과잉행동은 점차 줄어드는 양상을 보이지만, 앉아서 꼼지락거리거나 정리를 잘하지 못하는 등의 주의력 결핍이나 충동성 같은 증상은 지속된다. 대한소아청소년정신의학회의 2018년 분석 결과에 따르면 ADHD로 진단받은 아동의 70퍼센트는 청소년기까지 증상이 지속되고, 이들 중 50~65퍼센트는 성인이 되어서도 증

ADHD 환자는 주의력이 부족하고 산만하며 충동적으로 행동하는 특성을 나타낸다.

상이 지속된다.

조기에 발견해 치료를 받으면 성인기까지 이어지지 않을 확률이 높지만, 일시적 행동(사춘기나 중2병 등)으로만 여기고 본인과 부모 모두 질병이라는 인식을 하지 못해 적절한 치료를 받지 못하는 경우가 많다. 최근에 들어 이 질병에 대한 인식은 생겼으나 역시 정신과 질환에 대한 편견 때문에 진료를 기피하기도 한다.

건강보험심사평가원의 자료에 따르면 2019년 ADHD 치료를 받은 환자는 7만 1362명으로, 2017년 5만 3070명과 비교하면 40퍼센트가량 증가했다. 주로 어린 시절에 증상이 두드러지게 나타나는 특성상 연령별로는 10대 이하가 77퍼센트를 차지해 가장 많았고, 20세 환자는 14.9퍼센트, 30대는 5.3퍼센트로 성인 환자는 비중은 적지만 수가 꾸준히 늘고 있다. 2016년 9월 보건복지부의 개정 고시에 따라 ADHD 치료제의 보험 급여 적용 범위가 성인까지 확대되면서 진단이 늘었기 때문이다. 이해국 의정부성모병원 정신건강의학과 교수는 "아동기 때 ADHD가 의심된다는 진단을 받고도 치료를 받지 않고 있는 이들과 성인기에 다시 ADHD가 재발한 이들까지 포함하면 실제 환자 수는 진료 인원의 네 배까지 추정이 가능하다"고 말했다. 성인 ADHD 환자가 실제로는 2만~3만 명에 달할 거라는 추정이다.

보건복지부의 자료에 따르면 성인 ADHD의 증상은 크게 세 가지로 나뉜다. 충동성 측면에서 보면 매사에 인내심이 부족하고 난폭한 운전 습관을 갖고 있으며 계획에 없는 충동적 행동을 저지른다. 과잉행동 측면에서 보면 대화할 때 말을 빨리 하고 평소 가만히 있는 것을 힘들어 한다. 집중력 장애 측면에서 보면 주의가 산만한 편이고 사회생활을 하면서 시간 관리를 잘하지 못하며 부주의한 실수가 잦다.

성인기에 ADHD가 발병한 환자는 정상적인 사회생활이 거의 불가능해진 다음에야 자신의 병에 대해 인지하게 된다. 경기의 한 대학병원 정신과 외래에서 ADHD 치료를 받고 있는 최 모 (28세) 씨가 대표적 사례다. 그는 서울의 한 명문 대학을 졸업하고 2016년 대기업에 입사했지만 실수를 반복하면서 동료는 물론 상사의 눈 밖에 났다. 집중해 업무를 처리하려 해도 결재 기한 내에 업무를 마친 적이 손에 꼽을 정도로 업무 실적이 좋지 않았다. 업무로 인한 스트레스가 쌓여 술을 마시는 일이 잦아지면서 지각하는 횟수도 증가했다. 결국 그는 입사한 지 6개월 만에 퇴직했다.

최씨는 퇴직하고 우울증이 심해져 병원을 찾았다가 성인 ADHD라는 진단을 받았다. 그는 최근 집에서 나와 고시원에서 살고 있다. 직장 생활을 하는 중 스트레스를 이유로 서울 강남의 비싼 술집에서 술을 마시다가 쓴 돈을 갚지 못해 독촉에 시달렸는데 부모에게 사실을 털어놓고 도움을 받아 간신히 술값은 해결했다. 그때 일로 면목이 없어 집에 들어가지 않고 있다. 전덕인 한림대 평촌성심병원 정신건강의학과 교수는 "ADHD는 아동기에는 과잉행동이 두드러지게 나타나지만 성인기에는 집중력 장애가 문제"가 된다고 했다. "집중력 장애 때문에 사회생활에 문제가 생기면 우울 및 조울 증상이 나타난다. 이때 알코올중독이나 도박 등에 빠지면 개인이 감당할 수 없는 상황에 놓일 수 있다."

이들은 인생의 황금기인 20대에 진학이나 취업, 이성 교제 등을 모두 포기한 채 산다. 충남 아산에 사는 윤 모 씨의 경우 최근 지역의 대형마트에서 주차 요원으로 일하고 있지만 단기 아르바이트다. 그는 고등학교를 졸업하고 편의점이나 패스트푸드점, 식당 등에서 아르바이트를 할 당시 고객이 불평하거나 짜증을 부리면 화를 참지 못하고 실랑이를 벌여 숱하게 해고를 당했다. 그때의 경험이 있어 많은 사람을 대하는 일을 기피한다. 주차 요원은 차를 탄 고객에게 수신호만 하면 되니 무엇보다 부딪칠 일이 없다. 윤씨는 "가급적이면 사람을 대하지 않고 혼자 일하는 직업을 갖고 싶은데 잘될지 모르겠다"고 했다.

박 모(20세) 씨도 2014년 8월 병역판정검사에서 정신질환이 의심된다며 재심 판정을 받고, 이후 병원에서 성인 ADHD라는 진단을 받았다. 박씨는 군에 취사병으로 가면 사격을 하지 않을 수 있다는 말을 듣고 한식당에서 주방 일을 하며 요리를 배웠지만 한식 요리사 자격증을 취득하지는 못했다. 3년 넘는 치료를 통해 상태가 호전된 그는 요즘은 식당을 옮겨 서빙 업무를 하고 있다. 많은 사람을 대하는 것이 처음에는 무서웠지만 용기를 내 손님들을 응대하면서 자신감이 생겼다. 그는 "사람들이 나를 이상한 눈으로 볼까 봐 무서워 사람들에게 말을 거는 것조차 두려웠는데 이제 대화를 할 수 있을 정도로 상태가 호전돼 다행"이라고 했다. 그러면서도 평생 식당에서 서빙 일만 할 수는 없는 노릇이라며 부모님이 돌아가시면 누구에게 의지해 살아가야 할지 걱정했다.

치료를 받고 증상이 개선돼가는 성인 ADHD 환자마저 ADHD 환자를 바라보는 현실의 차가운 벽에 부딪쳐 취업에 좌절하기도 한다. 주의가 산만하고 집중력이 떨어져 제대로 일을 해내지 못할 것이라는 편견 때문에, 병명을 알자마자 해고하는 경우마저 있다. 경기의 한 대학병원 정신건강의학과에서 만난 성인 ADHD 환자 김 모(22세) 씨도 제과 제빵 기술을 배워 지역 빵집에 취직했다가 ADHD 환자라는 사실이 알려지자마자 해고됐다고 털어놨다. "의사는 상태가 좋아지고 있다고 하는데 정작 나는 사회에서 무슨 일을 할 수 있을지 모르겠다."

이성 교제나 결혼은 이들에게 언감생심이다. 주차 요원으로 일하는 윤씨의 이야기도 그렇다. "대학 진학의 꿈을 접은 고등학교 3학년 봄, 모든 것이 귀찮아 가출했다. 당시 또래인 여자친구와 석 달간 동거를 했는데, 술만 마시면 화를 내고 폭력을 휘두르는 나를 견디지 못해 여자친구가 도망갔다. 당시 내 병명이 무엇인지조차 몰랐다. 좀 더 일찍 알아서 치료를 받았으면 하는 후회가 몰려온다. 이제 내 병명을 말하면 나를 만나줄 여자도 없다. 나 스스로도 이번 생에서는 이성을 만나지 않으리라고 다짐했다." 서빙을 보는 박씨도 "식당 일을 하면서 지금의 여자친구와 만났는데 내 병을 알고 있는 그녀와 결혼은 생각하고 있지 않다"고 말했다.

심세훈 순천향대 천안병원 정신건강의학과 교수에 따르면 직장이 없는데도 취업이나 진학할 생각을 하지 않고 직업훈련조차 받지 않는 이른바 니트족(NEET: Not in Education, Employment or Training) 중에는 성인 ADHD가 의심되는 이들이 상당수 있다고 한다. "이들은 좌절을 조절할 능력이 떨어지고, 동기부여가 되지 않고, 자신의 행동에 대해 문제의식을 갖지 않는 사회 부적응 상태가 고착화돼 있다. 그대로 방치되면 나중에 가정과 사회에서 버림받을 수 있으니 이들이 지속적으로 치료를 받도록 사회적 관심과 돌봄이 필요하다."

20대 이상 성인 환자를 위한 전문 상담 시스템 있어야

"초등학교 4학년 때 ADHD라는 것을 알았지만 부모님의 반대로 치료를 받지 못했다. 충동 조절이 되지 않아 사고를 치고, 집중이 되지 않아 성적이 저조했지만 부모님은 늘 '괜찮다, 시간이 지나면 다 해결된다'고 말씀했다. 3년 전에 조울증까지 생겨 하루하루 지내는 것이 고통스럽다. ADHD, 정말 몹쓸 병이다. ADHD를 우습게 여기면 나처럼 된다. 조기에 치료하는 것이 모두가 살 길이다."

아동기 때 발견된 ADHD를 성인이 되도록 방치했다가 조울증까지 겹쳐 치료에 애를 먹고 있는 20대 남성 환자의 얘기다. ADHD 질환이 의심돼도 치료를 기피하는 것은 정신질환자라는 사회적 낙인이 두렵기 때문이다.

순천향대 천안병원 정신건강의학과 외래에서 만난 K(48세·여)

씨도 그렇게 아들의 치료를 미뤘다. "(아들이) 초등학교 때 치료를 받았으면 지금처럼 아무것도 할 수 없는 사람은 되지 않았을 텐데 억장이 무너진다"며 눈물을 훔쳤다. 4년 전 고등학교를 졸업한 아들이 매사에 집중하지 못하고 충동 조절이 되지 않자 더 이상 방치할 수 없다는 생각에 병원에 데려가 검사를 받았다. 곧 ADHD라는 진단이 나왔다. "초등학교 3학년 때 담임선생이 아이가 대단히 산만하고 충동적이라 ADHD가 의심된다고 언질을 줬지만 설마하니 그럴 리야 없겠지 하고 마음을 놓았다. 또 아이가 어려서부터 정신과 치료를 받으면 평생 정신질환자라고 남들에게 손가락질을 받으며 살 것이 두려워 치료를 기피했다." 정신질환자에 대한 사회적 편견이 이들의 사회생활은 물론 조속한 발견과 치료 기회마저 놓치게 하고 있는 것이다.

취재 과정에서 만난 성인 ADHD 환자들은 "최근 일부 조현병 환자가 저지른 강력범죄가 연이어 발생하면서 정신질환자에 대한 공포감이 극도로 커졌다. 우리를 범죄자 취급하는 것이 가장 힘들다"고 말했다. 치료를 통해 대인관계의 어려움을 극복하고 조금씩 타인에게 가까이 가려 해도 이들을 잠재적 강력범죄자로 생각해 맹목적인 거부감을 보이는 경우가 잦다는 얘기다. 전문가들의 설명에 따르면 조현병은 망상과 환청의 내용에 따라 일부 폭력성이 나타날 수도 있는 반면, ADHD는 충동성이 나타날 수는 있어도 폭력적인 행동은 일반인과 크게 다르지 않다.

20대 이상 성인 환자를 발견해 치료받도록 돕는 전문적인 상담 시스템이 전무한 것도 문제다. 이해국 교수도 그 점을 지적한다.

성인 ADHD 문제 '3가지'

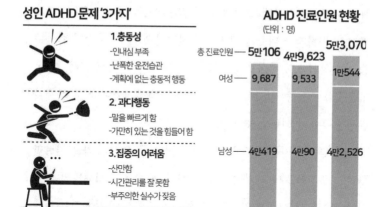

1. 충동성
-인내심 부족
-난폭한 운전습관
-계획에 없는 충동적 행동

2. 과다행동
-말을 빠르게 함
-가만히 있는 것을 힘들어 함

3. 집중의 어려움
-산만함
-시간관리를 잘 못함
-부주의한 실수가 잦음

자료 : 보건복지부

ADHD 진료인원 현황

(단위 : 명)

	2015	2016	2017
총 진료인원	5만106	4만9,623	5만3,070
여성	9,687	9,533	1만544
남성	4만419	4만90	4만2,526

ADHD 진료인원의 연령별 비중

(단위 : %)

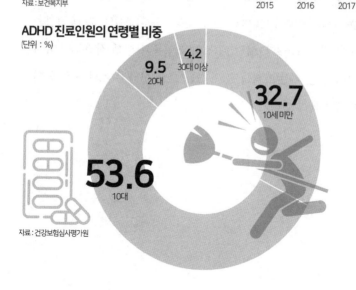

9.5 20대
4.2 30대 이상
32.7 10세 미만
53.6 10대

자료 : 건강보험심사평가원

"그나마 10대 환자는 부모가 치료 의지가 있으면 지역의 정신건강 복지센터나 청소년센터 등에서 상담과 검사를 통해 병원 치료가 가능하다. 하지만 뒤늦게 ADHD가 발병한 20대 이상 성인 환자는 증상이 의심돼도 제대로 된 상담을 받을 곳이 마땅치 않다." 결국 우울증과 조울증, 알코올중독 같은 다른 정신질환이 겹쳐 문제가 발생한 후에야 너무나 늦게 치료를 받게 된다.

이런 경우 환자는 사회 부적응 기간이 너무 오래돼 약물 치료만으로는 증상을 개선하기 힘들다고 한다. 백종우 경희대병원 정신건강의학과 교수도 "성인 ADHD 환자의 경우 사회불안장애(SAD, 다양한 사회적 상황에서 불안을 느끼는 심리 질환)와 ADHD가 공존하는 경우가 많다"고 했다. 이럴 때는 약물 복용과 함께 심리 치료까지 받아야 증상 개선 효과를 볼 수 있으므로 심리 치료와 관련한 지원이 강화돼야 한다.

조손 가족

탈출구 안 보이는 가난과 질병, 세대 갈등…
삼중고에 신음하는 조손 가족

"제 이름이에요. 잘 썼죠?"

여섯 살 은석이(가명)는 스케치북에 이름 석 자를 또박또박 적어 자랑스럽게 내보였다. 그런 손자를 할머니 조 모(63세) 씨는 잠시 흐뭇하게 바라볼 뿐 얼굴에 이내 그늘이 드리워졌다. 비좁고 허름하기는 해도 두 식구의 버팀목이 돼준 보금자리를 떠나야 할지 모른다는 걱정이 요즘 들어 떠나질 않아서다. 할머니는 은석이의 엄마가 백일도 안 된 갓난쟁이를 버리고 집을 나갔을 때부터 손자를 떠맡아 키워왔다. 세 살 무렵 은석이의 아빠도 사고로 숨지면서 가세는 갈수록 기울었다.

한 달 벌이라곤 은석이 앞으로 나오는 기초생활수급비 40만 원과 조씨가 받는 장애수당(신장장애 2급) 30만 원, 정부에서 주는 양육보조금 15만 원 등 채 100만 원이 되지 않는다. 3년여 전 은행

185

대출금 2000만 원을 끼고 서울 동작구의 다세대주택에 전세(보증금 5500만 원)로 들어왔는데, 집주인이 바뀌면 언제 쫓겨날지 몰라 전전긍긍하고 있다. 조씨는 "손자가 성인이 될 때까지만이라도 살아 있는 게 유일한 바람"이라고 했다.

은석이네는 조손 가족이다. 조부모와 손자녀로 이뤄진 가구 형태를 말한다. 20년 전만 해도 생소했던 이 용어는 외환위기를 지나면서 우리 사회 전면에 등장했다. 경기 침체가 계속된 끝에 가족 해체가 심화됐고 부모와 성인 자녀라는 역할을 동시에 수행했던 '완충 세대'는 점점 사라져갔다. 그렇게 주요한 사회문제가 됐다.

조손 가족에 대한 실태 조사는 2010년 이후 실시되지 않아 현황조차 구체적으로 파악되고 있지 않다. 통계청의 자료에 토대한 국회입법조사처 보고서에 따르면, 2018년 기준 조손 가구(조부모와 18세 미만 손자녀로 구성된 가구) 수는 5만 2951가구이며, 부모 없이 조부모의 손에 자라고 있는 아동은 5만 9183명이다.

그동안 이런저런 지원 정책도 꽤 생겼지만 조손 가족은 여전히 힘들다. 가난해서 힘들고, 아파서 괴롭고, 또 위기를 극복하는 방법을 몰라서 절망한다. 사회적 약자들의 결합인 탓에 노인 빈곤과 아동 빈곤, 세대 갈등 등 다양한 요인이 중첩돼 있다. 조손 가정이야말로 다양한 유형의 가족 중 가장 취약한 가족 유형으로 복지 정책의 사각 아닌 사각지대로 남아 있는 셈이다. "복합 위험 상황에 놓여 있는 조손 가족 문제를 방치하면 미래에 복지 위기를 불러올 것"(최영 중앙대 사회복지학과 교수)이라는 경고를 외면해서는

서울 동작구의 한 셋방에서 할머니 조씨와 손자 은석군이 저녁식사를 준비하고 있다. 정부는 이들처럼 조부모와 손자녀 세대로 이뤄진 조손 가족이 2035년이면 30만 가구가 넘을 것으로 추산한다. **사진 신상순**

안 되는 까닭이 여기에 있다.

조손 가족에 대한 정부 차원의 실태 조사는 2010년 여성가족부의 주도하에 딱 한 차례 있었다. 당시 조사에서 조부모들은 손자녀를 맡아 양육하게 된 이유로 '부모의 이혼이나 재혼'(53.2퍼센트), '부모의 가출이나 실종'(14.7퍼센트), '부모의 질병이나 사망'(11.4퍼센트), '부모의 실직이나 파산'(7.6퍼센트) 등을 꼽았다. 며느리의 가출과 아들의 죽음, 사망 전 아들이 남긴 수천만 원의 부채 등 조씨가 손자를 맡아 고난을 겪게 된 과정과 유사하다.

조손 가족이 맞닥뜨린 가장 큰 어려움은 역시 빈곤이다. 부산에 거주하는 김 모(77세) 씨는 현재 거동이 불편한 남편(78세)과 11세,

8세 두 손자를 혼자 힘으로 먹여 살리고 있다. 가족의 월수입은 김씨가 일주일에 다섯 차례 빌딩 청소를 하고 받는 70만 원과 부부의 기초노령연금 40만 원(각 20만 원)이 전부다. 각종 공과금과 전세 대출 원리금(30만 원)을 내고 나면 생활비를 충당하기도 벅차다. 4인 가족의 최저생계비인 276만 원(2019년)에 턱없이 못 미친다. 누가 봐도 국민기초생활보장법상 수급 요건에 해당하지만 김씨는 아직 자격을 얻지 못했다. 오래전 아이들의 엄마와 헤어지고 연락조차 두절된 아들이 부양의무자로 등록된 까닭에 수급 신청이 번번이 거부되고 있다.

김씨는 "손자들의 이가 다 썩었는데도 돈이 없어 병원에 가지 못하는 형편"이라고 토로했다. 이처럼 정부가 빈곤 가정에 부여하는 기본적 혜택마저 자격 규정에 가로막혀 받지 못하면서 생계비 및 의료 서비스 지원에서 배제된 조손 가족이 적지 않다.

경제적 지원 정책이 버젓이 있어도 이를 모르고 지나치는 경우도 많다. 아동복지법에 근거해 조손 가족을 지원하는 '대리양육 가정위탁'이라는 제도가 있다. 보호 아동을 위탁받아 양육하는 '가정위탁'은 대리양육 가정위탁, 친인척 가정위탁, 일반 가정위탁 등 세 가지로 나뉘는데, 그중 대리양육 가정위탁이 조부모에 의한 양육 가정이다. 사망과 가출, 수감 같은 특정 사유로 부모가 자녀를 양육할 수 없다는 점을 입증하면 조부모를 상대로 일정 교육을 거친 뒤 월 15만~20만 원의 보조금을 준다. 그러나 조부모가 해당 지방자치단체에 직접 신청해야 하는 데다 이들이 정보에 접근하는 능력도 크게 떨어져 제도에서 소외되곤 한다. 은석이 할머니 조씨 역시 이런 제도가 있는 줄을 전혀 몰랐다가 친지의 권유를 받고 나서야 뒤늦게 지원금을 신청했다. 그렇다 보니 조손 가구 중 대리양육 가정위탁은 7412가구로 전체 조손 가구의 14퍼센트에 그치고 있다.

노지영 서울가정위탁지원센터 대리는 "조손 가족은 지방자치단체의 사회복지 업무에서도 비중이 작아 담당 직원이 얼마나 의지를 갖고 홍보하는가에 따라 수혜 편차가 크다"고 설명했다. 제약은 까다롭고 지원 제도는 여기저기 분산돼 있다 보니, 조손 가족의 월 소득은 전체 가구의 평균 소득의 절반 정도 수준이다. 한국보건사회연구원이 2018년에 발표한 아동종합실태조사에 따르면, 한부모·조손 가구(조손 가정의 현황이 따로 분류돼 있지 않음)의 월 가구 근로소득은 평균 221.5만 원으로 일반 가구 413.7만 원의 54퍼센트 정도에 그치고 있다.

다른 세대 유형과 비교해 조손 가족은 고령이 대부분인 조부모의 특성상 질병으로 신음하는 비율도 높다. 신체적, 정신적 결함은 근로능력 저하로 이어져 빈곤을 더욱 부추기고, 결국 질병의 고통이 자립 의지를 꺾는다. 외손녀(13세)를 혼자 키우고 있는 이 모(62세) 씨는 십수 년째 정신 불안에 시달리고 있다. 전 남편의 지속적인 폭력으로 생긴 우울증(정신장애 3급)은 지금도 그를 괴롭힌다. 수면제 없이는 잠을 청하기도 어려워 일할 엄두조차 내지 못한다. 기초생활수급비와 장애수당만으로 생활해야 하는 터라 빚은 쌓

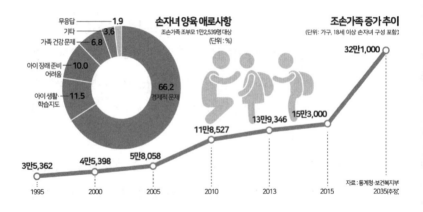

손자녀 양육 애로사항
조손가족 조부모 1만2,539명 대상
(단위 : %)

- 무응답 ——— 1.9
- 기타 ——— 3.6
- 가족 건강 문제 ——— 6.8
- 아이 장래 준비 어려움 ——— 10.0
- 아이 생활·학습지도 ——— 11.5
- 66.2 경제적 문제

조손가족 증가 추이
(단위 : 가구, 18세 이상 손자녀 구성 포함)

- 3만5,362 (1995)
- 4만5,398 (2000)
- 5만8,058 (2005)
- 11만8,527 (2010)
- 13만9,346 (2013)
- 15만3,000 (2015)
- 32만1,000 (2035(추정))

자료 : 통계청·보건복지부

여가고 아파트 관리비 15만 원도 4개월째 밀려 있다. 의료비를 지원받아도 병원 치료비와 약값으로 다달이 10만 원이 별도로 든다. 이씨는 "경제적 탈출구가 좀처럼 보이지 않는다"고 말했다.

그래도 이씨는 장애 아동을 기르는 이 모(72세) 씨에 비하면 사정이 나을지 모른다. 필리핀인 며느리는 손자 재형이(6세·가명)를 출산한 후 몇 차례 가출을 반복하다 집을 나가버렸다. 아들마저 2016년에 스스로 목숨을 끊으면서 양육은 오로지 할머니에게 맡겨졌다. 이씨 자신도 허리디스크 수술을 받아 경제활동을 할 수 없는 상황이지만 고통은 끝이 아니었다. 또래보다 말을 못 해 그저 느리다고만 생각했던 재형이가 병원에서 언어 발달장애 판정을 받은 것이다. 당장 한 달에 32만 원이나 드는 재활 비용도 부담이거니와 치료 시기를 놓치는 바람에 손자의 초등학교 진학을 미뤄야 할지 말지, 이씨는 고민이 이만저만이 아니다. 장애 조손 가족의 활동보조인으로 일하는 박철수(57세) 씨는 "장애인 돌봄은 전문 교육을 이수해야 서비스 제공이 가능한 영역"이라고 전했다.

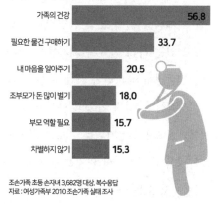

조부모와의 생활 희망사항 (단위 : %)

가족의 건강	56.8
필요한 물건 구매하기	33.7
내 마음을 알아주기	20.5
조부모가 돈 많이 벌기	18.0
부모 역할 필요	15.7
차별하지 않기	15.3

조손가족 초등 손자녀 3,682명 대상. 복수응답
자료 : 여성가족부 2010 조손가족 실태조사

"기초 지식이 없고 힘도 약한 조부모가 몸이 불편한 손자녀를 온전히 감당하기는 쉽지 않다."

충남의 한 소도시에서 손자 셋을 키우는 김 모(72세) 씨는 2018년 들어 중학교 2학년인 큰손자 용태(15세·가명)에게 소리치는 날이 많다. 사춘기가 왔는지 이것저것 사달라고 부쩍 떼를 쓴다. 그때마다 혼을 내면 아이는 먹는 것으로 스트레스를 풀어 몸무게가 벌써 80킬로그램을 훌쩍 넘겼다. 걱정은 또 있다. 내성적인 성격인데도 용태는 공부를 잘해 반에서 늘 1등, 2등을 다툰다. 손자는 내심 학원에 다니고 싶은 눈치인데 기초생활수급비 130만 원을 받아 사는 빠듯한 형편에 사교육은 언감생심이다. 김씨는 "부모 없이 자랐다는 말을 듣기 싫어 항상 엄하게 대했는데 아이들이 커갈수록 대화하기가 힘들다"며 답답해했다. "영어, 수학 학원비를 보조해주는 방안이 나와 공부라도 제대로 시켰으면 원이 없겠다."

지금까지 정부의 조손 가족 관련 정책은 주로 저소득층을 겨냥한 경제적 지원에 초점이 맞춰져 왔다. 그런데 이들을 현장에서 돕고 있는 복지 단체 관계자들은 정해진 양육 방식이 없는 데서 비롯된 정서적 괴리와 세대 갈등에 좀 더 관심을 기울여야 한다고 지적한다. 김씨 가족의 사례처럼 혈연을 중시하는 우리나라에서는 조부모가 손자녀를 돌보고 키우는 데 강한 책임감을 갖고 있다. 양육 대리자로서 의지는 분명하다. 하지만 부모와의 갑작스런 이별에서 오는 아이의 정서적 혼란을 적절히 다루지 못한다. 여기서 조손간에 의사소통이 잘되지 않으면서 갈등이 싹튼다. 또 조부모로선 학업 지원이 미숙할 수밖에 없는데, 손자녀의 입장에서 이것이 학습 부진 현상으로 이어진다. 이 점 역시 조손 가족의 숙제로 남아 있다.

　조손 세대는 특히 손자녀가 성장할 때까지 가족 형태가 장기간 지속된다는 점에서 정서 발달이 지체되고 학업 능력이 떨어질 우려가 있다. 이런 문제는 쉽게 회복하기 힘들고 자칫 대물림이 될 여지가 생긴다. 초록우산 어린이재단 아동복지연구소의 김은정 소장은 "부모와의 생활을 기억하고 있는 아이에게 권위적인 양육 태도를 강요하다 보면 다툼이 생길 수 있다"고 조언했다. "손자녀가 방임을 경험했다 하더라도 조부모가 사회 적응에 긍정적 영향을 주기도 하는 만큼 '조용한 안전망'이 되어 안정적인 가족 체계를 유지해야 한다."

정확한 실태 조사 뒤 흩어져 있는 지원 정보를
원스톱으로 제공해야

조손 가족은 주변에서 흔히 보고 자주 접하는 가족 형태다. 하지만 우리 법령에서 이 가족 유형을 명확히 정의하는 조항은 없다. 다문화가족지원법이나 한부모가족지원법처럼 조손 가족에 대한 지원을 포괄하는 전담 법안이 없어서 그렇기도 하다. 2010년 여성가족부의 실태 조사를 전후로 조부모의 생계 책임 및 손자녀 양육 문제가 사회적 돌봄의 대상으로 대두될 때 '조손가족지원법'을 제정하려는 시도가 있기는 했으나 입법으로 이어지지는 못했다. 당시 입법 과정에 참여했던 한 교수는 "아동복지법이나 국민기초생활보장법 등 조손 가족 지원책을 담은 기존 제도들과 중복돼 효율성이 적다고 판단했다"고 설명했다.

이런 연유로 조손 가족을 위한 지원책은 사업 성격에 따라 지원 범위가 조금씩 다르다. 유형은 크게 세 가지다. 기초생활보장은 대개 65세 이상인 조부모와 18세 미만인 손자녀 세대를 아우르고,

한부모가족지원사업 특례 규정(중위소득 52퍼센트 이하)을 통해서도 아동양육비 보조를 받을 수 있다. 또 아동복지법에서 정한 일정 조건을 충족하면 대리양육 가정위탁을 신청할 자격이 부여된다. 이 밖에 가사·간병 방문 지원(조부모), 학습 지원과 돌봄 서비스(지역아동센터), 취약 위기 가족 지원 등 조손 가족에 도움을 주는 제도는 곳곳에 포진해 있다.

그런데 조손 세대는 아직 정책적 뒷받침이 미흡하다고 아우성이다. 왜 그럴까. 보건복지부는 2017년 3월 '조손 가족 집중 발굴 계획'을 내놨다. 다양한 지원 제도가 있는데도 빈곤의 위험에 놓인 조손 가족이 많으니 별도 시스템을 통해 직접 찾아 나서겠다는 취지였다. 이유는 간단했다. 소득, 소비 흐름처럼 조손 가족 고유의 특성을 파악할 전국적인 실태 조사가 전무했기 때문이다.

현재 각종 지원 사업은 통계청의 인구조사를 기반으로 이뤄진다. 여기에는 대체적인 가족 유형과 소득 구분만 나온다. 사업 기능별로 어떤 기준을 선택하는가에 따라 지원 대상이 들쭉날쭉하므로 사각지대가 생길 수밖에 없는 구조다. 김래홍 밀알복지재단 국내사업부 대리는 "장애 아동을 둔 조부모 중 상당수는 생계 지원 서비스가 있다는 사실을 모르고 있다"고 했다. "이들을 조기에 발견하려면 정확한 실태 조사가 우선돼야 한다."

통합 지원 체계를 마련하는 일도 절실하다. 현재 조손 가족을 위한 지원은 아동, 노인, 가족 등 대상별로 정책이 따로 돌아가는 형국이다. 게다가 가장 중요한 사례 관리는 지방자치단체에서 담당하면서 사업 간 연계성이 더욱 떨어졌다. 가뜩이나 정보가 부족한 조부모들은 자신에게 맞는 제도가 어디에 있는지 몰라서 헤매고 있다. 복지 전문가들은 부처 및 기관별로 각각 시행 중인 지원 내용을 한데 묶어 정보를 원스톱으로 제공하고, 이를 수행하는 운영 기관을 만들 필요가 있다고 조언한다. 김은지 한국여성정책연구원 가족·저출산연구센터장은 "아동과 노인에 대한 돌봄은 국가가 책임진다는 보편적 인식을 토대로 서비스를 구체화하는 맞춤식 지원 시스템을 구축해야 할 것"이라고 말했다.

캣맘과 캣대디

"길고양이 밥이나 챙겨주는 한심한…",
욕먹고 멱살 잡히는 길고양이 돌봄

"아이고, 한심한 X." 서울 능동 어린이대공원에서 2년째 길고양이에게 밥을 챙겨주고 있는 허난희(49세) 씨는 1년이 지난 지금도 그 순간을 잊지 못한다. 길고양이에게 밥을 주는 허씨를 보고 한 중년 남성이 다가와 위아래로 쳐다보며 뱉은 말이다. 허씨는 무섭기도 했지만 대응하면 싸움이 커질 것 같아 아무 말도 하지 못했다. 무엇보다 고양이에게 자칫 해코지를 할까 봐 걱정됐다. 그는 "욕을 먹어도 한 귀로 듣고 한 귀로 흘리려고 노력한다"고 말했다.

어린이대공원 내부에 마련된 길고양이 급식소는 동물권 행동단체 카라와 서울시설공단이 업무협약을 맺고 2016년 4월부터 운영하는 장소다. 서울시설공단이 허락한 밥 자리가 있고 카라가 건사료를 지원하는 덕분에 허씨는 주민과의 갈등이나 비용 측면에서 사정이 그나마 나은 편이다. 가장 불편한 건 주변의 시선이다.

2018년 여름부터 허씨와 함께 돌봄 활동에 동참한 이현주(21세) 씨는 이렇게 말한다. "다짜고짜 왜 여기다 밥을 주냐며 손가락질하는 시민도 있고, 길고양이가 무섭다며 급식소를 없애달라고 공단에 민원을 제기하는 시민도 있다." 술이나 음식 쓰레기처럼 고양이가 먹으면 안 되는 음식을 일부러 놓고 가는 사람도 있다고 두 사람은 전했다.

국내에 길고양이가 얼마나 살고 있는지에 대한 통계는 없다. 100만 마리 정도가 살고 있다고 추정될 뿐이다. 지방자치단체 중 유일하게 서울시가 2013년부터 2년 단위로 '길고양이 서식현황 모니터링'을 실시한다. 2013년 25만 마리, 2015년 20만 마리, 2017년 13만 9000마리, 2019년 11만 6천 마리로 길고양이 개체 수가 줄어들고 있다고 하지만, 조사를 한 서울시조차도 정확하지 않은 통계라는 점은 인정한다. 주거 지역과 녹지 지역, 상업 지역 등 18개 지역을 샘플로 선정해 눈에 띄는 개체 수를 조사하고 이를 지역별 면적에 비례해 계산하는 수치이기 때문이다. 서울시는 2008년부터 중성화 사업을 꾸준히 추진한 것이 개체 수 감소에 영향을 준 것으로 분석한다.

통계에 잡히지는 않지만 길고양이는 우리 사회 곳곳에서 살아가고 있다. 집에서 키우는 고양이는 15~20년 살지만, 길고양이의 수명은 고작 2~3년에 불과하다. 더욱이 고양이를 반려동물로 키우는 이들이 늘고 동물 복지에 대한 사람들의 인식 수준이 높아지면서 길고양이에 대한 관심도 그만큼 커지고 있다. 길고양이를 돌보는 사람들이 증가함에 따라 이제 캣맘, 캣대디라는 용어도 낯설지 않다. 하지만 길고양이를 돌보는 게 밥을 주고 예뻐만 한다고 되는 일은 아니다.

지난 2008년부터 서울 관악구에서 길고양이를 돌보고 있는 캣대디 전 모(46세) 씨는 하루에 평균 20~30마리의 밥을 챙겨준다. 지금까지 그 일을 해오면서 가장 자주 들은 얘기는 "이곳에 밥 주지 말라", "그렇게 고양이가 좋으면 당신이 갖다 키워라"라는 것이었다. 밥을 주지 말라고 하는 이유를 물어보면, 크게 '발정기 때 울음소리가 싫다', '음식물쓰레기 봉투를 뜯는다', '고양이가 똥을 싸서 지저분하다' 등을 지적한다. 전씨는 "중성화 수술(TNR)을 하면 길고양이가 음식물을 뜯지도, 울음소리도 내지 않는다. 청소도 깨끗이 하겠다"고 상대방을 설득해봤지만 돌아오는 건 대부분 욕이라고 했다. "처음에는 죄송하다고 사과하기에 급급했다. 그런데 고양이를 싫어하는 사람들은 아무리 사과를 해도, 설명을 해도 설득이 안 되더라. 지금은 언성이 높아지더라도 할 말은 다 한다."

그렇다고 전씨가 주민들의 마음을 이해하지 못하는 건 아니다. 비둘기가 고양이 사료를 먹고 주차장에 계속 똥을 싼다든지 등 구체적인 불편을 호소하는 경우에는 밥 자리를 옮긴다. "캣대디로 활동하는 게 너무나 힘들지만 그래도 캣맘보다는 덜 고생스러운 것 같다. 캣맘은 상대방이 함부로 대해도 대응하지 못하는 경우가 많다."

서울 광진구 어린이대공원에서 허난희(오른쪽) 씨와 이현주 씨가 길고양이들에게 밥을 주고 있다.
사진 신상순

실제 길고양이를 돌보는 이들은 여성이 압도적으로 많다. 고양이 전문 보호 단체인 고양이보호협회의 회원 비중을 보면 여성이 80퍼센트를 넘는다. 그중 경제적, 시간적 여유가 있는 40대 이상이 많은 것으로 나타났다. 최근에는 남성과 20~30대 여성도 느는 추세이기는 하지만 아직 캣맘은 중년 여성이 대세를 이룬다. 박선미 고양이보호협회 대표는 "50~60대 캣맘은 밥을 주는 도중 사람들이 '아줌마는 누구냐'고 물어보기만 해도 가슴이 철렁 내려앉는다. 당황해서 우물쭈물하다 욕을 먹기도 하고 심지어 멱살까지 잡히는 경우도 있다"고 했다.

사람들 사이의 갈등이 고양이의 피해로 이어지는 사례도 자주 있다. 3년 전부터 캣대디 활동을 시작한 백종식(48세) 씨는 얼마 전 누가 길고양이의 밥 자리에 쥐약을 뿌려놓고 간 것을 확인했다. 백씨가 쥐약을 뿌린 포장마차 주인을 찾아내 이유를 물어보니 "고양이에게 밥을 주니 쥐를 잡지 않는다"는 대답이 돌아왔다. 백씨는 "고양이마저 죽으면 지금보다 더 많은 엄청난 쥐떼와 싸워야 한다"며 쥐만 들어갈 작은 크기의 쥐덫을 전해 주면서 주인을 설득해야 했다.

충북에 사는 김 모(42세) 씨는 6년째 길고양이에게 밥을 주다 2018년 4월 충격적인 일을 겪었다. 어미 고양이와 새끼 고양이들을 돌보는 중이었는데 어느 날 새끼 고양이 한 마리는 머리만 남고 다른 새끼 고양이는 앞발과 뒷발이 날카로운 것에 잘려 죽은 채 발견된 것이다. 수년간 보아오던 어미 고양이도 그날 이후로 보이지 않고 있다. 김씨는 "의심되는 사람이 있었지만 확실한 증거도 없고 겁이 나서 신고하지 못했다"고 했다.

길고양이를 돌보는 사람에게 이웃 주민만큼이나 힘든 존재가 의외로 다른 캣맘, 캣대디다. 이웃과의 공존을 위해서는 서로 합의한 급식소에서 민원이 발생하지 않는 방식으로 먹이를 줘야 하는데, 규칙을 어기고 자기만의 방식을 고집해 갈등의 원인을 제공하는 캣맘이 종종 있다. 서울에서 4년째 공원 급식소에서 캣맘 활동을 하는 정 모 씨는 "급식소에 둔 밥을 덜어가 굳이 다른 장소에서 길고양이에게 밥을 주거나, 비닐봉지에 밥을 넣어 던져주는 캣맘도 있다"고 전했다.

비닐봉지에 밥을 넣어 주게 되면 남는 사료나 비닐봉지로 인해 민원이 발생할 뿐 아니라 중성화 수술을 위한 포획도 어려워진다. 포획하려면 직전에 굶겨서 사료가 들어 있는 포획 틀 안으로 들어가도록 유도해야 하는데, 봉지에 밥을 담아 주면 길고양이가 사료를 저장해놓고 먹게 되므로 포획될 확률이 낮아진다. 정씨가 설득하려 했지만 그는 끝까지 자신의 방식을 고수했다. "그 캣맘은 자기가 밥을 주던 고양이에게 다른 사람이 밥을 주는 게 싫고, 계속 자신을 따르게 하고 싶은 마음이 컸던 것 같다."

고양이 보호 단체 '나비야사랑해'를 이끌고 있는 유주연 대표도 비슷한 갈등을 직접 겪은 적이 있다. 유대표는 아파트 공터에 관리사무소와 주민들의 허락을 받아 급식소를 만들고 12년째 밥을 챙겨주던 중이었다. 그런데 1년 전부터 밥그릇이나 물그릇이 바뀌는가 하면 오래돼 유통기한이 지난 것 같아 보이는 사료가 수북이 쌓여 있는 것을 목격하기도 했다. 자칫 갈등으로 번질 수 있는 상황이었다. 유대표는 쪽지에 '주민들이 싫어하는 것'과 '겨울철에 길고양이에게 물을 챙겨주는 법' 같은 급식소 관리 노하우를 적어놓고, 다른 캣맘이 제대로 돌볼 수 있도록 도왔다고 한다.

이웃이나 다른 캣맘과의 갈등이 없다고 해도 매일 하루에 한 번 꼬박꼬박 밥과 물을 챙겨주는 것 자체가 쉽지 않은 일이다. 허난희 씨의 경우에도 급식소 일곱 곳을 도는 데 적어도 한두 시간은 소요된다. 겨울철에는 추워서 야외 활동 자체도 쉽지 않지만 물이 금방 얼어버리는 날씨에 고양이에게 먹일 따뜻한 물을 확보하는 것도 무척 어렵다.

비용 부담도 만만치 않다. 건사료는 카라에서 지원을 받지만 습식사료와 이따금 챙겨주는 간식, 구내염을 위한 약이나 구충제, 치료비 등은 허씨가 부담한다. 평소에는 월 30만~40만 원, 특히 물을 따뜻이 유지하기 위해 필요한 핫팩을 구입해야 하는 한겨울에는 50만 원이나 돌봄 활동에 소요된다. 허씨는 "캣맘은 이사도 여행도 가지 못하는 경우도 많다"고 했다. "경제적 비용뿐 아니라 매일 두세 시간씩 시간을 내야 하니 쉬운 일이 아니다."

힘든 일을 겪으면서도 돌봄을 계속하는 캣맘과 캣대디가 가장 견디기 어려운 건 돌보던 길고양이가 죽거나 사라졌을 때다. 이들은 길고양이가 질병에 걸렸을 때도, 로드킬을 당하거나 때로는 학대를 당했을 때도 모두 지켜봐야 한다. 사체를 치우는 일도 이들의 몫이다. 허난희 씨는 "추운 겨울에 새끼 고양이의 사체를 치우면서 펑펑 운 적이 있다"고 했다. "그래도 사람에게 마음을 연 동물에 대한 책임감 때문에 그만두지 못한다."

길고양이를 돌보는 사람이 이웃들에게 바라는 건 길고양이를 싫어하더라도 해코지는 하지 말아달라는 것이다. 그저 무관심하게 지나가기를 바란다고 입을 모은다. 박선미 대표는 "캣맘도 길고양이에게 밥 주는 데만 관심을 갖고 이웃과의 갈등 해결은 소홀히 해서는 안 된다"고 강조했다. "길고양이가 해코지나 분풀이의 대상이 아니라 도심 생태계의 일원으로 보호받아야 할 존재라는 인식이 공유되었으면 한다."

길고양이, 없앨 수도 없고
없애서도 안 되는 존재로 인식해야

2015년 10월 경기 용인의 아파트 단지에서 한 50대 주부가 어딘가에서 떨어진 벽돌에 맞고 숨지는 사고가 발생했다. 사건 당시 피해자는 새끼를 낳은 길고양이를 보살피려고 고양이집을 만들던 중이었다. 처음에는 길고양이 보호를 둘러싼 주민 간의 갈등에서 사건이 촉발됐다는 등 수많은 추측과 설이 나돌면서 '캣맘 사건'으로 불렸다. 난데없이 날아온 벽돌의 행방을 쫓은 끝에 결국 당시 열 살짜리 초등학생이 중력 실험을 하려고 벽돌을 던진 것으로 확인되면서, 캣맘과 전혀 관계가 없는 사건임이 밝혀졌다. 물론 사람들이 길고양이로 인한 갈등이 사건의 원인이라고 성급히 단정할 정도로 이미 캣맘과 캣대디가 사회적 이슈가 됐다는 것을 방증한 사건이기도 했다.

다른 동물을 보살피는 이들보다 유독 캣맘과 캣대디를 향한 반감과 갈등이 부각되는 배경에는 길고양이만의 특성도 작용한다. 길고양이는 완전한 야생동물도 아니고 그렇다고 반려동물이라고도 할 수 없는 애매한 위치의 존재로서 사람들의 눈에 띄는 곳곳에서 살아간다. 길고양이를 바라보는 다양한 시선이 있을 수밖에 없고, 이로 인해 돌봄에 대한 갈등도 생기기 쉽다.

캣맘과 캣대디는 길고양이와 관계를 맺으며 돌봄을 시작하지만 주인이 없다는 것은 결국 책임 소재가 불분명하다는 얘기이기도 하다. 천명선 서울대 수의대 교수는 "주인 없는 대상인 길고양이는 함부로 해도 되는 존재로 여겨지고, 그만큼 폭력과 학대에 노출되기 쉽다"고 설명했다. "주민과 캣맘 사이에 갈등이 벌어졌을 때 고양이가 희생되는 경우도 많다."

천명선 교수는 길고양이가 집 밖에서 살고 있기는 하지만 이미 사람에게 길들여져 사람에 의지해 살 수밖에 없는 종이라고 한다. 따라서 이들과의 평화로운 공존에 캣맘과 캣대디의 역할이 중요하다고 지적한다. 예컨대 중성화 수술은 길고양이를 돌보는 사람과 불편해하는 사람 사이를 중재할 수단 중 하나다. 개체 수가 조절되는 효과뿐 아니라 길고양이와 관련한 민원의 상당 부분을 차지하는, 발정기 때 내는 소리도 사라지게 된다. 또 캣맘과 캣대디가 밥을 주면 배고픈 길고양이가 음식물쓰레기 봉투를 뜯는 일을 예방할 수 있다는 장점도 있다.

무엇보다 길고양이란 사람이 개입한다고 해서 없앨 수도 없고, 없애서도 안 되는 동물이라는 점을 인식하는 일이 중요하다. 동물복지문제연구소 '어웨어'의 이형주 대표는 "길고양이를 돌보면서

고양이 26.4 (2만7,100)

기타 1.1 (1만2,000)

유기동물
발생현황
(단위:%, 괄호안은 마리 수,
2017년 기준)

개

72.5 (7만4,300)

유기 고양이 처리 현황 (단위:%, 2017년 기준)

자연사	분양	안락사	보호중		기증 2.0
55.4	24.6	8.3	4.4	기타 3.6	

인도 1.7

자료:농림축산식품검역본부, 서울시

서울시 추산 길고양이 개체 수
(단위:마리)

(만)
25만
20만
13만 9,000

2013 2015 2017년

서울시 길고양이 돌봄기준

• 군집별로 70%이상 중성화
• 중성화 시 광견병 백신, 기생충 구제실시,
  종합백신 접종 고려
• 고양이 전용 사료와 깨끗한 물을 옹기에 담아 공급
• 밥자리는 위생적으로 관리
• 배설물과 쓰레기 등 환경 정리
• 만지는 것에 유의하고 개인 위생 관리
• 민원발생 시 객관적 자세로 소통으로 해결 노력

어린이대공원에 있는 길고양이 급식소 위에 '사료를 가져가지 말라'는 문구가 쓰여 있다.
사진 신상순

다른 주민에게 피해를 주는 방법으로 돌보는 건 물론 지양해야 한다"고 했다. "주민들도 단지 고양이를 돌보는 행위가 싫다고 방해해서는 안 된다. 고양이는 눈앞에서 사라졌으면 한다고 해서 사라질 수 있는 존재가 아니다."

외국인 노동자

하루 19시간 살인 노동,
식사도 기계 옆에서 하라는 사장,
"나 자신이 노예처럼 느껴져요"

"아침 7시에 출근해 자정 넘어 2시까지 일했는데 야근수당을 받을 수 있다는 것도 몰랐어요."

경기도 한 목재 재활용 공장에서 매일 톱밥과 싸우는 우즈베키스탄 출신 잠시드(34세·가명) 씨는 한국에서 1년 반 동안 생활하며 겪은 일을 털어놓다가 허탈한 웃음을 지었다. 한국 정부를 통해 인연을 맺은 회사에서 불법적인 근로 환경에 놓일 줄은 미처 몰랐다. 그는 비전문 외국 인력의 단기 취업을 허락하는 고용허가제를 통해 취업 비자(E-9)를 받고 한국에 왔다. 근로계약서도 썼지만 자세한 내용을 설명해주는 사람은 없었고, 계약서에 적힌 하루 근로시간(9시간)과 월급(180만 원)도 현실에서는 큰 의미가 없었다. 아프고 힘들어도 "내가 나오라고 하면 와서 일해"라는 상사의 말에 끌려 나오다시피 작업장에 나와 초과 근무를 했다. 상사는 시도 때도 없이 "집으로 돌려보내겠다"고 으름장을 놓았다. 그럴 때면 자신이 노예로 느껴질 정도였다.

공장에서 일하는 한국인(12명)이 외국인(5명) 노동자보다 훨씬 많은데도 힘든 작업은 대체로 외국인의 몫이 된다. 나무를 옮기는 작업을 일주일 가까이 하던 한국인 직원 한 명은 일하다가 말고 마스크를 벗어 던지더니 그 길로 집에 가버린 적도 있다. 잠시드 씨는 집으로 돌려보낸다는 상사의 말에 몇 달을 버티며 하던 작업이었다. 수명이 다한 식탁 등 각종 목제품을 톱밥으로 가공하는 해당 공장에서 모든 작업 과정은 힘한 육체노동이 요구된다. 작업 도중엔 먼지가 많이 일어나 숨쉬기도 불편하다. "지난 1년 반 동안 직원이 35명은 바뀐 것 같다. 하루 만에 그만둔 한국인들도 많다." 그만큼 고된 일을 도맡아 하면서도 합법적인 보상을 받지 못했던 것이다.

국내에서 일하는 외국인의 수는 날로 늘고 있다. 법무부가 낸 '출입국·외국인정책 통계월보'를 보면 정식으로 취업 자격을 받아 국내에 체류하는 외국인은 2020년 10월 말 기준 48만 630명이다. 연구자나 교수 같은 전문 인력이 아닌 단순 기능 인력(비전문, 선원, 방문 취업)만 보면 43만 5575명이다.

외국인 노동 인력의 수는 늘어도 그들의 근로 환경은 여전히 열악하다. 민주노총과 이주노조가 2020년 8월에 발표한 '고용허가제 이주노동자 노동조건 실태조사' 결과에 따르면 대상자 644명 중에서 최저임금보다 적게 받는 경우는 56.2퍼센트(337명)나 됐다.

정식으로 취업 자격을 받아 국내에 체류하는 외국인 노동자의 수가 48만 명이 넘지만, 수당도 받지 못하면서 장시간 노동을 강요받거나 컨테이너 같은 열악한 시설에서 기숙하는 등 불법적인 근로환경에 처해 있는 근로자가 다수다. **사진 한국일보**

또 외국인 노동자 623명 중 일주일에 '52시간 초과~68시간 이하'나 일한다고 답한 이는 36.4퍼센트, 68시간 넘게 일한다고 답한 경우는 11.9퍼센트로 절반가량이 근로기준법상 1주 최대 노동시간(2018년 52시간)을 초과해 일했다.

정영섭 이주공동행동 집행위원은 "한국 사회가 저임금 노동 인력을 필요로 하면서 외국인 노동자가 들어오게 됐고, 이들이 국내 제조업과 농수산업을 밑에서 떠받치고 있다"고 했다. "그러니 근로자로서 기본적인 법의 보호를 받게 하는 것은 당연한 일이다." 하지만 현실은 다르다. 불법 체류자로 불리는 미등록 외국인 노동자(2020년 10월 기준 39만 3045명)만의 이야기가 아니라, 잠시드 씨처럼 고용허가제로 들어온 비전문취업 외국인(24만 3725명)이나 재

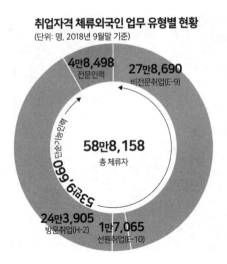

취업자격 체류외국인 업무 유형별 현황
(단위: 명, 2018년 9월말 기준)

4만8,498
전문인력

27만8,690
비전문취업(E-9)

단순기능인력 53만9,660

58만8,158
총 체류자

24만3,905
방문취업(H-2)

1만7,065
선원취업(E-10)

외동포로 방문취업 비자(H-2)를 받은 이(17만 4568명)도 겪는 일이다. 특히 고용허가제로 들어온 외국인은 언어 장벽에 부딪쳐 소통이 어렵고, 고향으로 돌려보내질지 모른다는 막연한 두려움에 시달리며 인권 사각지대에 놓인다.

경기도의 한 가죽 공장에서 일하는 캄보디아인 뽄엿(24세·가명) 씨는 본드 냄새를 맡으며 작업하는 일상보다 추운 겨울을 기숙사에서 보내는 것이 더 힘들다. 뽄엿 씨는 회사에서 제공한 컨테이너로 만든 기숙사에서 동료들과 살고 있다. 전기장판 외에는 난방 기구가 없는 기숙사에서 떨며 보낸 2017년 겨울은 한국에서 2년 가까이 살면서 가장 힘들던 때다. 영하 15도까지 내려가는 혹한에도 전기세가 많이 나올까 봐 회사 눈치를 보며 전기장판을 사용했다.

앞서 살핀 2020년 이주노조의 설문 조사를 보면, 기숙사에 살

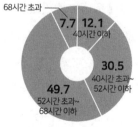

외국인 노동자 노동시간 분포 실태조사
(단위 : %, 1주일 근무시간 기준)

68시간 초과

7.7 **12.1**
40시간 이하

30.5
40시간 초과~
52시간 이하

49.7
52시간 초과~
68시간 이하

급증하는 불법체류외국인
자료 : 법무부

23만9,595명   34만4,589명

2017년9월   2018년9월

고 있는 외국인 노동자 545명에게 숙소 상태에 대해 물었더니 '주야간 노동자들이 같은 방을 쓴다', '작업장의 소음과 먼지, 냄새에 노출되어 있다', '사용 가능한 에어컨이 없다' 같은 불만이 주를 이뤘다. 미얀마 노동자들의 인권을 위해 일하는 소모뚜 버마행동한국 활동가는 "좁은 공간에 많은 외국인 노동자를 모여 살게 하거나 화장실이나 주방도 없는 컨테이너를 기숙사로 제공하는 경우도 많다"고 설명했다. "농업 쪽이 특히 주거 환경이 열악해서 여성 노동자가 성폭행 같은 위험에 노출되는 문제도 있다." 화재 위험도 크다. 2017년 말 부산 사상구에 있는 한 공장의 컨테이너 기숙사에선 난방을 위해 사용한 전기장판에서 불이 나 잠자던 베트남인 노동자 한 명이 숨지는 사고도 발생했다.

한 달에 170만~190만 원을 버는 빤엿 씨는 그 돈으로 고향에서 작은 가게를 열겠다는 목표로 다음 겨울도 버텨보려 하지만 회사가 두 달째 월급을 주지 않아 불안한 상황이다. "회사에 물어봤지만 다른 이유를 대지 않고 내일 준다고만 말한다." 고용노동부의 자료 '외국인 노동자 임금체불 신고현황'에 따르면 체불임금 신고액은 2019년 1500억 원을 기록했다. 외국인 노동자가 받지 못한 임금은 2015년 500억 원 수준이었으나 해마다 200억 원 정도씩 늘어나면서 2019년에는 2018년보다 300억 원 불어나 1500억 원을 넘긴 것이다.

문제는 노동자들이 임금 체불에 어떻게 대항할지 정확히 모르는 경우가 많다는 점이다. 국가인권위원회가 2016년에 제조업 분야에서 일하는 이주여성 노동자들을 대상으로 실시한 설문 조사를 보면 응답자의 15.1퍼센트가 임금 체불을 경험했는데, 이에 대한 대처법으로 39.7퍼센트가 '기다렸다', 12.1퍼센트가 '모른다'고 답했다.

제때 병원에 가지 못한 사례도 쉽게 찾을 수 있다. 방글라데시 출신 레젤(29세·가명) 씨는 못을 박고 빼는 일을 하다가 엄지손톱이 빠지고 시퍼렇게 멍이 들었는데도 일을 계속해야 했다. 사장이 일이 많다면서 병원에 보내주지 않았기 때문이다. 인천의 한 도금 공장에서 일하는 다할(29세·가명) 씨는 여러 차례 복통을 일으켰는데도 사장은 꾀병을 부린다면서 모르는 척했다. 다할 씨는 35킬로그램짜리 금속을 들고 나르는 일 등을 반복하다가 고향 네팔에서 받은 수술 부위가 덧나 안 좋아졌다. 무거운 물건을 들고 나르는 작업을 계속하다간 병이 낫기 어렵다는 생각에 직장을 바꿔야겠다고 결정했지만 그것도 마음대로 되지 않았다.

고용허가제에서는 사업주가 허락해야 이직을 할 수 있다. 다할 씨의 말이다. "처음에는 사장과 함께 병원도 가곤 했다. 그러다가 사업장을 옮기고 싶다고 말했더니 이후로는 꾀병이라고 치부하더라." 일손이 부족한 데다 다른 외국인 노동자까지 직장을 옮기겠다고 나설 것이 걱정돼 사장이 그녀의 병을 알면서도 인정하지 않는다는 얘기다. 2020년 이주노조의 설문 조사를 보면 사업장을 옮기려고 했다가 실패한 적이 있다고 밝힌 195명에게 그 이유를 물었더니 73.3퍼센트가 '사업주가 동의해주지 않아서'라고 답했다. 역시 지금의 고용허가제에서 우선적으로 바꿔야 하는 것을 물었을 때 '이주노동자가 사업장을 자유로이 바꾸지 못하게 하는 것'이라는 답변이 50.2퍼센트(314명)로 가장 높게 나타났다.

시민단체 활동가들은 경기가 악화되면 앞으로 외국인 노동자의 삶이 더욱 팍팍해질 수 있다고 걱정했다. 한 외국인노동자 상담센터 관계자는 "경기가 불황이면 외부인에 대한 경계는 강화되기 마련"이라고 했다. "투표권도 없는 외국인의 상황은 뒷전이 될 수밖에 없다." 외국인 노동자를 향해 일자리를 빼앗으러 왔다는 말이 갈수록 더 나오는 것도 경기 악화와 관련이 있다. 이율도 이주노조 사무국장은 "SNS에는 '외국인 노동자를 쓰는 이유가 3년 동안 싸게 쓸 수 있어서인데, 한국인 노동자와 같은 조건이면 (내국인의) 밥그릇을 뺏는 일 아니냐'고 쓴 글도 있다"고 했다. 사용주뿐 아니라 일반인도 이들의 열악한 근로 환경을 당연하게 여긴다는 것이다.

활동가들은 외국인 노동자 스스로 방패를 만들 수 있도록 한국 정부가 교육부터 책임져야 한다고 말한다. 몰라서 당하고만 있는 경우가 많기 때문이다. 입국 당시뿐 아니라 취업해 일하는 중간에도 정기적으로 노동법 등에 관한 교육을 진행하자는 제안이다. 2018년 이주노조 등 시민단체가 전국을 다니며 외국인 노동자를 만나고 관련 문제를 알리는 '투투버스' 활동을 진행한 이유도 여기에 있다. 현재 고용노동부가 지역별 외국인노동자 상담센터를 지원하고 있지만 지방 곳곳에 흩어져 있는 외국인 노동자에게 적절한 정보를 모두 전달하기에는 역부족이다. 소모뚜 활동가는 "기계가 멈추면 손해를 보니까 밥도 기계 옆에서 먹으라고 강요하는 사장들도 있다"고 했다. "점심시간과 같은 휴게시간이 법적으로 보장돼 있다는 걸 모르는 외국인 노동자는 이런 일이 불법이라고 생각하지 못한다."

동시에 외국인 노동자의 얘기를 들어줄 창구도 보강돼야 한다. 각 지역을 관할하는 지방고용노동청이 사업장에 근로 감독을 나오지만 말이 통하지 않는 외국인 노동자와 대화하기보다는 사업주와 면담만 하고 가버리는 경우가 허다하다. 이율도 국장은 "경찰 조사를 받아도 통역이 없어 외국인 노동자는 상황을 정확히 전달하기 어렵다"고 말했다. 최근 경기 지역에서 일하는 한 방글라데시 출신 노동자는 사장에게 맞았다고 경찰에 신고했다가 오히려 '근무 태만'이라는 누명을 썼다고 호소했다. 피해를 입은 노동

외국인 노동자는 고된 일을 도맡아 하면서도 합법적인 보상을 받지 못하는 경우가 많다.

자가 한국말이 서투르다 보니 조사를 나온 경찰이 사장의 설명만 듣고는 '맞을 만했다'는 식으로 사건을 몰아갔다는 주장이다.

윤인진 고려대 사회학과 교수는 "외국인 노동자 대부분이 3D 업종에서 일하므로 작업환경을 개선하기가 쉽지 않지만, 우리 사회의 전반적인 근로 환경을 개선하기 위해서라도 이는 반드시 해결해야 할 부분"이라고 했다. 고용허가제로 들어온 외국인 노동자를 인력으로만 보지 말고 민간 외교관으로도 생각해야 한다는 점도 강조했다. "고용허가제는 협약을 맺은 아시아 16개국에 대해 경제원조를 한다는 의미도 있고, 각국에 한국을 긍정적으로 경험한 이들이 많아지는 계기도 된다."

임금 체불과 폭행을 일삼는 불량 고용주에겐
외국인 고용허가서 재발급 막아야

부당한 일을 당했다는 외국인 노동자는 줄지 않는데 위법행위로 처벌을 받은 고용주가 있다는 이야기는 잘 들리지 않는다. 실제 외국인 노동자를 고용한 사업자가 법을 위반하더라도 처벌은 미미하다. 고용노동부가 2018년 외국인 노동자를 고용하는 사업장들을 대상으로 합동 점검을 진행한 결과를 보면, 조사 대상 504개 사업장 중 법을 위반한 경우가 88.3퍼센트인데 사법 처리가 된 경우는 단 2건에 불과했다. 위법 사항 유형으로는 임금 체불이나 최저임금 위반처럼 근로기준법을 위반한 경우가 762건, 여성 외국인 노동자에 대한 성희롱과 성폭력 등 남녀고용평등법을 위반한 경우도 298건에 달했다. 그런데 위반 내역(1478건) 중 1385건에 대해 시정 지시 조치를 내리는 데 그쳤다. 나머지 74건(5퍼센트)에 대해 관계 기관에 통보하고 13건(0.9퍼센트)에 대해 과태료 처분을 내렸을 뿐이다.

이주노조는 정부가 적발하지 못한 사례가 더 많을 것이라고 예상한다. 우다야 라이 이주노조 위원장은 "근로 감독이 나온다는 소식을 미리 알고 사무실에 배치된 관련 서류도 다 치워두는 등 대비를 하는데 조사가 잘될 리 없다"고 말했다. 외부에서 알아채기 어려우면 내부 고발이라도 있어야 할 터인데 이 역시 외국인 노동자가 직접 나서기는 어려운 위치다. 결국 부당한 대우를 받아도 참고 일하거나 시민단체의 도움을 받아 사업장을 변경하는 선에서 일이 마무리된다. 해당 사업장의 불법 작업환경은 개선되지 않고 다른 외국인 노동자가 그 자리를 채우는 셈이다.

근로 감독뿐 아니라 사업주에 대한 처벌도 강화해야 이 같은 악순환을 끊을 수 있다. 특히 임금 체불과 폭행을 반복하는 고용주에겐 아예 외국인을 고용할 고용허가서를 재발급하지 않거나 높은 액수의 벌금을 물리는 식으로 상응하는 처벌을 내려야 한다고 전문가들은 말한다. 시민단체 '이주민센터 친구'에서 일하는 이진혜 변호사는 "외국인 인력이 필요한 한국의 사업장끼리도 경쟁을 하도록 만들어서 노동자의 처우를 개선하는 방법도 필요하다"고 말했다.

외국인 고용을 허가할 때 사업장이 적절한 노동환경을 갖췄는지도 확인할 필요가 있다. 최홍엽 조선대 법대 교수는 "농업 분야에서는 열악한 숙식 환경이 큰 문제이다. 이를 평가하는 제도를 엄격히 적용해서 일정 수준에 미치는 못하는 곳은 외국인 노동자를 고용하지 못하도록 조치해야 한다"고 말했다.

비음주자

반 잔만 마셔도 얼굴이 빨개지고 심장이 쿵쿵, 사회생활 위해 목숨 걸어야 하나요

직장 생활을 한 지 6년이 된 주정인(34세) 씨는 대학생 시절 신입생 환영회에서 '소맥'(소주와 맥주를 섞은 술) 딱 한 잔을 받아 마셨다가 정신을 잃었던 경험이 있다. 그 후로는 술을 입에 대지 않으려고 안간힘을 쓴다. 그날 난생처음 술을 입에 댄 주씨는 인근 지하철역의 화장실에서 의식을 잃었고, 아침에야 눈을 떠 토사물과 흙탕물로 범벅이 된 옷차림 그대로 겨우 귀가했다고 한다. 가족들은 저녁 내내 전화를 받지 않는 주씨가 걱정돼 학교와 자택, 병원 응급실 등 주변을 밤새 찾아다녔다. 문제는 이러한 주씨의 사정을 알던 친구들도 술자리나 엠티가 있을 때마다 끊임없이 술을 권했다는 점이다. 주씨가 강권에 못 이겨 한 잔씩 받아 마실 때마다 블랙아웃 현상은 반복됐다.

거절이라도 할 수 있는 친구들이 술을 권하는 경우는 그나마 다행이다. 이전 직장에서 이직을 결심한 것도 권위적인 상사가 음주를 심하게 강요했기 때문이다. 주씨는 "상사는 물론 동기들까지 '사내놈이 정말 단 한 잔도 못하냐'며 회식 때마다 핀잔을 줬다"고 토로했다. "점차 술자리 모임에서 배제되거나 2차, 3차에 빠지면서 의도치 않게 아웃사이더가 됐다. 그러면서 자연스럽게 이직을 고려해야 했다."

통계청의 자료에 따르면 2017년 알코올성 간 질환 등 알코올 관련 원인으로 사망한 이의 수는 4809명에 달했다. 하루 평균 13명이 술로 숨진 셈이다. 그만큼 한국 사회에선 음주를 강요하는 문화가 만연해 있다. 비음주자는 건강에 해가 됨을 무릅쓰고 술을 마시거나, 아예 술자리를 기피하면서 소외되는 일이 잦다. 통계청이 실시한 '2018년 사회조사'에 따르면 2017년 1년간 술을 한 잔 이상 마신 사람은 65.2퍼센트에 달한다. 특히 남성은 이 비율이 77.4퍼센트(여성 53.4퍼센트)에 달해, 남성 10명 중 2명 정도만 1년간 술을 마시지 않는 것으로 파악됐다.

과거에 비해 술을 마시는 빈도가 많이 줄었다고는 하지만 음주를 강요하는 문화는 곳곳에 남아 있다. 2018년 9월 취업 정보 사이트인 인크루트가 대학생과 직장인 1119명을 대상으로 실시한 설문 조사에 따르면, 대학 시절에 억지로 술을 마신 적이 있다고 응답한 비율은 10명 중 7명(70.7퍼센트)에 달했다. 직장 생활 중에는 이보다 더 높은 73.3퍼센트가 음주를 강요받았다고 했다.

이러한 환경에서 신념이나 종교 등의 이유로 술을 마시지 않거

술을 마시면 식도가 부어 음주하지 않는 대학생 이다은 씨가 술집이 즐비한 서울 강남의 한 거리에 서 있다. **사진 이한호**

나 신체 이상 반응으로 마시지 못하는 비음주자는 별종 취급을 받는다. 종교적 신념에 따라 술을 마시지 않는 박수현(28세) 씨는 "기독교 신자마다 해석이 다르기는 하지만 나는 술을 먹지 않는 게 옳다고 여긴다. 그러다 보니 술을 마시지 않겠다고 말할 때마다 신념마저 희롱당하는 일을 자주 겪는다"고 했다. "주위에서 '누구는 마시던데, 믿는 신이 다른 거냐', '성경 어느 구절에 술을 마시지 말라고 써 있느냐'는 등 황당한 질문을 아무렇지 않게 한다."

몇 년 전 돌아가신 아버지의 유언에 따라 술을 먹지 않고 있다는 이국화(30세) 씨도 불편한 경험을 했다. "술을 마시냐 안 마시냐는 개인의 선택 아닌가. '한 잔 정도는 괜찮지 않느냐'고 끈질기게 요구해오는 사람들이 많아 아예 술자리를 피하는 편이다."

술을 마시면 몸에 이상 반응이 생기는 이들의 사정은 더욱 절박하다. 직장인 최은우(29세) 씨는 "맥주 반 잔만 마셔도 온몸이 새빨개지고 심장이 급격히 빠르게 뛰면서 호흡이 잘 안 되는 경우도 생긴다"고 했다. "회식이나 술자리에선 이러한 이상 반응을 대놓고 티를 낼 수가 없어 화장실이나 바깥에서 조용히 가라앉히고 돌아와 착석하곤 한다." 술을 마시고 얼굴이 빨개지거나 표정이 굳으면 '우스운 사람'으로 지목돼 어느새 자신이 술자리의 안줏거리가 돼 있기도 한다는 게 최씨의 설명이다.

통계청이 실시한 '2018년 사회인식조사'에 따르면 절주와 금주가 어려운 가장 큰 이유로 '사회생활에 필요해서'(40.5퍼센트)가 꼽혔다. 그만큼 술자리가 관계 맺기나 사회생활에 꼭 필요한 매개로 인식되고 있다는 뜻이다.

이러한 인식은 성인이 돼 대학 생활을 하면서부터 주입된다. 경기의 한 사립 고등학교 교사인 김 모(41세) 씨는 술을 안 마실 수 없었던 대학 문화에 대해 말했다. "술을 마시는 게 기분 좋은 일도 아니고 힘이 드는 일인데, 대학 때부터 술을 거부하면 성의가 없는 사람으로 여기고 술을 못 마시면 사회성이 떨어지는 사람으로 생각하는 문화를 접하면서 술을 마시지 않을 수 없었다. 그런 문화가 가장 큰 문제다." 대학생 이 모(24세) 씨도 "대학 때부터 강의 시간을 뺀 모든 자리에 무조건 술이 등장했다. 여기에 익숙해지지 못하는 비음주자는 아웃사이더 취급을 받게 된다"고 토로했다.

직장 생활을 하는 비음주자는 주량 탓에 중요한 기회에서 배제되는 경험이 잦다고 입을 모은다. 정보통신 분야의 중소기업에 다니는 김 모(32세) 씨는 "중요한 거래처와 약속이 생겼는데 '술을 못 마시는 사람은 모임의 성격에 맞지 않으니 빠지라'는 윗선의 지시가 내려온 적이 있었다"고 했다. "흔히 '술상무'로 불리는 주량이 센 사람은 업무에 실수가 있더라도 상사와 친밀도가 높은 편이라 어느 정도 용납되는 게 사실이다." 즉 비음주자는 사회생활을 잘하지 못하는 사람으로 통하는 것이다.

주량이 '능력'으로 인정돼 신입 사원 채용 과정에서 주량을 평가하는 기업도 여전히 존재한다. 취업 정보 사이트인 '사람인'이 2017년 12월 기업의 인사 담당자 239명을 대상으로 '신입 사원 채용 시 활용하는 비공개 자격 조건'에 대해 조사한 결과, 4퍼센트 정도가 '주량'을 꼽았다. 취업준비생 이 모(27세) 씨는 "일부 분야에선 인성 평가를 한다는 명목하에 합숙을 하며 술을 마시는 채용 과정을 거치기도 한다"며 씁쓸해했다. "당당히 '나는 술을 못 마신다'고 말할 수도 없고, 술을 억지로 마시자니 정신을 놓아버릴 수도 있어서 당황스럽다." 대학생 이다은(23세) 씨도 비슷한 고민을 털어놓는다. "술에 알레르기가 있어 술을 마시면 기도가 부어오르는 증상이 생긴다. 주변에서 '여성인데 술까지 못하면 사회생활을 하는 데 불리할 수도 있을 것'이라고 우려하는 목소리도 많다."

비음주자 대부분은 술 때문에 생기는 크고 작은 차별을 극복하기 위해 술자리에 참석해 저마다 고군분투하기도 한다. 직장인 최 모(29세) 씨는 "회식 자리에서 상사가 술을 채우라고 할 때마다 슬쩍 물이나 음료를 채워 넣는다"고 했고, 대학생 윤지희(21세) 씨는 "술자리 게임을 잘 익히고 일부러 주변 사람과 대화를 많이 함으로써 술을 못 마시는 데서 생기는 공백을 메우고 분위기를 띄우려 한다"고 귀띔했다.

비음주자라면 공통적으로 맞닥뜨리는 술 좋아하는 사람들의 논리는 '술은 마시면 는다'는 것이다. 하지만 미국신경학회의 공식 학술지에 2015년 게재된 강보승 한양대 구리병원 응급의학과 교수의 분석에 따르면 그렇지 않다. 한국과 중국, 일본 등 동아시아 지역의 사람들 중 40퍼센트는 선천적으로 알코올 분해 효소의 활성도가 낮아서 술을 조금만 마셔도 안면 홍조나 메스꺼움, 졸음, 아침 숙취, 실신 등의 특이한 생리 반응이 나타낸다. 심지어 10퍼센트 정도는 분해 효소가 전혀 생성되지 않는 유전자형을 갖고 있다는 연구 결과도 있다. 한국인들 상당수가 후천적 노력으로도 주량을 높이기 힘들다는 얘기다.

음주가 미숙한 이에게 폭음은 사망에 이를 정도로 위험하다. 2016년 대전의 한 대학에서 신입생이 술을 잘 마시지 못하면서도 선배들의 강요에 못 이겨 2시간가량 술을 마셨다가 다음날 과 동기의 집에서 숨진 채 발견됐다. 2018년 4월에는 평소 주량이 소주 두 잔 정도인 대기업 신입 사원 A씨(27세)가 경기 화성의 한 호텔에서 열린 워크숍에서 밤늦게까지 술을 마셨다가 침대에서 누워 잔 모습 그대로 다음날 숨진 채 발견되기도 했다.

알코올중독 치료 전문 병원인 다사랑중앙병원의 허성태 정신건

건강상 이유로 음주를 하지 않은 한 여성이 술자리에서 테이블 밑으로 술잔에 물을 채우고 있다.
사진 이한호

강의학과 원장도 "술을 잘 마시면 사회성이 좋고 성격도 좋은 사람이라는 잘못된 선입견이 사회 전반에 깔려 있다"고 지적했다. "이 때문에 비음주자에게 음주를 강요하는 문제를 간과하는 경향이 있다. 자신과 주변의 음주 행태에도 이런 문제가 없지 않은지 여러 차례 점검해봐야 한다."

간과되는 음주 위험 인구,
정부는 가이드라인 만들어 적정 음주량 제시해야

'부어라, 마셔라'식의 음주 문화가 오랜 기간 뿌리 내려온 한국 사회에서 술을 못하거나 안 하는 비음주자가 일상생활에서 느끼는 음주의 심각성은 음주자가 생각하는 그 이상이다. 이들은 어느 하나가 바뀌어서 될 문제가 아닌 만큼 음주 문화를 개선하려면 총체적인 노력이 필요하다고 호소한다.

국세청에 따르면 2016년 기준 국민 1인당 연간 알코올 소비량은 8.7리터에 달한다. 이는 소주로는 115병(360밀리리터, 21도 기준), 맥주로는 348캔(500밀리리터, 5도 기준) 정도 된다. 평생 알코올로 인한 의존·남용 증상을 보이는 '알코올 사용 장애 추정 환자'의 수는 139만 명(평생 유병률 12.2퍼센트)이라는 조사 결과(보건복지부 2016년 정신질환 실태조사)도 있다.

술을 좋아하는 사람이 이렇게 많고 중독자가 상당수 되는 한국에서 비음주자가 느끼는 문제의식은 무리한 음주의 위험성이 얼마나 큰지 사람들이 제대로 알지 못한다는 것이다. 대한보건협회에 따르면 2006년부터 10년간 폭음이나 음주를 한 상태에서 교통사고 등으로 숨진 대학생은 22명에 달했다. 통계청의 2017년 사망원인 통계를 보면 알코올성 간 질환 등 알코올 관련 원인으로 사망한 이는 4809명을 기록했다. 인구 10만 명당 알코올로 인한 사망자는 주로 한창 일할 나이인 30대(2.7명)부터 급증해 50대(22.8명)에 가장 많았다.

비음주자는 정부 차원에서 음주 가이드라인을 만들어 대학가와 직장에 적극적으로 배포하고, 음주 위험 인구의 현황과 실태도 명확히 분석해 제시해야 한다고 주장한다. 술을 마시면 호흡 곤란 같은 증상이 나타나기도 하는 직장인 최은우 씨는 이런 제안을 한다. "주량은 사람마다 차이가 워낙 크기 때문에 '적정량'의 기준을 정해놓지 않으면 위험 수준을 금세 넘나들게 된다. 정부가 적극적으로 적정 음주량을 제시하고 이에 대한 공감대를 만들어나가야 한다." 실제로 보건복지부는 국민의 절주 실천을 돕기 위해 2018년 11월 술 한 잔에 담긴 순 알코올 함량(그램)을 확인할 '표준잔'을 제시(소주와 맥주 한 잔당 알코올 함량 7그램)하는 등 절주를 위한 정책 마련에 나섰다. 하지만 그것 갖고는 한국 사회에 고착화된 음주 문화를 바꾸기엔 역부족이라는 지적이 많다.

청와대 홈페이지의 국민청원 게시판에도 음주 문화를 개선해야 한다는 목소리가 상당수 올라온다. "음주운전뿐 아니라 음주로 인해 발생하는 사건 사고를 강력 처벌해 술에 관대하고 강권하는 문

최근 1년간 술을 한 잔 이상 마신 음주 인구 (단위: %)

전체   65.2

남성   77.4

여성   53.4

자료: 통계청 2018년 사회조사

최근 한달 새 블랙아웃 경험 (단위: %)

전체   18.7

남성   23.6

여성   13.1

블랙아웃: 술을 마시고 정신을 잃거나 기억을 못하는 현상. 성인 3,015명 조사.
자료: 삼육대 산학협력단

음주를 강요 받은 경험 (단위: %)

대학 시절   70.7

직장 생활 중   73.3

2018년 대학생 · 직장인 1,119명 조사. 자료: 취업 포털 인크루트

화를 바꿔야 한다"는 이야기에서, "정부 차원에서 주점들의 술 파는 시간을 일정 부분 제한해달라", "근로기준법에 음주 강권을 금지하는 문구를 명문화해달라"는 주장까지 다양한 의견이 나온다.

'술을 강요한 사람도 처벌한다'는 내용의 법안이 최근 국회에서 발의된 데에도 비음주자는 어느 정도 공감하고 있다. 한때 정동영 전 민주평화당 대표는 억지로 술을 권하면 폭력으로 처벌하는 주류음용강요 처벌법 등 음주 관련 7대 정책의 입법을 추진하겠다고 밝혔다. 종교적 신념에 따라 술을 마시지 않는 박수현 씨는 "한국 사회에선 술을 권하는 문화가 익숙한 이상 해당 행위가 강권이라는 점을 알게 하려면 법적 처벌은 어느 정도 필요하다고 생각한다"고 조심스럽게 말했다.

난독증 환자

글 뒤섞여 보이는 선천적 질환인데,
"노력을 안 해"라는 비난에 좌절

웹디자이너 송현숙(30세·가명) 씨는 2018년 7월 10개월간 다니던 회사를 그만뒀다. 1년을 채 버티지 못하고 직장을 나온 것은 난독증 때문이다. 여느 신입 사원이 그렇듯 송씨 역시 업무 매뉴얼을 빠르게 익혀 직무에 적응하려 했다. 그러나 같은 글을 읽어도 남들보다 세 배는 더 시간이 걸리는 탓에 시작부터 쉽지 않았다. 상사 및 동료들과 소통하는 데도 문제가 있었다. 사내에서는 업무 지시를 이메일로 주고받는데 때로 장문의 지시가 오면 이를 정확히 읽는 데만 2시간이 걸릴 때도 있었다. 자연스레 송씨의 업무 속도는 동료들보다 한참 뒤처지게 됐다.

사실 송씨도 어렵게 구한 직장을 지키고 싶어 몰래 야근을 하는 등 엄청난 노력을 했다. 때때로 디자인이 좋다는 인정도 받았다. 하지만 난독증에 대한 동료들의 편견에 부딪히면서 도무지 버티기 힘들었다. 결정적인 계기는 동료들이 송씨에 대해 "난독증을 핑계 삼아 맨날 게으름을 피우는 것 아니냐"고 뒷공론을 하는 것을 들은 것이다. 송씨는 "나 같은 사람은 선천적으로 아무리 노력해도 보통 사람만큼 빠른 속도로 읽을 수 없다. 대부분 사람들은 이를 모르고 '학창 시절에 공부 좀 열심히 하지 그랬느냐'며 핀잔을 준다"고 했다. "디자인 실력만으로는 일반 직장에서 버티기 힘들 것 같아서 전공마저 포기하고 다른 일을 해야 하는 건지 고민스럽다."

모두가 똑같이 읽는 '코끼리'라는 단어가 '리끼코'나 '끼코리'처럼 이상한 형태로 보이는 사람이 있다. 바로 난독증 환자다. 난독증은 두뇌의 언어·읽기 기능과 관련된 영역의 신경 회로 배선이 보통 사람과 달라서 발생하는 증상이다. 이들은 시청각 기능은 물론 지능에도 이상이 없고 오직 무언가를 읽는 데서만 어려움을 겪는다. 난독증 환자 김선호(35세·가명) 씨는 이를 "모두가 윈도를 운영 체제로 사용하는 세상에서 홀로 리눅스라는 다른 운영 체제를 쓰는 것"과 같다고 비유했다. 단지 입력 및 작업 방식이 다를 뿐 무엇을 사용하든 컴퓨터는 작동한다는 것이다.

그러나 모든 언어가 윈도를 중심으로 맞춰져 있는 세상에서 리눅스가 살아가기란 쉽지 않다. 특히 문맹률은 낮고 학습 수준은 높은 우리 사회에서 글을 읽기 어렵다고 호소하는 난독증 환자의 고통은 무식으로 치부되거나 웃음거리가 되곤 한다.

국민대 읽기쓰기클리니컬센터의 연구원이 온라인 난독증 읽기 학습 시스템인 '음파음파'를 이용해
원격으로 난독증 아동에게 자음·모음 구별 훈련을 하고 있다. **사진 홍인기**

    우리나라에 난독증을 가진 사람이 몇 명인지를 조사한 정확한
통계는 없다. 난독증이 있어도 그 사실을 숨기려 하거나, 자신이
난독증인 것을 모른 채 그저 머리가 나쁘다고 체념하고 지나가는
경우도 많다. 교육부가 2015년 전국 154개 학교를 표본으로 실시
한 '난독증 현황파악 연구'가 국내 난독증에 관한 첫 현황 파악이
다. 이에 따르면 조사 대상인 초등생 8575명 중 4.6퍼센트가 난독
증 또는 난독증 위험군으로 나타났다.

    이처럼 난독증이 사회에 잘 알려져 있지 않다 보니 사람들은 종
종 '문해력 부족'과 난독증을 혼동한다. 문해력은 글을 읽고 뜻을
이해하는 능력으로 다양한 글과 책을 반복해 읽음으로써 계발이
가능하다. 반면 난독증은 글자 자체가 뒤섞여 보이는 증상인 데다
선천적 질환이라 완벽한 개선은 어렵다. 전혀 다른 두 증상이 혼

동되면서 난독증이라는 말은 줄곧 낮은 지식수준을 비하하는 단어로 쓰이곤 한다.

최근 들어 인터넷의 댓글 창에서 흔히 보이는 '난독증이냐? 글을 똑바로 읽어라' 같은 조롱이 그 예다. 난독증이 있는 최다은(26세·가명) 씨는 "글을 읽기 힘들어하는 모습을 보이면 '평소에 책 좀 읽어라'는 핀잔이 돌아온다"고 했다. "나는 다큐멘터리를 보면서 지식을 쌓는 걸 좋아하는 편인데 단지 잘 읽지 못한다는 이유로 무지한 사람이라는 취급을 받는 것 같아 가슴 아프다."

난독증 환자는 초등학교에 입학하면서부터 이 같은 편견에 맞서야 한다. 한글 교육이 본격적으로 시작되면서 증상이 남의 눈에 띄게 되는데, 난독증에 대해 잘 알지 못하는 교사는 이를 흔히 학습 부진으로 여긴다. 난독증 자녀를 둔 학부모 김선희(40세·가명) 씨도 그런 고충을 겪었다. "아이가 초등학교 1학년 때 받아쓰기 시험을 보면 늘 빵점을 받았다. 부끄러워하는 애를 붙잡고 방학 내내 연습을 해 한두 개 정도는 맞추게 됐다. 이렇게 노력하는데도 선생님은 여전히 우리 애를 '공부 못하는 애', '엄마가 방치하는 애'로만 봤다."

학습 과정에서 좌절을 겪는 것도 흔한 일이다. 학부모 이미선(45세·가명) 씨는 아이가 중학교 2학년 때 담임선생에게 난독증이라는 사실을 미리 알렸다. 아이의 상황을 고려해 수업에서 소외되지 않도록 배려를 해달라는 부탁이었다. 하지만 기대했던 것과는 전혀 다른 반응을 보였다는 얘기를 듣고 이씨는 충격을 받았다.

아이가 수업 시간에 문제를 잘 풀지 못하자 반 아이들이 모두 보는 앞에서 "너는 공부를 접어라"고 말했다는 것이다.

특히 부모가 자녀의 난독증 증상을 모르거나 인정하려 하지 않는 경우 학습 능력을 개선하려고 사교육에 의존하는데, 이 과정에서 자녀가 학습 의욕을 더욱 잃게 되는 경우도 많다. 그나마 2010년부터 난독증도 학습장애로 분류돼 특수교육 대상에 포함된 건 다행이다. 그러나 당사자는 특수교육 대상자로 인정받기가 하늘의 별 따기보다 어렵다고 말한다. 병원에서 난독증 진단을 받아 시도 교육청에 제출해도 대면 진단·평가에서 일부 단어를 읽거나 지능지수가 70 이상이면 학습장애로 간주하지 않기 때문이다.

만약 어렵사리 특수교육 대상자로 인정을 받더라도 혜택은 크지 않다. 주로 전문 기관에서 난독증 치료를 받을 때 쓰도록 바우처가 제공되지만, 교육청이 지정한 기준과 맞지 않아 사용하지 못하는 경우가 허다하다. 학부모 서유경(37세·가명) 씨는 난독증 전문 치료 상담실의 건물에 지체장애인용 오르막이 없다는 이유로 바우처를 쓰지 못했다. 학교 내 도움반(특수교육반)에 들어가려 해도 난독증에 대해 잘 아는 특수교사가 드문 데다 '다른 지적장애 학생과 공부하기엔 지능이 높다'는 이유로 거부당하기 일쑤다.

이처럼 학습장애는 맞지만 장애는 아닌, 정상도 아니면서 장애도 아닌 애매한 지위는 난독증 환자를 더욱 힘들게 한다. 특히 학습의 핵심 과정인 평가 부분에서 어떤 배려도 받을 수 없는 것이 문제다. 2018년 7월 한국난독증협회 등 관련 단체들은 난독증 학생을 위해 대학수학능력시험 시간을 연장해줄 것을 요구하는 내용의 진정을 국가인권위원회에 제기했다. 난독증이 특수교육 대상으로 분류됐지만 정작 장애인차별금지법상 장애인이 아니라는 이유로 시험 특별 관리 대상자에서 제외된 것이 차별이라는 것이다.

진정을 대리한 염형국(공익인권법재단 공감) 변호사는 "난독증 학생은 장기간의 특수교육이 수반돼야 학습 능력을 유지할 수 있고 일상생활과 사회생활에 상당한 제약을 받는 만큼 이들에게도 시험의 편의를 제공해야 한다"고 했다. 신영화 한국난독증부모모임 대표도 "꼭 시험 시간을 연장하지 않더라도 감독관이 시험 문제를 읽어줄 수만 있다면 이를 듣고 문제를 풀 수 있을 것"이라고 말했다. 그러나 이 같은 맞춤형 지원은 수능은 물론 공무원 시험이나 각종 자격증 시험, 심지어 운전면허 시험에서도 전무한 실정이다.

일상생활에서 도움이 될 도구를 개발하는 일도 지지부진하다. 소리로 듣는 게 읽기보다 편한 난독증 환자는 때로 시각장애인용 도구를 사용해보기도 하는데, 자신의 증상이 부각되는 것 같아 오히려 불편을 겪는다고 한다. 김선호 씨는 업무 메시지를 빨리 확인하지 못하거나 잘못 읽으면서 눈총을 받게 되자 고민 끝에 시각장애인용 스마트폰을 구했다. 어색한 억양이지만 모든 메시지를 음성으로 읽어주는 덕에 처음에는 꽤나 편리하다고 느꼈다. 하지만 공공장소에서 메시지를 확인할 때마다 이목이 집중되는 데다 주변 사람들도 "눈에 무슨 문제가 있느냐?"고 캐묻는 통에 며칠 쓰지 못하고 처분해야 했다.

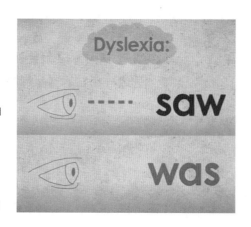

사실 난독증을 가진 사람은 다른 이들과 같은 방법으로 사물을 본다. 다만 난독증은 음운 체계를 처리하는 과정에서 발생한다. 즉 난독증을 가진 사람은 언어를 보는 데 문제가 있는 것이 아니라 언어를 처리하는 데 문제가 있다. 난독증을 가진 사람은 saw를 was로 볼 수도 있다.
사진 영국난독증협회 동영상 캡처

난독증 환자에 대한 전혀 다른 또 하나의 편견은 난독증이 '천재들의 병'이라는 것이다. 대중에게 잘 알려진 난독증 환자 중엔 아인슈타인이나 에디슨, 레오나르도 다빈치 같은 천재들이 있다. 예술인 중에도 화가 피카소나 배우 톰 크루즈처럼 난독증이 있는 사람들이 많아 줄곧 '난독증 환자는 창의력이 뛰어나다'는 식으로 조명된다.

이런 인식이 당사자에겐 좋을 것 같지만 전혀 그렇지 않다. 오히려 족쇄가 된다. 당사자는 이런 유명인들의 성공 스토리가 부각될수록 난독증이 '노력'의 문제로 치부하는 것 같아 달갑지 않다고 한다. 박주환(24세) 씨는 "난독증이 있다고 다 특별한 재능이 있는 건 아니다. 유명인들 역시 난독증을 극복하려고 피나는 노력을 했을 텐데 사람들은 이 점을 쉽게 간과한다"고 했다. "너도 천재일지 모른다'라는 허황된 격려보다 읽는 데 서툴더라도 기다려주는 배려가 더 절실하다."

늘어도 초등 1학년부터 치료 시작해야 효과,
정부 차원에서 조기 발견할 체계를 마련해야

난독증 환자와 학부모가 가장 애타게 바라는 것은 '조기 발견'이다. 난독증은 평생을 안고 가야 하는 증상이지만 일찍 발견해 적절한 읽기 훈련을 거치면 상당 부분 극복할 수 있다. 전문가들은 언어 학습을 시작하는 시기인 4~6세, 늦어도 초등학교 1학년 쯤에는 난독증이라는 진단을 받고 치료를 시작해야 효과가 있다고 말한다.

하지만 그동안 교육 현장에서 난독증은 물론 학습장애 전반에 대한 이해가 낮아 개선할 골든타임을 놓치는 일이 흔했다. 난독증이 있는 중학생 자녀를 둔 이미선 씨도 그런 점을 아쉬워했다. "초등학교 1학년 때부터 아이가 글을 잘 읽지 못하기에 걱정되어 담임교사와 상담했는데 그때마다 '조금 (배움이) 늦는 것이니 기다려보자'는 얘기만 들었다. 비슷한 일이 반복되다 초등학교 3학년이 끝날 때쯤에야 정확한 진단을 받았다. 하지만 이미 많이 늦은 시기였다."

학교에서 난독증 학생을 선별할 수 있는 방법은 기초학력진단검사를 실시하는 것이다. 물론 정확한 판별을 하려면 전문 기관에서 정밀 검사를 받아야 하지만, 진단검사만으로도 위험군을 선별해 정밀 진단과 적절한 치료 방법을 안내할 수 있다. 그런데 취학 후에 받는 첫 번째 기초학력진단검사는 이미 난독증이 상당히 진행된 뒤인 초등학교 3학년에야 실시된다. 물론 초등학교 1학년 때도 담임교사나 학교 등의 재량으로 진단검사를 진행할 수 있다. 하지만 난독증을 단순히 학습 부진으로 혼동하는 데다 학부모가 거부감을 느끼다 보니 교사 역시 진단검사를 제안하기가 쉽지 않다고 한다.

일각에서는 초등학교 저학년을 대상으로 한 전수 조사를 정례화해야 한다는 주장도 나온다. 초등학교 교사인 김중훈 한국난독증협회 이사는 "이미 진단 도구는 많이 개발돼 있지만 이를 활용해 전반적으로 진단하고 지원할 정부 차원의 대책이 보이지 않는다"며 쓸쓸해했다. 2016년엔 김명연 당시 새누리당 의원이 초등학교 1학년, 2학년을 대상으로 난독증 검사를 매년 실시해 치료를 지원함으로써 학업 중단을 방지하자는 초중등교육법 개정안을 발의했지만, 아직 국회 법안심사소위를 넘지 못하고 있다.

다행스럽게도 일부 시도 교육청을 중심으로 난독증 학생에 대한 지원 대책이 등장하고 있다. 경기도는 2014년에 관련 조례를 제정한 뒤 교육청과 함께 학습장애 위험군 선별 검사를 실시하고 있다. 의정부 및 동두천양주교육지원청 등은 전문가와 연계해 관련 센터를 운영하면서 원격 훈련을 제공하고 있다. 대전시와 인천시 등도 최근 관련 조례를 제정했다. 양민화 국민대 교육학과 교수(읽기쓰기클리니컬센터장)는 "2016년 초중등교육법이 개정될 때 학습에 어려움을 겪는 아이를 선별해 지원하도록 학교장이 노력해야 한다는 내용이 추가됐다. 각 지역마다 기초 학력 보장에 대한 관심도 높아지고 있다. 원격 언어 학습 프로그램 등을 사용하면 접근성을 더욱 높여갈 수 있다"고 했다.

그럼에도 공교육 차원에서 난독증에 대한 지원은 갈 길이 멀다. 일부 난독증 학생은 시각장애인용 음성 교재를 빌려 겨우 공부해 나가는 상황인데 그마저도 초등학생용만 지원된다. 특히 전문 기관의 난독증 치료가 회당 10만 원에 육박하는 터라 빈익빈 부익부 현상이 불가피하다는 지적이 나온다. 김중훈 이사는 "부모의 경제력이 뒷받침되면 진단과 치료도 빠르지만 반대의 경우 치료 시기를 놓친 채 방치하는 경우가 많다"고 말했다.

정책 도입에 앞서 난독증을 바라보는 시선을 전환하는 노력도 중요하다. 신영화 난독증부모모임 대표는 "사람마다 더 가진 부분도 있고 덜 가진 부분이 있는 것처럼 난독증도 일종의 개인 특성이라고 보고 부정적인 꼬리표를 달지 않았으면 좋겠다"고 말했다.

난독증 의심 초등학생 현황

(단위: 명, 괄호안은 비율 %)

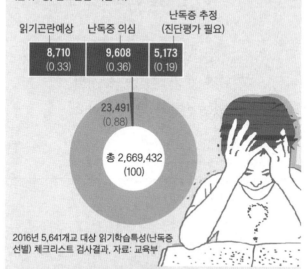

읽기곤란예상	난독증 의심	난독증 추정 (진단평가 필요)
8,710 (0.33)	**9,608** (0.36)	**5,173** (0.19)

23,491
(0.88)

총 2,669,432
(100)

2016년 5,641개교 대상 읽기학습특성(난독증 선별) 체크리스트 검사결과. 자료: 교육부

난독증의 발달 단계별 징후

유아기
글자에 관심이 적고 글자를 말소리와 연결하지 못함

초등 저학년
받침이 있는 단어나 음운변동이 있는 단어를 읽지 못함.
베껴쓰기는 되나 받아쓰기는 못함

초등 고학년
소리 내어 읽기 느리고 힘듦. 다음절이나 낯선 외래어,
읽을 때 생략

청소년 · 성인기
소리 내어 읽어야만 이해 가능. 철자법이 틀리고 작문능력 부족

자료: 한국난독증협회

암 생존자

암 진단은 곧 실직,
"기나긴 투병에서 살아났지만
쓸모없는 존재가 된 것 같아요"

누구나 이름만 들으면 아는 유명 의류 회사의 부장으로 승승장구하던 이충호(59세) 씨. 그는 임원 진급을 목전에 두고 평생직장이라 여기던 회사를 그만둬야 했다. 갑작스레 급성 골수성 백혈병(혈액암) 진단을 받은 것이다. 아직도 잊을 수 없는 2006년 10월 추석 연휴 마지막 날, 열이 41도까지 오른 몸으로 간신히 응급실을 찾았고 곧 기절했다. 정신을 차렸을 때 그는 이미 수술대 위에서 항암제를 투여받고 있었다.

그때부터 힘겨운 날들이 시작됐다. 항암제 부작용으로 끊임없는 구토와 설사에 시달려야 했고, 체중은 치료를 받을 때마다 10킬로그램씩 줄어들었다. 항암 치료를 받다가 숨이 잠깐 멈추는 바람에 죽음의 문턱까지 갔다가 돌아온 일도 있었다. 그때만 해도 암과 희귀난치성 질환자를 위한 정부 지원이 없던 시절이라 치료에 들어간 비용만 '한 장'(1억 원)이 넘었다. 설상가상으로 휴직 6개월째에 접어든 시점에 회사의 인사 담당 임원이 그를 두고 "우리가 언제까지 이 친구를 돌봐야 하냐"고 말했다는 이야기를 전해 들었다. 이를 간접적인 권고사직으로 여긴 이씨는 두말 않고 바로 사표를 썼다. 다행스럽게도 회사를 그만둔 지 얼마 되지 않아 조혈모세포를 이식받았다. 그 후 상태가 호전돼 건강을 되찾았다.

보건복지부와 중앙암등록본부가 함께 낸 '2018년 국가암등록통계'에 따르면 우리나라 암발생률은 인구 10만 명당 270.4명으로 OECD 평균(301.1명)보다 낮은 수준이었다. 또 최근 5년간(2014~2018) 진단받은 암환자의 5년 상대생존율은 70.3퍼센트로, 암환자 10명 중 7명은 5년 이상 생존하는 것으로 나타났다. 이는 10년 전(2001~2005)에 진단받은 암환자의 생존율(54.1퍼센트)과 비교할 때 1.3배 높은 수준이다. 남녀별 5년 생존율은 여자(77.1퍼센트)가 남자(63.8퍼센트)보다 높았는데, 이는 생존율이 높은 갑상선암과 유방암이 여자에서 남자보다 더 많이 발생하기 때문으로 추정된다. 의료계에선 암환자가 치료 후 5년 넘게 재발하지 않고 생존하면 사실상 완치 판정을 내린다. 암이 서서히 불치병의 영역에서 벗어나 또 하나의 만성질환으로 변하고 있다는 의미다.

그러나 암 진단을 받은 후 살아가야 하는 '암 생존자'가 겪는 사회적 어려움은 다른 만성질환자가 겪는 것과 차원이 다르다. 암이라는 낙인이 찍힌 생존자에게 복직이나 구직을 통해 사회에 복귀할 문턱은 높기만 하다. 병원 밖을 나서서 일상으로 돌아간 100만 명에 가까운 암 생존자들은 어떻게 살아가고 있을까.

암 투병에서 살아남은 이충호 씨는 2019년으로 암 진단을 받은 지 10여 년이 훌쩍 넘었지만 이렇다 할 직업을 갖지 못하고 있다. 이씨는 "조혈모세포를 이식받은 후 건강이 괜찮아지면서 주변에 일자리 좀 알아봐달라고 부탁했는데 모두 멈칫거리더라"고 털어놨다. 그는 직업교육 기관에서 훈련을 받고 창업지원센터에서 교육도 받았으나 단절된 경력과 나이로 인해 새로운 직업을 갖기는 쉽지 않았다. 2011년부터 봉사를 겸해 한국백혈병환우회에서 운영하는 감염 예방을 위한 무균 차량 '클린카'를 운전하며 100만 원 안팎의 월급을 받았으나, 2018년 11월에 관련 사업이 축소되면서 이마저도 그만두게 됐다. 지금은 정부에서 나오는 구직급여를 받고 있다.

우리 사회에서 암은 곧 실직을 의미한다. 암 생존자들 사이에서는 암과의 싸움에서 목숨은 지켜낼 수 있어도 직장은 지키지 못한다는 말이 있을 정도다. 수시로 병원에 가야 하고 안정이 필요한 암 생존자가 원치 않게 회사를 그만두는 경우는 부지기수다. 국립암센터가 2014년에 실시한 '국가 암환자 의료비 지원사업 만족도 조사' 결과에 따르면 암 진단을 받은 후 직장을 잃은 비율은 84.1퍼센트로 10명 중에 8명에 달한다. 이은숙 국립암센터 원장은 "많은 암환자가 강한 독성의 항암제 치료를 장기간 받다 보니 일을 병행하기 어렵게 되고 어쩔 수 없이 일자리를 잃게 된다"고 설명했다.

경기 고양에 있는 국립암센터의 접수창구가 오전부터 진료를 받으려는 사람들로 북적이고 있다.
사진 전훈잎

공기업에 다니던 중 2014년에 위암에 걸렸다는 김유정(44세) 씨는 "1년에 주어진 연차 휴가도 다 쓰지 못하는 우리나라의 조직 문화에서 암 생존자가 '아프다'는 이유로 회사를 비우면서 계속 일을 한다는 건 쉽지 않은 얘기"라고 잘라 말했다. "주변에서는 '그만두고 푹 쉬는 게 낫지 않겠느냐'고 계속 눈치를 줬지만, 일에 대한 애정이 있던 터라 수술 후 얼마 되지 않아 회사에 복귀했다. 그랬는데도 후유증 때문에 스스로 그만둘 수밖에 없었다." 위를 잘라낸 탓에 하루에 식사를 소량으로 9번 해야 하는 점도 직장 생활을 병행하기 어렵게 했다. "치료를 받을 때는 '얼른 나아야지' 하는 생각뿐이었는데 막상 살아남으니 쓸모없는 존재가 된 것 같은 느낌이 든다."

그나마 공기업이나 대기업에 다니던 사람은 사정이 낫다. 영세한 중소기업에 다니던 근로자는 더욱 어려운 처지에 내몰릴 수밖에 없다. 정윤정 가은병원 함암통합치료센터 간호팀장은 "이른바 번듯한 직장에 다니는 이는 1년이 넘는 병가를 보장받는다. 하지만 복지 체계가 없는 소규모 회사의 경우 환자에게 대놓고 사직을 강요하기도 한다"고 전했다.

이런 상황에서 암 생존자는 의료비 지출은 늘어나는데 가계소득은 줄어드는 이중고에 시달린다. 실직한 후 재취업을 하기는 더 어렵다. 암 생존자를 위한 직업 재활이나 직업훈련, 구직 정보 제공 등 이들을 위한 맞춤형 직업 복귀 대책이 전무하다. 그러다 보니 자력으로 일자리를 구할 수밖에 없다. 하지만 사회로 돌아가려는 암 생존자를 향한 시선은 싸늘하다. 2017년 5월 국립암센터가 일반인 1500명을 대상으로 실시한 조사에 따르면, '암 생존자는 일반인보다 직업 능력이 낮을 것이다'(57.3퍼센트), '암 생존자와 함께 있으면 불편할 것 같다'(40.5퍼센트), '암 생존자와 같이 일하는 것은 피하고 싶다'(30.9퍼센트) 같은 부정적인 응답이 많았다.

이런 사회적 시선 때문에 이제 막 사회생활을 시작한 청년은 암 진단을 받더라도 쉬쉬하고 숨기는 사례가 적지 않다. 광고업계에서 일했던 신 모(34세) 씨는 "2년 전 유방암 치료를 위해 회사를 그만두면서 가족 말고는 그 누구에게도 알리지 않았다"고 했다. "같은 회사로 복직하는 것은 고사하고 같은 업계로 돌아오려면 암에 걸렸다는 소문이 퍼져서는 아무래도 어려울 것 같다고 판단했다."

암 생존자를 바라보는 세상의 시선도 잘 알고 있다. "수술을 받고 나서 처음에는 2~3주에 한 번씩 병원에 갔지만 지금은 1년에 한 번 병원에 간다. 주위에선 아픈 전력이 있는 사람은 정상적인 업무 수행을 하지 못할 거라고 여긴다. 보통 어디가 아프면 약을 먹고 낫는 것처럼 암 생존자도 그런 눈으로 봐줬으면 좋겠다."

이처럼 일터에서 받는 차별에 더해 사회적 편견은 이들을 더욱 절망에 빠뜨린다. 특히 '가족 중 암 생존자가 있는 사람과의 결혼은 피하고 싶다'라는 인식은 63.2퍼센트에 달할 정도로 부정적이다. 흔히 암 발병이 유전적 요인과 관련이 있다고 생각하면서 가족력이 있으면 위험하다고 느끼는 것이다. 이런 점에서 암 생존자는 인간관계로 인한 정신적 고통에도 시달린다. 결혼과 임신 등을 앞둔 여성 암 생존자가 겪는 차별은 더욱 크다. 결혼한 지 5개월 된 윤 모(27세) 씨는 한때 갑상선암으로 우측 갑상선을 제거하는 수술을 받은 적이 있다. 지금은 병원에 정기검진조차 다니지 않을 정도로 멀쩡해졌지만, 시댁에서 그의 병력을 알고 결혼을 반대하고 나섰다. 윤씨는 당시를 돌아봤다. "갑상선을 떼어내고 그 대신 호르몬을 조절하는 약을 먹고 있는데 '나중에 아이에게 안 좋은 영향을 끼치거나 같은 병에 걸릴 수 있는 거 아니냐'고 하더라. 갑상선 질환과 관련한 약은 임신이나 수유에 아무런 영향을 주지 않는다. 괜한 편견이었다."

치료를 받고 나면 사실상 관리의 사각지대에 놓인다는 점도 암 생존자를 더욱 힘들게 한다. 암을 다루는 현행 의료 체계가 치료

중심이다 보니, 수술 후 어느 정도 안정기에 접어들면 병원에서 통원 치료를 받는 것 외에는 뾰족한 관리 방법이 없다. 사회 복귀는 고사하고 치료를 받은 후 어떻게 건강관리를 하고 살아가야 하는지에 대한 정보조차 제대로 얻지 못한다. 한번 암을 겪은 사람에게 다른 암이 또 생길 위험은 보통 사람보다 최대 네 배 이상 높은데도 암 생존자는 치료 과정에서 겪은 고통을 떠올리며 병원을 외면하기도 한다.

간암 2기 진단을 받고 수술과 항암 치료를 마쳤던 이병석(43세) 씨는 "의학적으로 완치 판정을 받고 나니 병원이 지긋지긋해져서 나도 모르게 멀리하게 됐다"고 했다. "그 후 '설마 아니겠지'라는 생각으로 미루고 미루다 받은 검사에서 작은 혹이 발견됐는데, 결국 재발이 됐다. 다시 암과의 싸움을 시작하려니 막막하다." 김영애 국립암센터 암생존자지원과장은 "'암환자가 암 검진을 가장 멀리한다'는 얘기가 있을 정도"라고 강조했다. "암 생존자가 건강관리와 함께 심리적·사회적 어려움을 해결할 통합적 지지 체계가 필요하다."

생계 곤란한 암환자는 장애로 인정해 경제적 지원을

'암 수술을 받은 환자에게도 장애 등급을 주세요.' 최근 청와대 홈페이지의 국민청원 게시판에 올라온 글이다. 본인을 암 생존자의 아내라고 밝힌 A씨는 이렇게 하소연했다. "작은 식당을 운영하며 네 식구가 하루 벌어 하루 먹고살던 중 애들 아빠가 위암에 걸려 항암 치료를 받았다. 그런데 치료를 마친 지금은 언제 생업에 복귀할 수 있을지 장담할 수 없는 상황이다." 암환자를 대상으로 맞춤식 심사 기준을 만들어 장기적인 생계 곤란이 분명한 경우에는 장애인으로 인정해달라는 게 A씨의 바람이다.

암 생존자는 고가의 의료비 지출에 더해 대부분 암으로 일을 그만두게 되면서 수입까지 끊겨 경제적 어려움을 겪는다. 그렇다고 정부에서 생계 지원을 받기도 어려운 처지다. 정부는 암과 치매 같은 난치성 질환을 겪은 이에게 '중증환자 장애인 증명서'를 발급하고 있지만, 장애인복지법이 아닌 세법상 적용되는 장애인이라 연말정산을 할 때 소득 공제 혜택 정도만 볼 수 있다. 이런 사정 때문에 암 생존자와 환자들은 암으로 생긴 정신적, 사회적 활동의 결함 또한 장애의 범주에 넣어야 한다고 요구하고 있다. 유방암 3기로 2017년에 수술을 받으면서 겨드랑이에 있는 림프절 전체를 잘라낸 탓에 오른손과 팔을 거의 못 쓰게 된 김민정(42세) 씨도 "수술 후 후유증이 생겨 일을 그만두게 됐다"고 했다. 그러면서 "관절에 문제가 생겨도 장애라면서 왜 암환자는 장애로 인정받을 수 없는지 의아하다"고 되물었다.

외국의 사정은 다르다. 미국은 말기 암환자를 장애인으로 보고 사회보장법에 따른 혜택을 주고, 영국에서도 암환자에게 장애 생활수당과 보호수당 등을 지급한다. 우리나라에서도 박근혜 정부가 출범하면서 사회보장성 강화 정책과 맞물려 암과 혈액 질환, 복합부위통증증후군을 장애로 인정할 수 있는지에 대해 논의를 진행했다. 하지만 당시 결론을 내지 못하고 유야무야된 바 있다.

암 생존자의 사회 복귀를 돕는 프로그램을 마련하는 것도 중요한 문제다. 단순히 일자리를 주선하는 것뿐 아니라 건강관리와 신체 훈련, 암 진단의 충격에서 벗어나기 위한 심리 교육 등을 포함한 암 재활 시스템을 마련하는 것이 긴요하다. 해외에서는 암 진단을 받은 시점부터 통합적인 재활 의료가 작동하도록 지향하고 있다. 국내에서는 보건복지부가 2017년 하반기에 들어서야 처음으로 국립암센터와 전국 6개 지역암센터에서 국가 차원의 '암생존자 통합지지센터 시범사업'을 시작했다. 암 생존자는 이곳에서

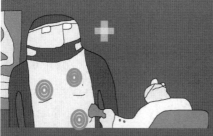

연도별 암 환자 중 5년 초과 생존자 비율
(단위: %)

39.9 — 2012
42.7 — 2013
44.9 — 2014
49.4 — 2015
52.7 — 2016

자료: 보건복지부

암 생존자에 대한 인식 (단위: % · 복수응답)

암 생존자들은 사회가 보호해야 할 약자다
77.2

가족 중 암 생존자가 있는 사람과 결혼을 피하고 싶다
63.2

암 생존자는 일반인보다 직업 능력이 낮을 것이다
57.3

암 생존자들은 겉으로 티가 난다
42.2

암 생존자와 함께 있으면 불편할 것 같다
40.5

암 생존자와 같이 일하는 걸 피하고 싶다
30.9

2017년 5월 만 19~79세
일반인 1,500명 대상 조사
자료·국립암센터

전담 의료진과 영양사, 사회복지사 같은 전문가로부터 교육과 상담을 받고, 영양 식사 관리, 정서 지지, 운동 재활 등의 프로그램도 활용한다.

이은숙 국립암센터 원장은 "암환자는 치료 후 재발, 후유증, 불안, 우울, 직업 상실, 경제적 문제 등 다양한 어려움을 겪는다"고 했다. "암 생존자 문제는 의료적 대응뿐 아니라 심리 및 사회복지 영역까지 통합해 접근할 필요가 있다."

일터로 돌아간 암 생존자를 위한 회사 차원의 배려도 필수적이다. 치료와 일이 양립할 수 있도록 사회 전체가 나서서 도와야 한다는 의미다. 일본의 경우 2018년 발표한 '제3기 암대책 추진 기본 계획'에서 기업에게 암 생존자를 위한 유연한 휴가 및 근무 제도를 도입하도록 하고, 지원과 포상으로 이를 독려하기로 했다.

'열여덟 살 어른' 보호종료 청소년

18세에 보육원을 나서자마자 생존 전쟁,
"돈 아끼려 끼니도 자주 걸러요"

서울의 한 중소기업에서 서무 일을 보는 김민정(20세·가명) 씨는 회사 내에서 '짠순이'로 불린다. 점심식사는 늘 도시락으로 해결하고 동료들과 5000원짜리 커피 한 잔도 함께 사 먹는 법이 없다. 그러면서도 추가 수당을 받을 수 있는 야근 업무는 가장 먼저 자처한다. 주말에 친구들과 모임을 갖거나 영화를 보기라도 하면 3만~4만 원은 우습게 나가기 때문에 가급적 약속도 잡지 않는다. 물건을 사기 전에 최소 열 번 이상은 고민하고, 꼭 필요한 물건은 최저가를 찾아 구매한다. 지금까지 친구들과 함께 여행을 가본 적도 없다.

김씨가 이처럼 허리띠를 졸라 매는 데는 이유가 있다. 김씨는 태어나고 바로 부모에게 버려져 그때부터 아동양육시설(보육원)에서 생활했다. 그 후 18세가 되던 해에 '보호종료 청소년'이 되면서 시설을 나와 독립해야 했다. 시설에선 의식주가 모두 해결됐지만 이제 스스로 생계를 책임져야 한다는 압박이 크다. 현재는 친구와 함께 월세를 얻어 살고 있다. 하루빨리 돈을 모아 전세를 얻는 게 목표다. 이를 위해 월급 130만 원을 받으면 70만 원을 꼬박꼬박 저축한다.

그러나 장래를 생각하면 고민이 많다. "안정적인 일자리가 중요해 보여서 취직부터 했는데 월급이 워낙 적어 이 일을 계속해야 할지 모르겠다. 악바리처럼 열심히 돈을 모아도 생활이 나아지지 않을 것 같아 두렵다."

보건복지부의 '보호대상아동 현황보고'에 따르면 보호대상아동의 수는 2019년 기준 4047명으로 출생률이 감소함에 따라 점차 줄고 있는 추세다. 우리나라는 아동복지법(제3조)에 의거해 '보호자가 없거나 보호자로부터 이탈된 아동 또는 보호자가 아동을 학대하는 경우 등 그 보호자가 아동을 양육하기에 적당하지 아니하거나 양육할 능력이 없는 경우의 아동'을 보호대상아동으로 규정하고 국가가 이들을 보호한다. 국가통계포털과 보건복지부 등에 따르면 2018년 기준 아동양육시설과 그룹홈에 보호되는 경우는 전체 보호대상아동의 55.6퍼센트로 우리나라는 시설 보호의 비중이 높은 편이다.

그런데 김민정 씨처럼 아동양육시설이나 그룹홈 등에서 생활하는 시설 청소년은 18세가 되면 국가의 보호조치가 종료되는 까닭에 지내던 시설에서 퇴소해야 한다(아동복지법 제16조). 아동권리보

아동복지시설 등에 사는 청소년은 18세가 되면 지내던 시설에서 나와 독립해야 한다. **사진 김주성**

장원에 따르면 보호가 종료된 청소년 수는 2018년 2606명, 2019년 2587명으로 매해 2600명 정도에 이른다. 이들은 법적으로는 성인 이지만 자립 능력이 불완전한 채 사회에 진입한다. 이런 사정상 이들이 가난의 굴레를 벗기가 쉽지 않은 게 현실이다. 부의 대물 림이 고착화된 사회에서 불평등한 기회를 노력으로 극복해야 한 다.

국회입법조사처가 2018년에 펴낸 '보호종료 청소년 자립지원 방안' 보고서에 따르면 2017년에는 아동양육시설 등에서 보호가 종료돼 사회로 나온 청소년은 2593명으로, 이 가운데 32퍼센트 (835명)는 정부로부터 지원을 받아 LH 임대주택이나 자립지원시 설, 공동생활 가정 등에서 살고, 68퍼센트(1758명)는 개인이 월세를 부담하거나 기숙사나 친인척 집 등에 머물렀다. 10명 중 7명 가까이가 김씨처럼 주거비 부담에 시달린다는 얘기다.

시설 청소년 대다수는 퇴소하면 생계를 유지하기 위해 대학 진학보다 취업을 택하고 있었다. 전체 보호종료 청소년 중 대학에 진학한 이는 4년제 대학은 160명, 3년제 이하 대학은 195명이어서 진학률이 13.7퍼센트에 그쳤다. 이는 2017년 전체 고등학교 졸업자의 대학 진학률(68.9퍼센트)의 5분의 1에 불과한 수준이다. 상급학교 진학률도 낮지만 제대로 된 취업 교육의 기회가 적다 보니 양질의 일자리를 구하기도 어렵다. 2017년엔 보호종료 청소년 가운데 38.8퍼센트(1006명)가 취업에 성공했는데, 취업자 2명 중 1명은 서비스 판매직이나 단순 노무 업종에 종사했다.

일자리의 질이 낮다 보니 경제적 어려움도 클 수밖에 없다. 한국보건복지인력개발원 아동자립지원단이 실시한 '2016년 보호종결아동 자립실태 조사'를 보면 퇴소하고 5년이 안 된 보호종료 청소년(1221명)들은 시설을 나와 겪은 가장 어려운 점으로 '경제적 어려움'(31.1퍼센트), '주거 문제'(24.2퍼센트), '심리적 부담감'(10.1퍼센트), '돈 관리 지식 부족'(7.7퍼센트) 등을 꼽았다. 보호종료 청소년의 1년간 평균 근로소득은 1483만 원으로 월평균 임금이 123만원에 불과했다. 10명 중 4명은 기초생활수급자 경험도 있었다.

실제로 보호종료 청소년이 맞닥뜨리는 가장 큰 어려움은 빈곤이다. 2014년 서울의 한 보육원에서 나온 강주영(24세·가명) 씨는 "고등학생 때 미술 학원에 다니며 재료비 등에 돈을 많이 쓰다 보니 퇴소할 때 내가 쓸 수 있는 돈은 후원금 통장에 남은 93만 원 뿐이었다"고 했다. 시설에서 나오면 지방자치단체에서 받는 자립정착금(300만~500만 원)과 그동안 디딤씨앗통장(CDA)으로 모은 적금, 후원금 등이 자산의 전부가 된다. 여기에 보호가 종료되고 3년 동안은 매달 자립수당 30만 원의 자립수당을 받는다. 자립수당을 받는 기간은 2019년에 2년이었다가 2020년 들어 3년으로 늘어났다.

"당시 대학에 갓 들어갔을 때라 교재비와 오리엔테이션 비용 등 돈을 쓸 일이 많았는데 자립정착금도 퇴소하고 한 달이 지나서야 입금돼 불안했다. 운이 좋게 자립생활시설에 입소해 주거비와 생활비를 아끼지 않았다면 돈이 없어 대학도 제대로 다니지 못했을 것이다."

경제적 빈곤은 불안과 외로움을 부추기기도 한다. 2018년에 지내던 보육원에서 나와 지방대학의 기숙사에서 지내는 이아름(20세 ·가명) 씨는 최근까지 지독한 우울증을 겪었다. 이씨는 대학 등록금을 내지 않고 국가장학금을 받으려면 공부도 열심히 하고 아르바이트도 필수로 해야 했다. 부모한테서 용돈을 받으며 편히 공부하는 친구들을 보면 부러움을 느끼면서 위축될 수밖에 없었다. 그렇게 우울감에 빠져 스스로를 돌보지 않다 보니 건강도 악화됐다. 이씨는 이렇게 털어놓았다. "집(보육원)에서는 삼시세끼에 간식까지 이모(사회복지사)들이 챙겨주셔서 늘 배가 불렀다. 그런데 대학생활을 하면서는 혼자 식사를 챙기기가 귀찮고 돈도 아까워 최대한 먹지 않고 버텼다. 그러다 보니 살이 9킬로그램이나 빠져서 어지럼증에 시달렸다."

자립할 준비가 돼 있지 않은 상태에서 등 떠밀리듯 사회로 나오는 까닭에 사회 부적응자로 전락하는 사례도 있다. 경기 지역의 한 아동복지시설에서 일하는 자립전담 요원은 "한번은 시설에서 지냈던 남학생이 자립정착금을 PC방과 클럽 등에서 다 써버리고 휴대폰 요금도 내지 못할 처지라고 연락해 왔다. 달려가보니 방 안이 쓰레기장처럼 돼 있고 학생은 게임 중독에 빠져 몰골이 말이 아니었다"고 했다. "퇴소하고도 시설로 계속 연락해 오면 문제 해결을 돕고 각종 정부 지원도 연계해줄 수 있지만, 퇴소자 중 절반 이상은 퇴소하고 1년 뒤면 연락이 끊긴다. 그럴 때 도움을 줄 방법이 마땅치 않아 걱정스럽다."

시설 아동은 15세 때부터 자립전담 요원의 도움을 받아 진로를 고민하고 계획을 세운다. 그렇다고 보호가 종료된 후 시설의 울타리를 벗어나 자립에 성공한 사례는 많지 않다. 개개인의 취업이나 적성보다는 안정된 돈벌이를 우선으로 생각하다 보니 진로를 바꾸고 휴학이나 자퇴를 하는 경우가 잦기 때문이다. 직장을 얻어도 만족도가 낮아 이직도 흔하다. 서울의 한 양육시설 관계자는 "장기적으로 보면 각자의 욕구를 반영해 취업 및 진학 지도를 해야 하겠지만, 현실적으로 보면 안정된 수입을 얻는 게 우선이라 당장 취업이 쉬운 직종을 주로 권할 수밖에 없다"고 설명했다.

그래도 자립에 성공한 이들은 시설 아동에게 더 많은 기회를 줘야 한다고 강조한다. 2018년 성남보육원에서 퇴소한 복싱 선수 배

보호종료 이후 주거 현황
(단위: %)

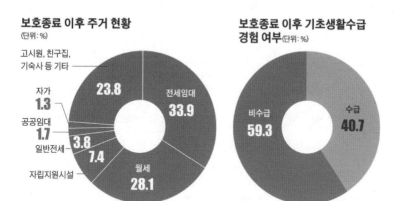

고시원, 친구집, 기숙사 등 기타 — 23.8
전세임대 33.9
자가 1.3
공공임대 1.7
일반전세 3.8
자립지원시설 7.4
월세 28.1

보호종료 이후 기초생활수급 경험 여부 (단위: %)

비수급 59.3
수급 40.7

보호종료 이후 가장 어려운 점 (단위: %)

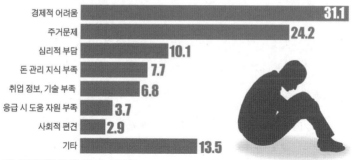

경제적 어려움	31.1
주거문제	24.2
심리적 부담	10.1
돈 관리 지식 부족	7.7
취업 정보, 기술 부족	6.8
응급 시 도움 자원 부족	3.7
사회적 편견	2.9
기타	13.5

자료: 2016 보호종결아동 자립 실태 조사 · 보건복지부

영식(22세) 씨는 자신을 행운아라고 소개했다. 초등학교 6학년 때 사회복지사의 권유로 복싱을 시작하면서 운동선수로서 꿈을 키우게 됐다. 현재 대전대 사회체육학과에 재학 중인 그는 전국대회에서 수차례 입상하며 두각을 나타내고 있다. 배씨는 "초등학교 시절엔 친구들이 고아라고 놀리는 바람에 늘 의기소침해 지냈다. 운동을 시작하면서 '잘한다'는 칭찬을 듣게 되니 자신감도 생기고 친구 관계도 덩달아 좋아졌다"고 했다. "나는 우연히 운동을 접하면서 적성을 찾았지만, 친구들은 여전히 자신이 좋아하고 잘하는 것을 찾지 못하는 경우가 많더라. 보육원 아이가 좀 더 많은 진로 체험과 교육의 기회를 얻었으면 좋겠다."

전문가들 사이에서는 보호종료 청소년의 '18세 퇴소' 기준이 너무 이르다는 지적도 나온다. 최근 청년들의 취업이 늦어지면서 일반 가정에선 부모에게서 독립하지 않는 캥거루족이 늘어나는 등 자립 시기도 점점 늦춰지는 사정을 감안하면 시설 청소년의 보호종료 시점이 현실적이지 않다는 얘기다. 예컨대 고등학교를 졸업하고 취업을 해 시설에서 나와도 생일이 늦어 만 18세가 되지 않은 보호종료 청소년은 휴대폰을 자신의 명의로 구입을 할 수 없는 상황에 처한다. 이때 다시 법적 보호자의 동의가 필요해진다. 아동복지법을 개정해 보호 종료 연령을 21세로 일괄 상향하고, 별도의 자격 요건(대학 이하의 학업 완수, 직업교육 이수, 병 등의 사유)이 없어도 보호종료 대상자의 요청만으로도 보호 기간을 연장하는 등 실효성 있는 대책을 마련해야 한다는 제언이 나온다.

영국은 보호 종료된 청소년이 시설에
더 머무르기를 원하면 21세까지 연장

　18세 미만. 우리나라에서 시설 아동에 대한 국가의 보호가 끝나는 나이는 1961년 아동복지법(구 아동복리법)이 첫 제정될 때 정해져 60년 가까이 유지되고 있다. 사상 최고의 청년 실업률에 만혼까지 흔해지면서 성인이 된 자녀를 부모가 계속 부양하는 현실과 비교하면 간극이 클 수밖에 없다. 여성가족부의 '2015년 가족실태조사'를 보면 '자녀가 취업할 때까지 부모가 책임져야 한다'에 33.7퍼센트가 동의했다.

　전문가들은 선진국처럼 보호종료 청소년의 관점에서 지원 체계를 갖추고 보호 연령도 연장해야 한다고 지적한다. 가장 대표적인 사례가 영국이다. 영국은 2014년부터 18세 이상 보호종료 청소년을 위해 '머무르기'(staying put)와 '곁에 두기'(staying close) 정책을 투 트랙 방식으로 실시하고 있다. 보호종료 청소년 중 시설에 더 머무르기를 원하는 이에겐 21세까지 보호 기간을 연장해줘 자신이 성장한 보호 시설이나 기관에 그대로 머무를 수 있도록 각 지방정부가 재정적으로 지원한다. 반대로 성인으로서 독립생활을 하기를 원하는 이는 시설을 떠나되 그들이 머물던 보호시설과 가까운 곳에 거주하게 함으로써, 기존 시설을 부모 집처럼 자주 방문해 지속적인 안정감을 얻도록 지원하기도 한다. 허민숙 국회입법조사처 입법조사관은 "보호 청소년의 선택권을 존중하면서 독립적인 자립이 가능하도록 지지한다는 점에서 참고할 만한 정책"이라고 했다.

미국도 시설 청소년의 보호 연령을 21세까지 연장하고 이에 드는 비용은 연방정부가 지원하고 있다. 보호 기간을 연장함으로써 보호 대상인 청소년의 학업 성취와 경제적 안정에 기여할 수 있다고 보는 것이다. 실질적인 주거 정책도 마련하고 있다. 주거선택 바우처 프로그램이 대표적으로, 세입자가 자신의 총소득의 30퍼센트 정도에 이르는 금액만 월세로 지불하도록 지원하는 월세 보조금 지원 사업이다. 또 집이 없는 16~21세 보호종료 청소년에겐 모자보호시설과 가정 숙박, 관리 수반 아파트 등을 최장 21개월까지 제공한다.

우리나라의 보호종료 청소년 지원 체계에도 2019년 큰 변화가 있었다. 퇴소 후 주거와 취업, 건강, 사회 적응 등의 차원에서 심각한 문제가 드러나면서, 정부는 2019년 4월부터 보호가 종료되고 2년 동안 매월 30만 원씩 자립수당을 지급하는 시범 사업을 처음으로 실시했다. 2019년에 예산 98억 5000만 원이 편성돼 만 24세

보호종료 청소년은 법적으로는 성인이지만 자립 능력이 불완전한 채 사회에 진입한다.
이런 사정상 주거 불안과 빈곤 등의 어려움을 겪는다. **사진 김주성**

미만의 보호종료 청소년 4900명이 혜택을 봤다. 김형모 경기대 사
회복지학과 교수는 "보호종료 청소년은 우리 사회에서 가장 가난
한 청년이기 때문에 직접적인 현금 지원은 꼭 필요한 부분"이라고
강조했다. "이와 더불어 취약한 주거 상황을 지원하기 위해 LH와
연계해 임대주택 지원을 강화하고 청소년의 연령과 욕구에 맞는
자립 프로그램을 만들어 자립 성공률을 높여야 한다."

화교

5대째 한국에 터 잡고 사는데,
기초생활보장도 못 받는 '139년째 이방인'

폭염이 유난히 기승을 부리던 2018년 8월 31일, 냉방 장치도 없는 서울 마포구의 월세 10만 원짜리 쪽방촌에서 혼자 살던 유 모 (당시 72세) 씨가 자신의 집 대문 앞에서 쓰러져 절명했다. 사인은 심근경색 의증. 평소 우울증과 고혈압, 당뇨 같은 지병으로 고생하던 유씨가 더위에 기력이 떨어져 한동안 식사를 못한 채 시름시름 앓았다고 주변 사람들은 증언했다. 가난에 쪼들리던 유씨는 평소 병원에 다니지 못하고 보건소에서 가끔 약만 탔다고 한다. 지난날 유씨 부부는 서울 명동에 있던 대만대사관의 구내식당에서 부엌 일을 하며 생계를 유지했는데, 1992년 한중 수교가 체결되고 대만과 한국 정부가 단교함에 따라 순식간에 일자리를 잃었다. 남편이 2005년 사망한 뒤로 유씨는 더 깊은 빈곤의 수렁에 빠졌다.

왕 모(78세) 씨 모녀가 사는 서울 서대문구의 단층 주택은 마당에 주워 온 폐지와 잡동사니가 가득하다. 지적장애를 가진 딸(51세)과 왕씨에게 폐지 수집은 거의 유일한 생계 수단이다. 그나마도 폐지 값이 떨어져 입에 풀칠하기도 어려운 지경인데 동네 사람들은 "폐지 수집 때문에 동네의 격이 떨어진다"며 눈총을 준다. 민간 복지 단체가 설에 가져다 준 쌀은 모녀에게 가뭄의 단비 같았다.

유씨와 왕씨 둘은 소득 수준만 보면 기초생활수급자가 돼야 할 정도로 극빈층이다. 하지만 이들이 누릴 수 있는 복지 제도는 사실상 전무하다. 두 사람은 한국에서 태어나 평생 이곳을 벗어나 본 적이 없지만, 외국인으로 분류되는 대만 국적의 화교이기 때문이다. 기초생활수급 대상자를 확대하고 아동수당을 도입하며, 기초연금과 장애인연금을 증액하는 등 '포용 사회'를 위한 정책들이 속속 도입되고 있지만, 화교는 여전히 포용의 대상이 아니다. 화교는 말한다. "세금을 내국인과 똑같이 내는 만큼 적어도 준準국민 대우는 해달라"고.

화교가 한국 사회에 터를 잡기 시작한 때는 1882년 조선과 청나라 간에 통상장정인 '조청 상민수륙 무역장정'을 맺으면서부터다. 임오군란 이후 조선에 대한 청나라의 영향력이 커지는 가운데 청나라 상인들이 조선의 내륙으로 대거 진출했다. 139년이 흐른 지금 화교는 4대, 5대째 한국에 정착해 살아오고 있다. 1992년 한중 수교가 맺어진 이후 한국으로 넘어온 중국 국적의 조선족을 신화교로 부르고 이들을 노老화교라 불러 구분하기도 한다. 인구는 현재 1만 5000명~2만 명으로 추산된다. 한성화교협회는 홈페이지에서 2만 1806명의 화교가 한국에 거주하고 있으며 90퍼센트 이상이 대만 국적이라고 밝히고 있다.

화교는 자녀를 화교 학교에 보내며 뿌리를 잊지 않으려 나름대로 노력하지만 이렇게 정체성을 유지하는 데 치르는 비용이 적지 않다. 일단 화교 노인은 65세 이상의 내국인 노인과 달리 지하철 요금 면제가 일부만 적용된다. 예전엔 전혀 면제를 받지 못했는데 서울시와 인천시가 화교의 요구를 받아들여 2015년부터 서울 지하철 1~9호선과 인천 지하철 1호선을 무료로 이용할 수 있도록 했다. 하지만 정부 산하의 코레일이 운영하는 1~3호선 중 일부 구간과 분당선, 경의중앙선, 경춘선 구간은 여전히 무료로 이용할 수 없다. 반쪽짜리 '경로 우대'인 셈이다. 곽원유(72세) 한성화교협회 총무도 노인 우대카드를 쓰다가 곤란한 일을 겪었다. "실수로 무료 구간을 지나쳐 개찰구에서 화교용 노인 우대 교통카드를 댄 통에 '이용할 수 없는 카드'라는 기계음이 큰 소리로 나온 적이 있었다. 그때 모욕감을 느낀 이후 우대카드를 쓰지 않고 있다." 그는 "몇 대씩 한국에 살며 세금은 남들보다 더 내면 더 냈지 덜 내지 않았는데 사소한 혜택까지 차별받으니 유감"이라고 덧붙였다.

화교 노인은 소득 하위 70퍼센트의 노인에게 주는 기초연금 역시 받을 수 없다. 이렇게 복지 혜택에서 제외되는 건 생계에도 위협적이다. 외국인 신분인 화교는 저소득층에 생계급여와 의료·주거 급여 등을 제공하는 국민기초생활보장 제도의 적용 대상이 아

서울 명동 한복판의 건물 5층에 자리한 화교의 사원인 거선당에는 삼국지의 관우, 불교의 관세음보살, 도교의 옥황대제 등 중화권에서 섬기는 신과 인물들이 함께 모셔져 있다. 1901년에 처음 설치된 것으로 추정되는 거선당은 이제 먼지가 내려 앉아 퇴락했는데 한국 사회에서 한 세기 이상 소수자로서의 정체성을 지키며 살아온 화교 사회의 애환을 증언하는 듯하다. 곽원유 한성화교협회 총무가 거선당 내부를 소개하고 있다.
사진 고영권

니어서 아무리 가난해도 복지 혜택을 받을 수 없다.

화교 장애인도 차별에 노출돼 있다. 국가인권위원회가 권고해서 2012년부터 화교와 같은 영주권자도 장애인복지법상 장애인 등록 대상에 포함됐지만, 장애인 활동지원 서비스나 장애인연금 같은 다른 법에 근거한 주요 혜택은 받지 못한다. 장애인 등록증을 받아 좋아진 점은 장애인 주차 구역에 차를 댈 수 있게 된 정도다. 몸을 전혀 움직이지 못하는 화교 장애인이 꼼짝없이 집에만 있어야 하는 안타까운 경우도 있다.

영주권(F-5)을 취득하지 못한 채 거주 목적의 비자(F-2)만 가진 화교는 장애인 등록도 할 수 없다. 왕애려 한성화교협회 복지부회장의 말이다. "골수암으로 한쪽 다리를 절단한 20대 화교가 장애인 등록을 받았는데, 나중에 관청에서 '영주권자가 아닌데 (F-2 비자 소지자에게) 실수로 장애인 등록증을 내줬다. 미안하다'며 장애인 등록증을 취하한 일도 있었다."

　3세대 화교로 국내 대기업에 재직 중인 회사원 왕 모(38세) 씨의 자녀는 2014년 출생해 부인의 국적에 따라 한국인으로 등록됐다. 그러다 2016년부터 자녀의 국적을 자신처럼 대만으로 바꿨는데 곧바로 정부의 어린이집 보육료 지원이 끊겼다. 그때부터 매달 50만 원 넘는 돈을 어린이집에 내야 했다. 정부가 2018년부터 6세 미만 아동에게 월 10만 원씩 지급하는 아동수당 역시 화교 아동에게는 그림의 떡이다. '외국인이어서 어쩔 수 없는 일'이라고 볼 문제만은 아니다. 일본 등은 영주권자가 아닌 일시 체류자인 외국인에게도 아동수당과 보육료 일부를 지원한다. 왕씨는 "아동수당과 보육료 지원이 대한민국 국적을 가진 이들만을 위한 혜택이라고 하면 할 말은 없다. 그렇다면 외국인에게 적용되는 과세 기준이 지금과 달라져야 하는 것 아닌가 싶다"고 지적했다.

　초·중·고 화교 학교는 전국에 14곳 정도 남아 있다. 국내법상 '각종학교'로 등록돼 있는 엄연한 학교이지만 정부가 주는 교부금 등 지원이 전혀 없다. 학생 400여 명이 다니는, 서울 연희동에 있는 한국한성화교중고등학교의 우식성 교장은 "한국 정부에서 받는 돈은 전혀 없고, 대만 정부도 교과서 지원만 해준다"고 했다. "학교 내 지출은 전부 학생들에게서 받는 학비로 충당하는 형편이라 운영비가 부족해 학교 화장실을 50년째 보수하지 못하고 있다."
그러다 보니 학생 한 명이 부담하는 학비가 연간 400만 원이 넘고
급식비도 별도로 내야 한다.

국내 초등학교와 중학교에서 무상급식이 실시되고 2019년부터
는 고등학교 3학년생도 무상급식의 대상이 됐지만, 화교 학교에는
해당되지 않는다. 무상급식의 근거 법인 학교급식법이 화교 학교
같은 각종학교를 대상에서 제외하고 있기 때문이다. 법에 '교육감
이 필요하다고 인정하는 학교'는 무상급식을 실시할 수 있도록 예
외를 허용하고 있지만 화교 학교 중 아직 인정된 사례는 없다.

취업 문턱도 아직 높다. 3세대 화교로 대학에서 항공 운항을 전
공하는 하세안(22세) 씨는 "항공사들의 취업 공고를 보면 한국 국
적자만 지원이 가능하도록 돼 있는 경우가 많다"고 했다. "공무원
임용은 불가능하며 공공기관에 취업하기도 쉽지 않다. 이런 사정
상 또래 중에 귀화를 생각하는 사람이 적지 않다."

이런 어려움을 호소하면 "한국 국적을 취득하면 되지 않느냐"는
답이 돌아올 때가 많다고 한다. 하지만 국적 변경이 쉬운 일이 아
니다. 복지 혜택이 가장 절실한 취약 계층은 귀화 신청 요건을 충
족시키지 못해 원해도 국적을 바꾸지 못한다. 일반 귀화는 자산
6000만 원 이상을 보유하거나 1인당 국민총소득(2019년 기준 3만
2115달러) 이상의 소득을 올려야 하고, 간이 귀화는 3000만 원 이
상의 자산을 보유해야 한다.

왕애려 부회장은 "유씨와 왕씨처럼 어려운 처지의 화교를 알게

된 사회복지사들이 협회에 연락해 '복지 혜택을 받게 하려고 하니 귀화 신청을 도와줄 수 있느냐'고 물어 올 때가 종종 있다"고 했다. "하지만 귀화를 하려면 소득과 재산이 일정 수준 이상 돼야 해서 저소득층 화교는 귀화할 수 없다." 가난해서 국적을 바꾸려 하는데, 가난해서 귀화할 수 없는 것이다.

물론 외국인 신분을 유지하는 것이 도움이 되는 때도 있는 것이 사실이다. 부모가 외국인이면 자녀가 대학 입시에서 외국인 특례 입학 지원을 할 수 있다는 점은 화교가 국적을 쉽게 바꾸지 못하는 이유 중 하나다. 물론 화교 학교에서 대만 교육 과정에 따라 공부를 하는 화교가 한국 학생과 입시 경쟁을 하는 것은 쉬운 일이 아니다.

국적 변경은 화교로서 정체성을 포기할 것을 강요하는 일일 수 있다. 국내의 한 요식업체에서 총괄 이사로 일하는 3세대 화교 왕가홍(52세) 씨는 "나는 99퍼센트 한국 사람이라고 생각하지만, 그래도 화교 학교를 다니며 중화권에 대한 교육을 받았고 뿌리라는 것이 있어서 대만 국적을 쉽게 포기할 수는 없다"고 잘라 말했다. 한국 사회의 일원으로 모범적으로 살아온 사람한테도 화교임을 포기하지 않는 이상 불이익을 감수해야 하는 상황은 여전하다. 화교 2세대로 28년간 KBS에서 중국어 방송의 원고를 집필한 국백령(80세) 한성화교협회 고문도 그런 거부감을 갖고 있다. "평생 한국에 기여하며 살아온 화교가 귀화 신청을 하려면 주변인에게 아쉬운 소리를 하며 추천서를 받아야 하고, 애국가 외우기 등 시험도 쳐야 한다. 이는 노인에게 쉬운 일이 아니다. 기분이 나빠서라도

연도별 국내화교 인구(단위: 명)

7만 1,573

분단 이후부터는 남한 화교만 집계

166
1883

1만 5,968
1915

1만 9,697
1955

3만 9,697
1970

2만 9,623
1980

2만 2,843
1990

2만 2,083
2000

2만 1,381
2015

1944

자료: 이정희 인천대 교수 · 법무부 출입국 · 외국인정책 통계연보

화교 주요사건 연표

1882 화교 유입의 시초가 된 '조청상민무역장정' 조선과 청나라 간 체결
1904 한성화상(華商)총회 설립
1931 화교배척사건 발생. 조선인의 습격으로 화교 200여명 사망
1949 장개석 국민당정부 주한국대사관 개설
1968 화교 등에 거주용 200평, 상업용 50평 이하 토지 취득 제한 법 개정
1992 한국 정부, 대만과 단교하고 중국과 수교
1999 화교 등 외국인의 토지소유 제한 철폐
2002 화교에게 영주권 부여
2005 화교에게 지방참정권 부여

국적을 바꿀 생각이 없다."

소수자의 정체성을 포기하지 않으면 공존하기 어려운 환경은 다양성의 관점에서 볼 때 바람직하지 않다. 이정희 인천대 중국학술원 교수는 화교의 처지를 재일 한국인과 비교했다. "일본인들이 재일 한국인을 차별한다고 하지만, 재일 한국인은 국내 화교와 달리 공무원에 임용될 수 있고 거의 차별 없이 복지 혜택도 받는다. 139년간 한국에 살면서 오랜 기간 차별을 견디며 납세의 의무를 다하고 사회에 기여해온 화교에게 이제는 정당한 대우를 할 때가 됐다. 일본 정부가 재일 한국인에게 특별 영주권을 부여한 것처럼, 한국에 사는 화교에게도 이를 부여해 내국인과 비슷한 대우를 해주는 방안을 검토할 필요가 있다."

평생 사용해온 '이소룡' 이름, 귀화할 때 현지어 발음 '리샤오룽'으로 강제하지 말고 그냥 쓰게 해주세요

우리 땅에 정착한 지 139년이 흐른 화교. 정착의 역사가 오래됐을 뿐 아니라 외모를 봐도 한국인과 크게 다르지 않다. 사정을 모르는 이라면 화교가 과연 차별을 느낄지에 의문을 품게 되는 것도 사실이다. 물론 화교는 예전보다는 처우가 많이 나아졌다고 입을 모은다. 하지만 이는 상대적인 개선이라는 설명이 뒤따른다. 지난날 차별이 워낙 심했다는 말이다.

1936년부터 1999년까지 화교는 토지 소유에 제한을 받았다. 상업용 토지는 165제곱미터(50평) 이상, 주거 목적의 토지는 661제곱미터(200평) 이상 보유할 수 없었다. 부동산 임대업도 허용되지 않았다. 2002년까지는 영주권도 부여되지 않아서 3년마다 거주 허가를 새롭게 받아야 했다. 자연히 법적 지위가 불안정했다. 주변에선 중화권 사람들을 보고 '짱깨'나 '되놈'처럼 비하해 불렀는데, 그런 말을 면전에서 듣는 일도 다반사였다.

차별을 시정해달라는 화교의 지속적인 요구 끝에 차별적인 법 조항이 수정, 폐지되고 한국 내에서 화교를 바라보는 시선도 많이 좋아졌지만, 여전히 크고 작은 어려움이 남아 있다. 화교는 법무부가 2018년부터 영주권자에게 10년에 한 번씩 영주증을 재발급받을 것을 의무화하는 조항을 신설한 조치를 문제 삼았다. 가이드로 일하는 3세대 화교 조 모(47세) 씨는 "기존에는 재발급을 받을 필요가 없었는데 10년마다 갱신을 받으라고 하니 번거롭기도 하거니와 수수료(3만 원)도 내야 한다"고 아쉬워했다.

직업과 소득이 분명해도 은행에서 담보 없이는 신용대출을 받기 어려운 점에 불편을 호소하는 화교도 적지 않다. 왕가흥 씨는 "은행에 생애최초 주택구입자에게 저리로 대출해주는 제도가 있지만 화교에게는 해당되지 않는다"고 전했다. 은행이 신용대출을 꺼리는 이유는 화교가 대출금을 상환하지 않고 한국을 떠날 수 있다는 우려 때문이지만, 사실 화교만큼 출국이 어려운 집단도 없다.

이들이 소지한 대만 여권에는 현지 대만인들과 달리 주민등록번호가 찍혀 있지 않아서 대만인들이 받는 비자 면제 혜택을 받지 못한다. 왕가흥 씨는 "업무상 동남아 지역에 출장을 갈 일이 많지만 출장은 포기하고 산다"고 했다. 출국하기 전에 비자를 받거나 외국 공항에서 사후 비자를 받을 수도 있지만, 번거롭고 비용도 부담된다. 화교는 아이러니하게도 한국인도 무비자로 입국할 수 있는 대만에 들어갈 때조차 입국 허가를 받아야 한다. 이런 점 때문에 화교는 자신들이 소지한 대만 여권을 가리켜 '난민 여권'이라고 부른다.

곽원유 한성화교협회 총무는 "화교가 한국 국적으로 귀화할 때 이름을 현지어 발음대로 호적에 올리라고 강제하는 것을 고쳐줬으면 한다"고 했다. 한국식 한자 발음에 따라 이소룡이라는 이름으로 생활해왔던 화교가 한국으로 귀화하면 원치 않더라도 이름이 '리샤오룽'으로 바뀌는 식이어서 일상에서 불편을 겪는다는 것이다. 곽원유 총무는 "이런 문제를 제기하면 '개명 신청을 하면 되지 않느냐'고 답을 하는데, 이 정도는 사전에 충분히 배려할 수 있는 것 아니냐"고 아쉬워했다. 바꾸는 데 큰돈이 들지 않는 불편함부터 한 가지씩 줄여주는 일이 공존을 위한 첫걸음이다.

중증 화상 환자

"그 얼굴 보며 함께 일하기 힘들다",
화상보다 더 아픈 사회적 냉소

전신 화상을 입은 정인숙(49세) 씨는 불이 난 그날을 떠올리면 지금도 눈물을 멈출 수 없다. 사고가 난 날은 2007년 7월 20일. 당시 정씨는 서울 신정동에서 배달음식 식당을 운영하고 있었다. 5평 남짓한 작은 식당이었지만 네 식구는 행복했다. 앞서 고깃집과 부침개집을 하면서 날린 돈을 만회할 만큼 장사가 잘됐다. 불이 난 것은 정오 무렵이었다. 정씨가 주문받은 음식을 만들려고 가스레인지에 불을 댕긴 순간 불이 천장에 붙었다. 순식간에 사방으로 번진 불은 정씨와 아들을 덮쳤다. 전신의 86퍼센트에 걸쳐 화상을 입은 정씨는 기적처럼 살아났지만 다섯 살짜리 아들은 끝내 살릴 수 없었다. 반복되는 수술과 재활 치료를 감당할 수 없던 외중에 남편과도 헤어졌다. 지금은 딸과 함께 단둘이 살고 있다. 정씨는 "화상을 입은 후 8년간 집 밖에 나가지 않고 은둔하며 살았다. 화상으로 내 인생은 망가졌다"고 탄식했다.

　"화상을 입지 않았으면 대학원을 졸업하고 어린이집을 차려 원장님 소리를 들으며 살았을지 모르죠." 김은채(48세) 씨는 자신의 인생이 180도 뒤바뀐 2004년 5월 13일을 떠올리며 씁쓸해했다. 당시 광주에서 사회복지대학원 석사 과정을 밟던 그는 학교 근처 원룸에서 살고 있었다. 저녁을 차려 먹으려고 불 앞에서 요리를 했는데 창을 열어놓은 게 화근이 됐다. 열어놓은 창문으로 들어온 바람에 불이 번졌고, 불길은 김씨의 얼굴과 목, 상반신을 순식간에 할퀴고 지나갔다. 사고 직후 병원에서 18개월 동안 치료를 받고 퇴원했지만, 김씨의 삶은 이전과 완전히 달라졌다. 육체적 고통도 고통이지만 못 볼 것을 본 듯 고개를 돌리는 다른 사람들의 시선을 견딜 수가 없었다. 김씨는 "병원에서 퇴원하고 1년 정도 지났을 무렵 이렇게 사느니 차라리 죽는 것이 낫다고 생각해 극단적 선택을 시도하기도 했다"고 토로했다. "중증 환자가 살기에 한국 사회는 너무 잔인한 곳이다."

　화상이 무서운 것은 언제, 어디서 발생할지 모르기 때문이다. 취재 과정에서 만난 화상 환자들은 사고를 예상치 못했다고 입을 모았다. "순식간에 불이 번져 내 몸을 덮쳤을 때 어떻게 해야 할지 아무런 생각이 나지 않았다." 이런 예상치 못한 화재는 중증 화상 환자의 삶을 극단적으로 바꾼다. 사고 후에는 다니던 직장도, 친구도, 심지어 가족도 모두 등을 돌리는 일이 벌어진다. 중증 화상 환자들은 "화상을 입은 후 내가 갖고 있던 모든 것을 잃어버렸다"고 토로했다. "아무것도 할 수 없어 퇴원 후 방 안에서 웅크리고 있는 것밖에 할 수 있는 것이 없었다."

국민건강보험공단에 따르면 한 해 60만 명이 넘는 화상 환자가 생긴다. 2016년에 52만 5430명이었던 환자가 꾸준히 늘어 2019년엔 60만 6183명이 화상 치료를 받았다. 또 질병관리청이 2018년에 실시한 '응급실손상환자 심층조사'를 보면 화상 환자 중 32.8퍼센트가 9세 이하 아동이었다. 이를 감안하면 화상은 주로 사회적 취약 계층에서 발생하고 있다.

정확한 데이터는 없지만 화상 전문의들은 전체 화상 환자 중 중증 화상 환자가 5퍼센트 정도라고 추정하고 있다. 즉 3만 명 정도가 중증 화상으로 고통받고 있는 것으로 추정된다. 체표면적의 20퍼센트 이상에 걸쳐 화상을 입으면 중증 화상 환자로 분류된다. 화상 정도는 화상 부위에 따라 진단하는데 머리와 얼굴, 목, 양팔이 각각 9퍼센트, 몸통 앞뒤는 각각 18퍼센트, 양다리는 각각 18퍼센트, 생식기 부위는 1퍼센트로 분류된다. 조용석 한림대 한강성심병원 화상외과 교수는 "중증 화상 환자 대부분은 중환자실 치료만 한 달 가까이 받고 그 뒤 재활과 통원 치료가 필요한 환자들"이라고 했다. "이들은 피부이식수술만 해도 10회 넘게 받아야 해 마라톤과 같은 싸움을 하고 있다."

중증 화상 환자는 신체적으로도 고통을 안고 살아가지만 그보다 더 고통스러운 건 바로 타인의 시선이다. 잘 알고 지내던 주변 사람들마저 "어쩌다 저렇게 됐나"라고 말할 때는 모멸감조차 느낀다.

또 자신들이 마치 투명 인간처럼 취급되는 일을 늘상 겪는다. 한림대 한강성심병원에서 만난 중증 화상 환자 박 모(45세) 씨는 "지하철을 타면서 다른 사람들이 나를 뚫어지게 쳐다보며 혀를 차는 걸 보는 일은 다반사"라며 심적 고통을 호소했다. "계단을 올라가는데 중학생으로 보이는 학생들이 '화상 입은 환자를 봤는데 대박이다'라며 호들갑을 떠는 모습까지 봤다. 사람들은 우리를 함부로 차도 괜찮은 돌멩이처럼 여기는 것 같다. 화상을 당하고 난 뒤 마치 '하자 있는' 사람처럼 낙인찍힌 것이 억울하고 분하다."

심지어 이들은 다른 사람에게 화상을 옮기는 감염병 환자처럼 오해받기도 한다. 정인숙 씨는 그런 경험을 말하며 눈시울을 적셨다. "식당에서 딸과 함께 식사를 하고 있는데 화상을 입은 내 손을 본 한 중년 남성이 '저거 피부병처럼 옮는 거 아냐'라는 말을 했을 때 눈앞이 캄캄했다. 화상을 입은 것만으로도 힘든데 전염된다는 오해까지 받으니 너무 억울했다."

대학 시절 누전으로 왼팔에 화상을 입은 중증 화상 환자 김 모(38세) 씨도 비슷한 경험을 했다. "여러 차례 피부이식수술을 받고 상태가 호전돼서 대학을 졸업했다. 지금은 다행히 직장 생활도 하고 있다. 하지만 화상을 입은 팔을 본 직장 동료들이 '세균 감염이 될까 봐 겁이 난다'며 다 함께 쓰는 컵도 쓰지 못하게 하고 설거지도 하지 말라고 말할 때 '아직 멀었구나' 하고 생각했다."

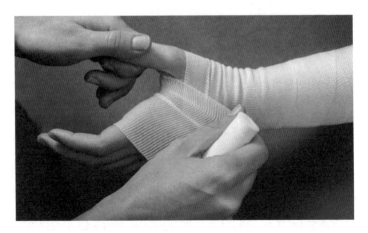

화상 환자들은 순식간에 불이 번지면서 몸을 덮쳐 전혀 대응하지 못했다고 말한다. 이런 예상치 못한 화재는 중증 화상 환자의 삶을 극단적으로 바꾼다. **사진 The Week**

　용기를 내 사회의 문을 두드려도 화마의 흔적은 중증 화상 환자가 일어설 모든 기회를 차단하고 있다. 정인숙 씨는 화상을 입은 이들을 돕기 위해 사회복지사가 되기로 결정했다. 2017년부터 학원에 다녔지만 아직도 사회복지사가 되지 못했다. 실습을 허가하는 사회복지 시설이 없었기 때문이다. 정씨는 "실습 허가를 받기 위해 사회복지 시설에 면접을 보러 갔는데 면접관들이 '당신을 보면 시설에 있는 사람들이 너무 힘들어할 것'이라며 허가하지 않았다"고 털어놓았다. 외모지상주의가 만연한 우리 사회에서 중증 화상은 사회적 사형 선고나 다름없는 셈이다. 김은채 씨는 "화상 환자는 보이는 용모 때문에 아무리 학력이 높아도 취직이 되지 않는다. 평생 기초생활수급자로 수술비나 지원받으면서 남들에게 천대받고 살아야 할 것 같다"며 울먹였다.

　중증 화상 환자가 가장 바라는 건 다른 사람들의 관심이다. 앞서 언급한 직장인 김씨는 "우리는 몸과 마음에 상처를 입어 먼저 손을 내밀 수 없지만, 먼저 다가와 우리를 이해해주고 이야기를 건네는 사람도 있다"고 했다. "내가 먼저 이야기할 때까지 기다려 주는 배려 깊은 사람과 살고 싶다는 게 작은 희망이다."

조용석 교수는 "상처 부위를 소독하고 약을 바른 뒤 거즈나 붕대로 감싸는 드레싱을 할 때마다 통증이 너무 심해 마약성 진통제를 복용하는 이가 중증 화상 환자다. 그렇게 삶을 이어가는 이들이다"고 말했다. "화상은 누구나 당할 수 있는 일이기에 이들을 향한 사회적 관심과 배려, 따뜻한 시선이 필요하다."

중증 화상에 적용되는 건강보험 특례 기간
길어야 1년 6개월, 암환자만큼 기간 늘려야

최준서(42세) 씨는 2016년 10월 경북 울산의 한 화학 공장에서 일하다 원인을 알 수 없는 화재로 머리와 귀에 3도 화상을 입었다. 요즘 그는 병원에 갈 기분이 들지 않는다. 2016년 병원에서 만나 친하게 지내던 A씨가 얼마 전 극단적 선택을 했다는 소식에 충격을 받아서다.

최씨에 따르면 A씨는 화상을 입은 목 부위에 대해 세 차례 넘게 피부이식수술을 받았지만 이식 부위가 계속 녹아내려 다시 수술을 해야 했다. 수술 비용을 감당할 수 없어 힘들어했다고 한다. 최씨 역시 수술 비용이 가장 큰 부담이 된다. "공장에서 일하다 화상을 입어 산업재해 보험 처리가 되니까 그나마 건강보험 급여 치료에서 본인부담금은 면제받는다. 하지만 수술 재료가 대부분 비급여인 이식 수술을 받으려면 수술비가 1000만 원 넘게 든다." 그는 이어 "전기·주사 치료는 물론이고 보습제 비용마저 건강보험이 적용되지 않아 소득이 없는 화상 환자는 돈이 없어 치료를 중단해야 하는 형편"이라고 하소연했다.

중증 화상 환자를 위한 건강보험 제도의 혜택이 있지만 다른 중증 환자에 비하면 충분하지 않다는 게 이들의 주장이다. 2도 화상에 체표면적 20퍼센트 이상 화상을 입은 환자, 3도 화상 이상이면서 체표면적 10퍼센트에 화상을 입은 환자, 얼굴과 팔, 다리, 성기 등 부위에 2도 화상을 입어 일상생활에 지장이 있는 환자는 암환자와 희귀난치성 질환자처럼 산정 특례 혜택을 받는다. 이에 따라 건강보험이 적용되는 치료를 받을 때는 본인부담금을 5퍼센트만 내면 된다.

하지만 산정 특례 기간이 짧고, 화상 치료는 급여보다 비급여 치료가 많아 경제적 고통이 가중된다고 한다. "상태가 심하면 중환자실에서 석 달 가까이 치료를 받아야 하고, 그 뒤에도 1년 넘게 입·퇴원을 반복할 수밖에 없다. 산정 특례가 있다 해도 치료비를 마련할 걱정에 잠을 이루지 못한다." 암환자와 희귀난치성 질환자에게 적용되는 산정 특례 기간은 5년인 반면 중증 화상 환자에게 적용되는 산정 특례 기간은 1년이고 연장을 해도 최대 6개월까지 가능하다.

중증 화상 환자는 자신들의 피부를 '떡살'이라고 부른다. 표피가 손상되고 땀샘 기능이 상실돼 체온 조절이 되지 않은 까닭에 365일 바짝 마른 논바닥처럼 쩍쩍 갈라진다. 그래서 보습제를 바르지 않으면 간지러움과 통증을 참아낼 수 없다고 한다. 그런데

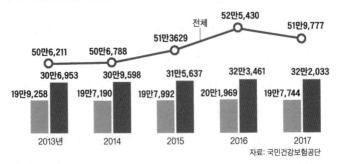

국내 화상질환 진료현황 (단위: 명) ■ 남성 ■ 여성

전체

52만5,430

51만9,777

50만6,211   50만6,788   51만3629

30만6,953   30만9,598   31만5,637   32만3,461   32만2,033

19만9,258   19만7,190   19만7,992   20만1,969   19만7,744

2013년   2014   2015   2016   2017

자료: 국민건강보험공단

중증 및 희귀난치성질환자 산정특례

┌─ 지원대상 ─────────────┐

중증질환자(암환자, 중증
화상환자, 뇌혈관질환자,
심장질환자, 중증외상
환자), **희귀난치성질환자**

┌─ 지원기간 ──────────────────────────┐

희귀난치성질환자, 암환자	등록일로부터 5년
결핵	등록시작일로부터 치료종료 시까지 (2016.7.1 이후 등록자에 해당)
중증화상환자	등록일로부터 1년, 이후 6개월 연장 가능
뇌혈관질환자 · 심장질환자 · 중증외상환자	최대 30일 (단, 복잡선청성심기형 및 심장이식은 최대 60일)

이렇게 일상생활에서 필수적인 보습제에 건강보험이 적용되지 않는다. 의약품이 아닌 화장품으로 분류돼 있어서다. 최준서 씨는 "국민건강보험공단에 찾아가 항의를 하니 담당자는 '보습제는 미용과 관련된 화장품이라서 급여 지원이 불가능하다'라는 말만 되풀이했다"고 전했다.

주소영 한림대 한강성심병원 재활의학과 교수는 "화상 치료에 사용되는 보습제가 미용으로 분류된 것 자체가 문제다. 보습제에 건강보험이 적용되지 않는 점은 화상 환자의 특성을 고려해 개선돼야 할 것"이라고 했다. "급성기 화상 치료를 마친 후에 발생하는 각종 통증을 완화하기 위해 전기·주사 치료를 진행하는데 이또한 급여가 아닌 비급여다. 전기·주사 치료는 화상 부위의 범위에 따라 1회 치료시 5만~10만 원을 환자가 내야 하므로 부담이 크다."

또 중증 화상 환자는 재활 과정에서 심리 치료가 병행돼야 한다고 말한다. 화상으로 생긴 용모 변화는 물론 가정 붕괴, 사회와의 단절 등 급격한 변화를 이겨내지 못하고 극단적 선택을 하는 환자가 적지 않다. 황세희 한림대 한강성심병원 사회사업팀장은 "중증 화상 환자 중에는 우울증 같은 정신질환에 시달리는 이가 많다"고 했다. "이들이 마음의 문을 열고 사회에 복귀할 수 있도록 병원과 지역사회에서 재활 치료와 함께 심리 치료를 병행해야 한다."

"북한에서 왔다는 것 알려지는 순간 무시…
내 편 없어" 외로움 호소

"우리 세금으로 먹고살면서…."

한 아이의 말이 윤미진(18세·가명) 양의 뒤통수에 꽂혔다. 6년 전 윤양이 북한에서 왔다는 사실을 알고 나서부터 친구들은 이런 말들을 퍼붓고는 한다. 그전에는 학교생활에 전혀 문제가 없었다. 워낙 어릴 때인 열 살 무렵에 한국에 온 데다 말투도 다 고쳐 겉으로는 한국 아이들과 구분되지 않았다. 어쩌다 우연찮게 학교에 북한 사람이라는 사실이 알려진 뒤로 아이들은 윤양을 콕 집어 놀리고 괴롭혔다. 수시로 "정말 북한에서 왔느냐", "북한으로 돌아가라"라는 말들이 어린 윤양에게 칼날처럼 날아들었다. 윤양은 당시의 심경을 "감추고 싶은 비밀을 애들이 들쑤시니까 상처가 됐다. 애들이 장난으로 던진 돌에 맞아 죽는 개구리 같았다"고 토로했다.

'먼저 온 미래.' 남한에 온 탈북 학생을 이르는 말이다. 2018년에 남북정상회담이 세 차례나 열리면서 통일에 대한 기대감이 높아졌지만, 탈북 학생이 그리는 통일 한반도의 미래는 정작 밝지만은 않다. 어둡기까지 하다. 탈북청소년 교육지원센터에 따르면 전국 초·중·고교에 재학 중인 탈북 학생의 수는 2005년 421명에서 2019년 2531명에 이를 정도로 급격히 늘었다.

이들은 윤양처럼 학교에서 일상적인 차별을 받고 낯선 사회문화적 환경에 적응하느라 심리적 어려움을 겪고 있다. 기초 학력이 낮은 까닭에 특히 수학과 영어 과목에서 수업 내용을 알아듣기 힘든 것도 학교생활에 대한 적응을 가로막는 요인 중 하나다. 이들은 한국 사회에서 환대받지 못하는 자신들의 현실을 보면서 통일된 미래는 극심한 갈등 사회가 될 것이라고 예상하기도 했다.

탈북 학생이 한국 학교에 진학하면 가장 먼저 학습 수준의 차이에 좌절하게 되는 경우가 많다. 북한에 살 때 학교를 다니지 않았던 이들이 대다수이고, 학교를 다녔다 하더라도 북한과 한국은 교육과정이 완전히 다르기 때문이다. 또 한국으로 넘어오는 과정에서 제3국에서 짧으면 6개월, 길면 수년간 체류하게 되는데 이 기간에 학습 공백이 발생하기도 한다. 통일부 산하의 남북하나재단이 실시한 '2018년 탈북청소년 실태조사'에 따르면, 북한에서 살 때 학교에 다닌 적이 없다고 밝힌 탈북 학생은 23.3퍼센트나 됐다. 또 탈북 학생 72.1퍼센트가 제3국에 체류하는 동안 재학 경험이 없다고 답했다.

이런 사정이 감안돼 탈북 학생은 또래 학생보다 한두 학년씩 낮은 학년으로 편입된다. 그렇다 해도 학습 진도를 따라가는 일은 보통 벅찬 게 아니다. 수십 년간 탈북 학생의 멘토링을 해온 한상훈 전 구로중 교사는 "북한 학교에서 배우는 과목 자체도 다르고 학교를 꾸준히 다닌 경우도 많지 않다 보니 학습 이해도가 떨어질 수밖에 없다"고 했다. "북한 아이들도 학교 수업을 따라가기 위해 학원에 등록하는 실정이다."

서울의 한 일반 고등학교에 다니는 김아진(17세·가명) 양도 북한에 있을 때 학교를 다녔던 기억이 손에 꼽을 정도다. 양강도가 고향인 김양은 "북한에 있을 때 워낙 작은 마을에 살았고 걸어서 1시간 거리에 학교가 있어서 학교는 가고 싶을 때 몇 번 가본 게 전부"라고 했다. "국어는 그래도 한두 글자 다른 것 빼고는 괜찮은데, 수학 기호는 아예 본 적이 없었다. 공부를 열심히 해야겠다고 마음은 먹지만 솔직히 어떻게 해야 할지 모르겠다."

학습 부진으로 생기는 어려움은 대학까지 이어진다. 탈북 학생에겐 정원외 특례 전형에 지원할 자격이 주어지므로 비교적 대학 입학의 문이 넓다. 하지만 졸업하기가 쉽지 않다. 현재 교대를 졸업하고 초등학교 교사로 근무 중인 북한 출신 이수현(25세·가명) 씨는 "고려대나 서강대, 한국외대 등 이런 상위권 대학에서 탈북 학생을 많이 뽑는다. 그런데 별생각 없이 들어갔다가 여기는 내가 낄 자리가 못 된다고 깨닫고 그만두는 학생이 부지기수"라고 말했다. "탈북 학생이 정치외교학과나 경영학과 같은 학과의 이름만 보고 진학했을 경우 방황이 더욱 심하다. 탈북 학생에게 자기 적

탈북 학생 김아진 양은 "대학을 나와야 좋을 것 같긴 한데 어떤 식으로 공부를 해야 할지 모르겠다"고 털어놨다. 탈북하는 과정에서 학습 공백을 겪은 많은 탈북 학생이 한국에 와서도 학교 수업을 따라가는 데 어려움을 겪고 있다. **사진 송옥진**

성에 맞게 구체적이고 현실적인 진로를 안내하는 교육 상담이 부족한 실정이다."

정부에서 북한 출신 대학생에게 학비를 지원하기는 하지만, 평균 학점 C 플러스 이하를 2학기 연속으로 받으면 장학금 지원을 끊는 식으로 학교마다 성적 제한을 둔다. 이럴 때 학점이 미달돼 학비 지원이 중단되면 학교를 그만두는 학생이 많다. 남북하나재단에 따르면 탈북 대학생의 중도탈락률(제적 포함)은 10퍼센트 정도로 일반 대학생의 두 배를 웃돈다.

특히 탈북 학생 중에서도 북한 출생이 아닌 제3국 출생인 학생은 어린 시절을 중국 등지에서 보낸 바람에 한국어 자체에 서툰 경우가 많아 학업에 더욱 어려움을 겪는다. 요즘 탈북 학생 10명 중 6명은 고향이 북한이 아닌 중국과 같은 제3국이다. 탈북 여성이 중국에서 체류하는 동안 경제적 이유로 한족이나 조선족 남편과 결혼해서 낳은 아이들로, 북한 어머니와 중국인 아버지를 두고 있는 사례가 가장 많다. 2011년에 전체 탈북 학생의 36.2퍼센트였던 제3국 출생 탈북 학생은 2015년에 전체의 50.5퍼센트(1249명)를 차지하며 절반을 넘어섰고, 2018년 4월 기준 전체 탈북 학생(2538명) 중 60.3퍼센트(1530명)로 북한 출생 탈북 학생 숫자를 앞질러 탈북 학생의 주류가 됐다.

정부는 이들도 탈북 학생의 범주에 포함해 여러 교육 지원 사업을 벌이고 있다. 하지만 이들은 북한이탈주민법상 탈북민에 해당하지 않아 각종 탈북민 지원의 사각지대에 놓여 있다. 일테면 아버지가 중국인이라는 이유로 북한 출생에 비해 대학 특례 입학이나 학비 지원과 같은 혜택에서 배제된다. 정부는 대학 입학과 관련한 지원의 경우 국내 학생과의 형평성 측면에서 논란이 일 수 있는 만큼 제3국 출생으로까지 범위를 확대하는 데 신중한 입장이다. 신효숙 남북하나재단 교육개발부 부장은 "제3국 출생인 학생이 대학에 들어가기 시작한 지 얼마 되지 않았다"고 했다. "제3국 출생도 북한 출생과 같이 부모가 탈북의 어려움을 겪었다는 측면에서 제도적 지원을 고민해야 할 시점이 됐다."

한국 사회에 첫발을 디딘 탈북 학생은 심한 외로움과 고립감을 겪는다고 토로한다. 10년 전 가족과 함께 탈북을 해 이제 대학생이 된 김혜은(22세·가명) 씨도 "내 편이 없다는 느낌이었다"며 처음

연도별 국내 탈북 학생 현황
(단위: 명, 괄호안은 %)

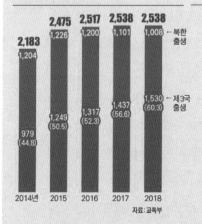

	2014년	2015	2016	2017	2018
합계	2,183	2,475	2,517	2,538	2,538
북한 출생	1,204	1,226	1,200	1,101	1,008
제3국 출생	979 (44.8)	1,249 (50.5)	1,317 (52.3)	1,437 (56.6)	1,530 (60.3)

자료: 교육부

북한 출신 공개 여부
(단위: %)

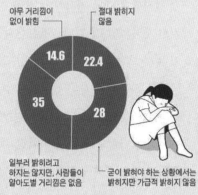

아무 거리낌이 없이 밝힘 — 14.6

절대 밝히지 않음 — 22.4

일부러 밝히려고 하지는 않지만, 사람들이 알아도별 거리낌은 없음 — 35

굳이 밝혀야 하는 상황에서는 밝히지만 가급적 밝히지 않음 — 28

탈북 학생의 북한 거주 시 재학 경험 (단위: %)

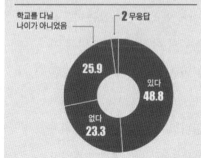

학교를 다닐 나이가 아니었음 — 25.9

2 무응답

있다 48.8

없다 23.3

탈북 학생의 제3국 체류 시 재학 경험 (단위: %)

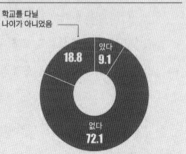

학교를 다닐 나이가 아니었음 — 18.8

있다 9.1

없다 72.1

자료: 남북하나재단 '2018 탈북청소년 실태조사'

한국에 왔을 때를 회상했다. "북한에서는 옆집에서 무슨 싸움을 하면 거기 다 몰려가서 싸우지 말라고 말릴 정도로 친했다. 그런데 여기에선 나를 아는 사람도, 내가 아는 사람도 없다. 가족과 함께 왔지만 엄마도 여기 와서 새로 시작하는 거니까 외로운 느낌이 커서 힘들었던 것 같다. 지금 생각해보면 내가 동급생보다 두 살이 많다 보니 친구들보다 사춘기도 빨리 왔다."

탈북 과정에서 가족과 헤어지거나 홀로 탈북을 한 무연고 학생은 외로움을 배로 느낀다. 윤미진 양도 "나 역시 탈북을 할 때 일이 틀어져 엄마랑 2년 넘게 떨어진 채 혼자 살아야 했다. 그때 애정 결핍이 심했다"며 당시를 떠올렸다.

특히 친구를 중요히 여기는 청소년기에 인간관계에서 받은 상처는 후유증이 오래간다. 박성진(15세·가명) 군은 초등학교 3학년 때 북한에서 온 사실이 친구들 사이에 알려지면서 심한 따돌림을 당했다. 2018년 고등학교에 입학했지만 아직도 트라우마에 시달리고 사람을 사귀는 데 소극적으로 변했다. 차별에 멍든 박군은 "북한은 못사는 나라, 가난한 나라라는 인식이 있어서 북한에서 왔다고 하면 주위에서 무시하는 것 같다"고 했다. "나와 같은 처지의 학생에겐 (북한 출신이라는 것을) 들키기 전까지는 말하지 말라고 하고 싶다." 실제로 탈북 청소년의 85.3퍼센트는 주변 사람들에게 자신이 북한 출신이라는 사실을 밝히지 않는 것으로 나타났다. 이수현 씨는 "이대로라면 통일이 되도 사회 갈등이 심각할 것 같다. 내가 상상하는 통일은 회색빛에 가깝다"고 말했다.

교육 당국에서는 탈북 학생이 빨리 적응하려면 일반학교에 진학해 이른바 '통합 교육'을 받는 게 낫다는 분위기다. 하지만 현장에서는 기초 학력이 부족하고 교우 관계 등에서 문제가 생기기 쉬우므로 그리 간단히 결정할 사안이 아니라는 목소리가 높다. 탈북 학생을 위한 위탁 교육기관인 부산 장대현학교의 임창호 교장은 "제3국 출생과 북한 출생이 있는가 하면, 북한에서 살 당시의 경제적 수준 등 아이들마다 배경이 천차만별"이라고 했다. "정부는 잘 교육해 일반학교로 돌려보내라고 하지만, 일반학교에서 이런 학생에 대해 한국어 교육부터 하나하나 신경 쓰는 건 쉽지 않다." 탈북 청소년 대안학교인 한겨레중고등학교에도 1년에 20명가량 학생들이 일반학교에서 적응하기 어렵다는 이유로 전학을 온다. 심하면 학교를 그만두기도 한다. 2017년 탈북 학생 59명이 학교 부적응과 이민 및 출국, 진로 변경 등의 사유로 학업을 중단했다고 교육부는 설명했다.

임창호 교장은 "탈북 학생을 교육하는 데엔 일대일로 붙잡고 가르치는 등 국가적인 배려를 기울여야 한다"며 우려했다. "아이들이 사회로부터 존중받지 못한 채 분노를 품고 자라면 이는 결국 한국 사회를 분열시킬 요소가 될 것이다."

북한 출신 선생님이 실상 가르치는 통일 교육을 늘려
부정적 인식 개선해야

학교 안팎에서 매일 '북한 사람'에 대한 편견과 싸우고 있는 탈북 학생은 이구동성으로 한국 학생에게 통일 교육을 확대해야 한다고 강조한다. 교과서를 통해 가르치기보다는, 통일전담 교육사나 탈북 학생처럼 북한에서 살다 온 사람들과의 교류를 늘리게 함으로써 학생 스스로 북한과 통일에 대한 부정적 인식을 개선하는 게 훨씬 효과적인 통일 교육이라고 조언한다.

북한을 바라보는 한국 학생의 부정적인 인식은 통계에서도 잘 드러난다. 교육부가 2019년 2월에 발표한 '2018년 학교통일교육 실태조사'에 따르면 학생들은 북한이라는 말에 가장 먼저 떠오르는 이미지로 여전히 '전쟁과 군사'(29.7퍼센트), '독재와 인물'(26.7퍼센트)을 꼽았다. 2018년 잇따라 열린 남북 정상회담과 북미 정상회담 등으로 한반도 정세가 호전된 결과 '한민족과 통일'이 생각난다는 학생(24.9퍼센트)도 2017년도(8.6퍼센트)에 비해 대폭 늘었다. 동시에 '가난과 빈곤'(7.2퍼센트)이라는 부정적 이미지를 떠올리는 학생도 2017년도(6.2퍼센트)와 비교해 더 많아진 것으로 나타났다.

한국 학생이 북한을 향해 이 같은 막연한 반감을 갖는 것은 실질적인 통일 교육이 부재한 탓이라는 지적이 적지 않다. 신호래 한겨레중고등학교 교감은 "한국 학생이 탈북 학생을 만나고 나서 '북한 형들은 싸움도 다 잘하고 셀 줄 알았는데 생각보다 착하다'는 말을 하곤 한다"고 했다. "미디어가 덧씌운 부정적 인식을 개선하려면 서로가 더 자주 만나야 한다."

'북한에서 온 선생님'인 통일전담 교육사를 통일 교육 강사로 적극 활용하는 방안도 고려해볼 만하다. 통일전담 교육사는 북한에서 교원(교사) 경력이 있는 탈북민을 말하는데 평소에는 일반학교에 다니는 탈북 학생의 적응을 돕는 역할을 한다. 최근에는 이들을 일반 학생들을 위한 통일 교육 강사로 활용하는 학교들이 늘고 있다. 북한 사람에게 북한의 실상에 대해 직접 듣는 게 지금 학생들에게 더 필요한 통일 교육이라는 취지에서다. 하지만 한정된 예산상 탈북 학생이 일정 수 이상 재학 중인 학교에 우선적으로 배치하다 보니 대부분 학교에서 이런 통일 교육을 받을 기회는 드물다.

신효숙 남북하나재단 부장은 "통일전담 교육사는 통일을 대비해 전문 인력을 양성한다는 의미도 있다"고 설명했다. "2019년부터 탈북 학생이 5명 이상 재학 중인 일반학교에도 통일전담 교육사를 파견하며 대상 학교를 넓히고 있다." 2018년까지는 탈북 학생이 10명 이상 재학 중인 일반학교에 통일전담 교육사 한 명을 파견해왔다. 현재 무기계약직으로 선발된 통일전담 교육사 23명 은 전국 28개교에 배치돼 있다.

외국인 무슬림 남편과 결혼한 뒤 박은영(34세·가명) 씨가 가장 자주 듣는 말은 "어느 나라에서 왔느냐"는 질문이다. 이슬람으로 개종하면서부터 히잡을 쓰고 다녀서다. 한국인이라고 말하고 나면 으레 이상한 눈빛으로 쳐다본다. 한번은 한 중년 여성에게서 "한국인이 왜 외국의 나쁜 종교를 믿느냐"는 소리도 들었다. 박씨가 "이슬람이 어떤 종교인지 아냐"고 되묻자 돌아온 대답은 "여성을 학대하고 사람을 죽이는 종교라고 들었다"는 것이었다. 박씨는 사실과 다르다고 조목조목 설명하려 했지만 상대방은 더 이상 들으려 하지 않고 오히려 테러를 일삼는 종교를 믿으면 안 된다고 호통을 쳤다.

4년 전 무슬림이 된 대학생 정상윤(22세·가명) 씨도 이슬람을 믿는다는 이유로 종종 어처구니없는 일을 겪는다. 2018년에는 이슬람 사원에서 기도하고 나오다가 한 여성에게 미행당한 적도 있다. "극단주의 무장 조직인 이슬람국가(IS)의 대원으로 의심된다"는 황당한 이유에서였다. 정씨는 "한국에서 무슬림이라고 밝히면 흔히 정신이상자로 취급받고 심지어 가족들도 이상한 눈으로 바라본다"고 했다. "외국인이 아닌 한국인이 국내에서 무슬림으로 살아가는 일은 너무 힘들다."

재미교포 한선숙(54세) 씨는 대학생이던 34년 전 가톨릭에서 이슬람으로 개종했다. 사우디아라비아의 한 대학에서 영어를 가르치던 그는 남편과 사별한 뒤 한국으로 돌아와 2018년부터 대전 우송대에서 영어를 가르치고 있다. 한교수는 한국인이 이슬람에 대해 잘 모르는 건 한국에서나 사우디아라비아에서나 매한가지라고 했다. "한번은 버스 기사가 왜 한국 사람이 머리에 그런 걸(히잡) 쓰고 다니냐며, 그렇게 나쁜 종교를 왜 믿느냐고 묻더라. 웃으면서 '내가 사람을 해칠 것처럼 보이냐'고 물었다. 자세히 설명하니 이해하더라. 종교에 대해 몰라서 그렇지 나쁜 사람이어서 그렇게 말하는 건 아닐 것이다. 사우디아라비아에서 사는 한국인도 이슬람을 모르는 건 마찬가지였다. 한인 학교에서 가르치다 보면 히잡을 벗으라고 말하는 사람이 종종 있었다."

이슬람은 전 세계 인구의 24퍼센트를 차지하며 개신교와 가톨릭을 포함한 기독교(33퍼센트) 다음으로 신자가 많은 종교다. 그러나 국내에서 이슬람은 낯선 종교다. 중동이나 서남아, 동남아에서 온 일부 외국인 이주민이 믿는 종교로 아는 사람이 대부분이다.

한국인 무슬림이 존재한다는 사실을 모르는 사람도 많다. 소수자 중에서도 소수자인 셈이다.

한국이슬람교중앙회에 따르면 2018년 기준 한국인 무슬림의 수는 6만 명, 한국에 거주하는 외국인까지 합하면 26만 명 정도라고 한다. 공식적으로 집계된 적이 없어 정확한 숫자는 파악하기 어렵다. 정부의 인구주택총조사 중 '종교별 인구'에서도 이슬람은 기타 종교로 묶여 있다. 국내에서 신자 수가 가장 많은 종교인 기독교의 1356만 명(2015년 통계청 조사 기준)과 비교 자체가 되지 않는다.

한국인 무슬림은 26만 명 중에서도 일부에 불과하다. 한국이슬람교 서울중앙성원의 이주화 이맘(예배를 주관하고 종무를 수행하는 이슬람 지도자)은 "1970~1980년대 중동 붐이 일면서 한국인 무슬림 수가 크게 늘었다가 1990년대 이후에는 별다른 변화가 없었다. 현재도 20~30년 전과 비슷한 3만 5000명 수준일 것"이라고 추정했다. 최근에는 젊은 층을 중심으로 한국인 무슬림이 조금씩 늘고 있다고 한다.

무슬림은 금요일에 합동 예배를 한다. 평일이라 한국인 무슬림의 참석률은 낮을 수밖에 없다. 매주 금요일 오후 1시면 서울 이태원에 있는 서울중앙성원은 다양한 국적의 무슬림으로 가득 찬다. 이때 참석하는 한국인 무슬림은 60~70명 정도라고 한다. 전국에 이슬람 사원은 마스지드(성원) 16개, 무살라(작은 규모의 예배당)는 80여 개에 이른다.

선교 활동을 적극적으로 하지 않는 이슬람의 특성상 국내에서

서울 용산구 한남동에 있는 서울중앙성원에서 예배를 마친 신자들이 성원을 나서고 있다. **사진 고영권**

무슬림이 되는 경로는 제한적이다. 무슬림인 지인과의 교류를 통해 이슬람에 입교하거나 개인적으로 관심을 갖고 이슬람에 대해 공부하다 무슬림이 되는 경우가 대부분이다. 이주화 이맘은 "해외여행 등에서 이슬람 문화를 접하고 돌아와 이슬람에 입교하는 경우도 있고, 외국인 무슬림과 결혼해 이슬람을 받아들이는 사람도 상당수"라고 설명했다. "중동 특수가 있을 땐 남성이 압도적으로 많았는데 최근에는 남녀 비율이 비슷하다."

기독교에서 이슬람으로 개종하는 사람도 있다. 최근 이슬람을 주제로 유튜브 생방송을 시작한 박동신(34세) 씨는 기독교 가정에서 태어나 기독교 신자로 살다 나중에 무슬림이 됐다. "주위에 이슬람을 믿는 사람이 아무도 없었고, 나 역시 이슬람에 대해 아는 것이 거의 없었다. 세계 역사에 관심이 많아서 세계의 종교에 대해 공부하다 보니 이슬람이 언론을 통해 보던 이미지와 달리 나쁜 종교가 아니라는 걸 알게 됐다. 그 후 조금씩 빠져들게 됐다." 박씨는 10년 전 개종한 뒤 터키와 사우디아라비아, 요르단, 이집트 등에 머물며 8년간 이슬람과 아랍어를 공부하다 최근 돌아왔다.

무슬림과 결혼한 뒤 이슬람에 입교하는 사람도 점점 늘어나는 추세다. 그러나 무슬림 배우자를 둔 모든 이가 곧바로 무슬림이 되는 건 아니다. 이슬람에선 믿지 않는 사람에게 종교를 강요해선 안 된다고 가르친다. 조현정(46세·가명) 씨도 12년 전 외국인 무슬림과 결혼했지만 입교한 지는 2년여밖에 되지 않았다. "결혼 후에도 남편이 10년간 믿음을 강요하지 않아서 히잡을 쓰지 않고 라마단(이슬람 금식 성월)에 금식도 하지 않았다. 스스로 공부해서 믿음이 생기기 시작한 뒤에는 누가 시키지 않았는데도 히잡을 쓰게 됐다."

한국은 세계적으로도 비종교인의 비율이 매우 높은 편에 속한다. 우리나라의 종교 인구에 대한 가장 최근 통계인 통계청의 '2015년 인구주택총조사'에 따르면, 종교가 없는 인구의 비율은 56퍼센트에 달했다. 그만큼 종교에 관심이 크지 않다. 특히 이슬람 문화권과는 교류가 많지 않아 이슬람에 대한 정확한 정보를 접하기는 더욱 어렵다. 무슬림은 기독교와 같은 신을 믿는다고 주장하는데, 현실에서는 '이슬람은 기독교와 달리 알라신을 믿는다'와 같은 잘못된 정보가 널리 퍼져 있다. 기독교와 이슬람의 가장 큰 차이는 예수에 대한 정의다. 기독교는 예수를 신으로 간주하지만, 이슬람은 예수를 신이 아닌 선지자로 본다.

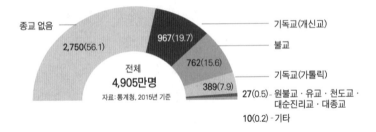

국내 종교별 인구 (단위:만명, 괄호안은 비율%)

종교 없음
2,750(56.1)

967(19.7) ——————— 기독교(개신교)

——————— 불교

762(15.6)

전체
4,905만명
자료:통계청, 2015년 기준

389(7.9) ——————— 기독교(가톨릭)

27(0.5) - 원불교·유교·천도교·
대순진리교·대종교

10(0.2) - 기타

제대로 된 정보가 부족하다 보니 보편적인 정서와 동떨어져 있는 일부 이슬람 지역의 근대적·가부장적 문화와 극단주의 무장 세력이 이슬람의 전부인 것처럼 잘못 인식되곤 한다. 김정명 명지대 아랍지역학과 교수는 "이슬람에 대한 잘못된 편견과 오해는 기본적인 정보의 부재가 가장 큰 이유일 것"이라고 했다. "언론에서도 중동 지역에 관해선 전쟁이나 테러, 일탈적이고 엽기적인 사건들 위주로만 보도하다 보니 일부의 모습이 이슬람의 전부인 것처럼 착각하게 된다."

한국인 무슬림 가운데 '커밍아웃'을 주저하는 이들이 많은 것도 이러한 뿌리 깊은 편견과 맞서 싸울 자신이 없기 때문이다. 민서현(39세·가명) 씨는 "마치 매뉴얼이라도 있는 듯 이슬람 하면 다들 여성 억압, 테러, 일부다처제 등을 거론하며 따진다. 'IS는 우리에게도 골치 아픈 문제'라고 말하면 잘못을 추궁하듯 '당신들이 어떻게 해야 하는 거 아니냐'고 소리치며 내 이야기를 들으려고 하지도 않는다."

자신이 무슬림인 걸 스스로 외부에 밝히지 않는 이상 남성 무슬림은 대체로 큰 어려움이나 불편함을 겪지는 않는다. 그러나 여성은 히잡을 쓰는 순간 '한국말을 잘하는 외국인'이 되거나 '여성 억압의 피해자' 또는 '잘못된 종교에 빠진 이상한 사람' 취급을 받는다. 외국인 무슬림과 결혼한 민서현 씨도 같은 이야기를 하며 한숨을 내쉬었다. "누가 강요해서 히잡을 쓰는 것이 아니라 내가 자발적으로 쓰는 것인데도 '남편이 억지로 시킨 게 아니냐'고 묻는 등 사람들은 자신의 기준으로 판단하고 규정한 뒤 평가해버린다."

이슬람에 대해 공부하다가 입교한 지 1년쯤 됐다는 대학생 이수연(23세·가명) 씨는 주위의 시선이 불편해 히잡을 쓰지 않는다. 자신이 무슬림이 됐다는 사실도 가장 친한 친구 외에는 밝히지 않았다. 무슬림으로 지내는 것이 그다지 불편하거나 어렵지 않지만, 음식 문제는 숨기기 어려운 부분이다. 무슬림은 술과 돼지고기를 먹지 않고 이슬람 율법에 따른 할랄 음식만 먹어야 하므로 먹을 수 있는 음식이 제한적일 수밖에 없다. 이씨는 "친구들과 함께 식당에 가면 (이슬람 율법이 금지한) 돼지고기를 먹지 않는다고 말해야 하는 순간이 온다. 그럴 때마다 이상한 사람 취급을 받는다"고 했다.

무슬림 자녀를 키우는 다문화 가정의 부모도 대부분 음식 문제로 어려움을 겪는다. 현실적으로 할랄 식단을 급식으로 제공하는 학교는 거의 없기 때문이다. 마트에서도 할랄 인증을 받은 식품은 많지 않다. 조현정 씨는 "학교에서 할랄 음식을 급식으로 제공하지 않아서 아이가 밥과 김치, 김만 먹는 일이 많다. 마트에 가도 아이가 먹을 식품을 사는 것이 무척 어렵다"고 말했다.

종교는 단순히 믿음에 불과할 수도 있지만 삶의 방식이기도 하다. 그래서 사회적 편견에 지쳐 무슬림의 삶을 지키기 어려워지면 종교를 떠나는 사람도 적지 않다. 박동신 씨는 "이슬람에 대한 사회적 혐오가 워낙 크다 보니 무슬림이 된다 해도 절반은 버티지 못하고 떠나는 것 같다"고 했다. "특히 무슬림 중에서도 여성은 약자여서 종종 이슬람 혐오 공격의 대상이 되며 남성 무슬림보다 믿음을 지키기 더욱 어려운 처지에 있다."

한국인 무슬림이 바라는 것은 단순하다. 이슬람을 왜곡하지 않고 있는 그대로 받아들였으면 하는 것이다. 박동신 씨는 이슬람을 제대로 알리기 위해 2019년 3월부터 이슬람과 아랍어를 주제로 유튜브 생방송을 시작했다. 수년 전부터 이슬람과 아랍어 관련 동영상을 꾸준히 올리기는 했지만 이집트 유학을 마치고 돌아온 뒤로 1인 미디어 활동에 더욱 많은 시간을 쏟고 있다. 수년간 온갖 혐오와 비난, 욕설로 가득한 댓글을 봐왔기에 이제는 웃으면서 말할 만큼 온라인상의 공격에 익숙해졌다. "단순히 무슬림이라는 이유로 공격받게 될 걸 알면서도 방송을 시작한 건 이슬람에 대해 정확히 알려야 한다는 신념 때문이다. 이슬람을 제대로 알려 다문화 가정의 아이가 자신의 정체성을 지키며 사회에 잘 적응할 수 있도록 돕고, 다양한 문화가 평화롭게 공존하는 데 조금이라도 이바지할 수 있으면 좋겠다."

이슬람 지역 한류 수출 활발,
학교에서 균형 잡힌 교육 확대해야

　이슬람 지역의 이주민과 난민이 대거 유입되면서 사회 갈등이 극심해진 유럽과 달리 우리나라는 이주민과 난민의 수가 많지 않고 종교 간 갈등이 거의 없다. 그럼에도 이슬람에 대한 편견은 좀처럼 줄어들지 않고 있다. 이슬람에 대한 정보가 부족한 데서 오해와 반감이 생기고, 이 때문에 국내 무슬림 사회는 이슬람에 대한 정보를 알리는 데 소극적이 되는 악순환이 거듭되고 있다.

　이슬람에 대한 잘못된 관념을 바로잡기 위해 이슬람을 알리는 활동을 하는 일부 극소수 한국인 무슬림이 있지만, 이들의 노력만으로 사회 전반에 퍼진 편견과 오해를 해소하기엔 역부족이다. 이슬람에 대한 여러 오해를 극복하기 위해서는 학교 교육이 가장 중요하다고 전문가들은 강조한다. 학교에서 세계 역사와 종교에 대해 정확하고 자세히 가르쳐야 이슬람에 대해서도 균형 잡힌 시각을 갖게 된다는 것이다. 김정명 교수는 "세계의 종교에 대한 정규 교육은 사실상 고등학교 세계사 시간이 마지막인데 대학수학능력시험에서 '세계사'를 선택하는 학생이 매우 적고 수업도 제대로 이뤄지지 않고 있다"고 지적했다. "인터넷에 떠도는 단편적인 정보나 소문만 접하다 보면 이슬람에 대한 왜곡된 이미지를 갖기 쉽다."

한국과 같은 비이슬람 국가의 무슬림이라면 일부 해외 무슬림 사회의 잘못된 관행이나 관습으로 인해 발생하는 문제를 객관적으로 지적해야 한다는 목소리도 나온다. 국제 사회가 이슬람에 대해 불편해하는 지점을 찾아 해소하려는 노력을 해야 한다는 것이다. 임병용(46세) 한국할랄수출협회 사무국장은 과거 중동 지역에서 외교관으로 근무하던 중 이슬람에 입교했다. 그는 "'테러리스트들은 진정한 무슬림이 아니다'라는 식으로 매번 덮어버릴 게 아니라 어떤 점이 잘못됐는지 객관적으로 들여다보고 문제를 개선할 필요가 있다"고 했다.

이슬람 지역과 문화·경제 교류를 오래 지속하려면 한류 수출이 활발한 요즘 우리 스스로 이슬람 문화에 대한 이해의 폭을 넓히려는 노력이 긴요하다는 목소리도 나온다. 한국을 찾는 무슬림 관광객이 연간 100만 명에 달하는데 기도실이나 할랄 음식점 같은 인프라는 턱없이 부족한 상황이다. 한국 사회에 대한 부정적인 인식까지 심어줄 경우 관광 산업이 부진해질 뿐 아니라 국제 사회에서 이미지도 나빠질 수 있다. 임병용 사무국장은 "한류가 가장 환영받고 있는 지역 중 하나가 이슬람권인데 이슬람권에서 왜 한류를

10년 전 기독교에서 이슬람으로 개종한 박동신 씨가 인천 중구의 한 오피스텔에서 이슬람을 주제로 유튜브 생방송을 하고 있다. **사진 고경석**

좋아하는지 이해하려는 노력이 부족하다"고 했다. "일방적인 소통으로 끝나지 않으려면 쌍방의 문화 교류를 통해 서로를 이해하려 노력해야 한다."

구직 길 막힌 중증 정신질환자

조현병이라면 강남역 그 사건?,
위험인물이라는 편견에 취업 번번이 퇴짜

2014년에 조현병 진단을 받은 대전의 강성희(49세·가명) 씨는 요양보호사 자격증을 따기 위해 시험을 준비하다가 마음에 깊은 상처를 입었다. 2018년 중순 대전의 한 교육기관에서 수업을 받던 중 조현병 환자라는 사실을 알렸다가 자격증 시험 응시를 거부당한 것이다. 정신건강의학과 전문의가 강씨는 충분히 직업을 가질 수 있다는 내용의 소견서를 써줬지만 소용이 없었다. 강씨는 "간호가 적성에 맞고 실습 성적도 좋았다"며 당시 낙망했던 심정을 전했다.

강씨를 가까이서 지켜본 이병범 대한정신장애인가족협회 부회장은 "교육기관을 관할하는 대전시 담당 부처가 당시 '불가' 의견을 냈다. 노인복지법에 전문의의 판단을 따르라고 규정돼 있는데 행정기관이 마음대로 거부하니 의사도 황당해했다"며 분통을 터뜨렸다. 노인복지법에 따르면 중증 정신질환은 요양보호사 자격을 얻는 데 결격사유가 되지만 전문의가 요양보호사로 적합하다고 인정한 사람은 예외가 인정된다. 강씨는 2019년 들어 전문의가 조현병이 아닌 산후 우울증이라고 진단을 내리면서 가까스로 시험에 응시할 자격을 얻었다. 그는 "아직도 2018년에 왜 시험을 치지 못하게 했는지 이해되지 않는다"고 털어놨다.

중증 정신질환자에게 취업은 발병 후 다시 인간다운 삶을 회복하기 위해 거쳐야 할 필수 절차다. 조현병·조울증·우울증 환자는 치료 과정에서 사회적 편견에 부딪히는데 이때 자신감을 잃고 집에 틀어박히기 쉽다. 이후 치료를 더 멀리하다가 결국 입퇴원을 반복하는 만성기에 접어들게 돼 사회로 복귀할 힘을 잃는 경우가 흔하다. 한국장애인개발원이 펴낸 '2020 장애통계연보'에 따르면 2017년 기준 정신장애인 중 절반이 넘는 54.7퍼센트가 기초생활수급자로 생계급여를 받고 있다는 점이 이를 말해준다. 이러한 현실에서 취업은 악순환을 자연스레 끊을 수 있는 수단이 된다.

조울증을 극복하고 최근 8년간 정신질환자를 돕는 사회복지사로 일해온 장우석(43세) 씨 역시 이들에게 취업이 꼭 필요하다고 강조한다. 장씨는 20대에 발병해 2년간 병원에 입원했지만 그후 노래방 직원과 태권도 사범 등 여러 직업에 꾸준히 도전하면서 30대엔 대학에 진학해 사회복지사의 꿈을 이뤘다. 그는 "일이 없으면 또래 집단에서 소외되고 사회에서 고립되므로 치료에 부정적 영향을 미친다. 취업은 질병 속에 머물지 않고 삶으로 들어가는 일"이라고 강조했다.

　하지만 정신질환자를 위험인물로 보는 사회적 편견 때문에 중증 정신질환자에게 취업의 장벽은 높다. 강력범죄자 가운데 조현병 환자가 차지하는 비율은 0.7퍼센트에 불과한데, 이는 평생유병률로 추정한 조현병 환자(25만 명)의 0.1퍼센트 수준이다. 하지만 취업의 문은 좁은 문이다. 치료를 받아 겉보기에는 병력을 알 수 없는 사람도 취업하기 어렵다. 실제로 정신질환자의 취업률은 신체 장애인에 비해 매우 낮은 수준이다. 보건복지부가 실시한 정신질환실태조사(2016년)와 한국장애인고용공단의 장애인경제활동실태조사(2018년) 등에 따르면 중증 정신질환자는 전국에 39만여 명으로 추산된다. 이 가운데 법적 장애인으로 등록된 정신장애인은 10만 1148명인데 이들의 고용률(15세 이상)은 전체 장애인의 고용률 평균(35퍼센트)보다 크게 낮은 12퍼센트다. 경제활동참가율 역시 20퍼센트로 전체 평균(47퍼센트)의 절반에도 미치지 못한다.

　사회복지사들은 2016년 '강남역 살인 사건' 당시 정신질환을 부각한 언론의 보도가 정신질환자의 취업에 직격탄을 날렸다고 입을 모은다. 서초열린세상에서 정신질환자의 자립을 지원하는 사회복지사 문경진 씨는 "한국장애인고용공단을 어렵게 설득한 끝에 한 업체가 정신질환자를 대거 채용하기로 나섰는데, 사건이 일어나면서 사업을 연기하다 취소했다"고 전했다. "당시 사무 보조로 일하던 정신질환자를 외근 업무로 돌리는 업체도 있었다." 하지만 사회복지사들은 정신장애인은 사회생활에서 감정 표현과 대

조울증으로 어려웠던 시기를 극복한 장우석 씨가 2018년 서울 양천구의 한 대형 서점에서 자신의 경험담을 담은 책 <당신은 아파했던 만큼 행복할 수 있는 사람입니다> 출간 기념 강연을 하고 있다. 현재 사회복지사로 활동하는 장씨는 "질병 속에 머물지 말고 취업을 통해 삶 속으로 들어가야 한다"고 조언한다. **사진 장우석**

인 관계를 어려워 해 스스로 불안해할 뿐 범죄와 직접적인 연관은 없다고 설명한다.

상황이 이렇다 보니 한국장애인고용공단조차 취업 알선을 뒷전으로 미룬다며 정신질환자들은 자조하곤 한다. 경남 지역에 사는 조울증 환자 김석환(31세·가명) 씨는 2018년 가까스로 사회복지사 자격증을 취득한 뒤 지역의 한국장애인고용공단 지사에 일자리를 알아보려고 전화를 했다가 상처만 받았다. 상담사가 "기업들이 손이나 발이 아픈 장애인과 달리 정신장애인은 기피한다"고 답했기 때문이다. 김씨는 "장애인의 고용을 돕는 공공기관마저 정신질환자에게 살갑지 않아 마음이 쓰렸다"고 토로했다.

2019년 초 의정부의 한 대학병원 정신건강의학과에선 2016년에 진료를 받았던 한 우울증 환자가 다시 찾아와 '이상이 없다'는 내용의 소견서를 발급해달라고 요청하기도 했다. 회사 상사와의 면담에서 과거 병력을 이야기했다가 "지금은 정상이라는 사실을 증명하라"는 요구를 받아서다. 김문근 대구대 사회복지학과 교수가 2018년에 실시한 조사에 따르면, 한국장애인고용공단이 알선해 취업에 성공한 비율은 정신장애인(31퍼센트)의 경우 전체 장애인의 평균(42퍼센트)보다 10퍼센트포인트 낮았다.

정신질환자를 터부시하는 사회적 편견이 반영된 법과 제도도 취업에 걸림돌이 된다. 국가인권위원회는 2018년 4월 노인복지법(요양보호사)과 사회복지사업법(사회복지사) 등 27개 법률이 정신장애인의 자격·면허 취득을 제한하고 있다고 지적하면서, 결격 조항을 폐지하거나 완화하라고 국무총리에게 권고했다. 정신질환은 치료가 가능하고 환자마다 경중도 다른데 일률적으로 자격 취득을 막는 것은 문제라는 이야기다. 전문의의 판단을 따르도록 한 일부 법률마저 객관적이지 못하다고 국가인권위원회는 지적했다.

권고하고 몇 년이 지났지만 국가인권위원회는 자신들의 권고가 제대로 이행됐는지도 파악하지 못하고 있다. 2018년 8월 국무조정실이 관계 부처와 협의해 이행 계획을 국가인권위원회에 제출했지만 구체적인 내용이 없었다. 국가인권위원회가 추가 자료를 제출하라고 요구했는데 국무조정실은 아직까지 자료를 내놓지 않고 있다. 현재 개별 법이 어떻게 개정됐는지조차 파악하지 못한 상태다. 이와 관련해 국무조정실 관계자는 "2017년에 정신건강복지법

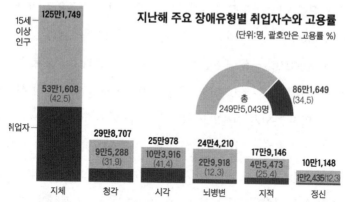

지난해 주요 장애유형별 취업자수와 고용률

(단위:명, 괄호안은 고용률 %)

15세 이상 인구

- 지체: 125만1,749 / 53만1,608 (42.5)
- 청각: 29만8,707 / 9만5,288 (31.9)
- 시각: 25만978 / 10만3,916 (41.4)
- 뇌병변: 24만4,210 / 2만9,918 (12.3)
- 지적: 17만9,146 / 4만5,473 (25.4)
- 정신: 10만1,148 / 1만2,435 (12.3)

총 249만5,043명 / 86만1,649 (34.5)

취업자

자료: 장애인고용공단, '2018년 장애인경제활동실태조사'

2016년 정신질환자 규모 추정치

(단위: 명)

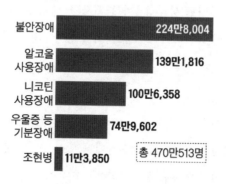

- 불안장애: 224만8,004
- 알코올 사용장애: 139만1,816
- 니코틴 사용장애: 100만6,358
- 우울증 등 기분장애: 74만9,602
- 조현병: 11만3,850

총 470만513명

자료: 보건복지부. 2016년 동안 정신질환이 발병한 사람 수

이 개정되면서 결격사유에 해당하는 정신질환자의 정의(제3조)가 '망상, 환각, 사고나 기분의 장애 등으로 인하여 독립적으로 일상 생활을 영위하는 데 중대한 제약이 있는 사람'으로 축소됐다. 그럼 으로써 실제로 권리를 제한받는 환자의 수가 10분의 1 정도로 줄 어들었다"고 밝혔다. 그러면서 "개정이 필요한 일부 법은 담당 부 처별로 입법 논의가 진행되고 있어 국가인권위원회에 내용을 공 개하지 못한 것이다. 연내에 법 개정을 추진하겠다"고 했다.

하지만 정신질환자 당사자는 정부가 규제 폐지에 미온적이라고 주장한다. 정신질환자를 결격사유에 포함한 이유, 즉 정신질환자 가 정말 위험한지 또는 왜 해당 업무를 수행할 수 없는지에 대해 명확한 기준을 제시하지 못하면서 직업 선택의 자유를 침해하는 것은 앞뒤가 맞지 않는다는 얘기다. 정부가 차별적인 제도에 대해 여전히 애매한 태도를 취한다면 피해는 계속 발생할 수 있다는 지 적이다. 보건복지부 복지정책과 관계자는 "국가인권위원회의 지 적에는 충분히 공감하지만 아직 사회적 공감대와는 거리가 있는 상황"이라고 말했다.

여기에 정신적, 신체적 기능이 떨어지는 정신질환자 스스로도 취업을 주저하는 상황이다. 정신장애인은 스스로 장애로 인해 경 제활동에 참여하기 어렵다고 인식하는 비율이 다른 장애 유형보 다 매우 높다. 한국장애인고용공단에 따르면 2014년 기준으로 경 제활동을 하지 않는 정신질환자가 직장을 구하지 않은 주된 이유 는 '장애로 인한 업무 수행의 어려움'(72.5퍼센트)이 가장 많았다.

이는 전체 장애인 평균(40.5퍼센트)보다 30퍼센트포인트나 높은 수치다. 23세 때부터 조현병을 앓아온 박민준(39세·가명) 씨는 "장애인 단체를 통하지 않고 직접 기업에 취업하면 복용약을 숨겨야 하는 등 정신적 스트레스가 크다"고 설명했다. "스트레스를 받고 질병을 관리하기 어려워지는 대로 취업을 유지하지 못하는 환자가 많다."

전문가들은 정신질환자가 직업을 유지할 수 있도록 다양한 대안을 마련해야 한다고 지적한다. 예컨대 현재 정신질환자에게 취업을 연계하는 한국장애인고용공단의 경우 활동이 '취업 알선'에만 집중돼 있는데, 여기서 탈피할 대안을 마련해야 한다는 것이다. 치료를 잘 받은 환자를 다른 환자를 상담하는 동료지원가로 양성하거나, 사회복지사를 이들 환자의 직무지도원으로 활용하는 방식들이 거론된다.

보건복지부도 국가 표준교육훈련과정을 만들어 동료지원가를 양성하고 이들이 정신 의료 기관 등에서도 일할 기반을 만들어나가겠다고 밝힌 바 있다. 현재 직무지도원으로 지적장애인의 콜센터 업무를 돕고 있는 장우석 씨는 "매일 함께 출근해 업무에 어떤 어려움이 있는지를 듣고 해결책을 조언해준다. 대인 관계에서 발생하는 문제를 조율하는 것도 중요한 업무"라고 했다.

정신질환자 당사자 역시 직장에서 정신적 스트레스를 받더라도 누군가 작은 조언만 해주면 극복할 수 있다고 말한다. 2012년부터 경북의 한 신문사에서 사무 보조로 일하고 있는 조현병 환자 박민영(44세·가명) 씨는 "힘들 때 정신재활센터 소장님이나 평소 진료를 받던 의사선생님에게 전화해 털어놓으면 바로 진정이 된다"고 전했다. "고등학교 때부터 병의 증상이 나타나서 사회 적응 훈련을 제대로 못했지만 회사에서 배려한 덕분에 잘 적응할 수 있었다. 다른 정신질환자들을 보면 가끔 화를 많이 내는 환자도 있지만 대부분은 착해서 약을 먹으면 사고도 치지 않는다. 주변에서 정신질환자를 봐도 무섭게 생각하지 않았으면 좋겠다."

정신장애인 위한 직업재활시설 15곳뿐, 다른 장애인 시설 3426곳도 이용 허용해야

2005년에 조현병 진단을 받은 최진수(42세·가명) 씨는 사회복지 시설에서 만나는 동료 환자를 보면 가슴이 답답할 때가 많다. 최 씨는 2019년 들어 전문 요리 학원에서 중국 요리를 배울 정도로 상태가 안정돼 있지만 주변에는 여전히 정신적·신체적 기능이 떨어지는 정신장애 환자(정신질환자)가 적지 않아서다. 최씨는 "만성 환자는 일터에서 다른 사람들과 어울려 살아가는 법을 배우는 게 가장 중요하다. 하지만 이를 교육하는 재활 시설도 적고 시설마다 20~30명씩 대기자가 줄을 서 있다"며 안타까워했다.

보건복지부에 따르면 2019년 기준 전국에 설치된 정신재활시설은 349곳으로 절반이 수도권에 집중돼 있어 전반적으로 부족한 실정이다. 특히 정신장애인의 직업 적응과 직무 기능 향상을 돕는 직업재활시설은 전국에 15곳 정도에 불과하다. 이런 사정상 시설

이 없는 지역에 사는 정신장애인은 수도권으로 '유학'을 떠나기도
한다.

직업재활시설을 좀 더 빨리 늘리지 못하는 이유는 예산이 부족
하고 지방자치단체가 무관심하기 때문이다. 현재 운영되고 있는
18곳은 모두 민간 시설이다. 정신건강복지법에 따르면 중앙정부
는 설치 비용을 일부 지원하되 운영비는 지방자치단체가 감당하
도록 돼 있다. 홍정익 보건복지부 정신건강정책과장은 "지역 주민
들이 별로 좋아하지 않고 예산 문제가 걸려 있는 시설이라서 지방
자치단체가 확대하기를 원치 않는다"고 설명했다.

이런 현실에서 정신질환자 가족이나 전문가들 일부는 다른 장
애인을 위한 복지시설을 이용하도록 허락해야 한다는 주장도 제
기한다. 장애인복지법은 제15조에서 정신건강복지법의 적용을 받
는 사람(정신질환자)에 대해선 장애인 복지시설에서 주거 편의와
치료 같은 서비스를 제공하는 것을 금지하고 있다. 정신질환자로
서는 3426곳(2016년 기준)에 달하는 다른 장애인 복지시설을 이용
하고 싶지만 그림의 떡인 셈이다. 사회복지사 문경진 씨는 "정신
장애인을 위한 지역사회 인프라는 크게 부족한 상황이다. 장애인
복지법 제15조를 폐지함으로써 해법을 구해야 한다"고 주장했다.

하지만 보건복지부는 논란이 되는 법 조항을 폐지하기는 어렵
다는 입장이다. 정신건강복지법의 전신인 정신보건법이 1996년에
제정됐을 때부터 정신장애인을 따로 분류해와서 이미 정신장애
인과 다른 장애인 간의 전달 체계가 다르게 구축됐다는 설명이다.
신용호 보건복지부 장애인권익지원과장은 "장애인 복지시설 관계

자들이 정신장애인은 기존에 서비스하던 장애인과는 특성이 다르다는 이유로 부담스러워하는 것이 사실"이라며 폐지가 어렵다는 입장을 피력했다. 홍정익 과장은 "정신건강복지법의 보호를 받는 정신장애인은 전국 349곳에 달하는 정신재활시설을 활용할 수 있다. 법적 테두리 안에서 인프라를 확대하는 데 노력하겠다"고 말했다.

남성 보육교사

"남자가 큰 꿈을 꿔야지, 무슨 애 보는 일을 하냐", 편견에 우는 보육교사

"무슨 남자가 애들 콧물을 닦고 밥 먹이는 일을 해?"

경기도의 한 민간 어린이집에서 교사로 일하는 이정환(26세·가명) 씨는 2017년에 어린이집 취업을 준비할 당시 어머니에게 들었던 이 말을 잊지 못한다. 과거 수도권의 한 4년제 대학 유아교육학과에 진학할 때보다 가족의 반대가 더욱 거셌다. 부모님은 대학 재학 기간 내내 다른 적성을 찾으라며 전과를 권유했다. 그래도 아들이 고집을 꺾지 않고 보육교사를 하겠다고 진로를 결정하자 땅이 꺼질 듯 한숨을 내쉬었다. 재차 비수를 꽂았다. "남자가 큰 꿈을 꿔야지. 넌 야망도 없니?"

이씨는 고등학생 때부터 교회에서 유치부 교사로 활동하며 아이들과 스스럼없이 지냈다. 그 무렵 보육교사가 되겠다는 꿈을 품었고 그 뒤로 단 한 번도 그 꿈을 의심하지 않았다. 교회 아이들과 종이 접기를 하고 유아 찬송을 함께 부를 때 이씨는 가장 행복했다. 하지만 대학을 졸업한 뒤 어린이집에 취업하려고 문을 두드릴 때마다 이씨는 번번이 좌절했다.

1년여 동안 이력서 20여 통을 크고 작은 어린이집에 제출했지만 면접 기회라도 얻은 곳은 현재 근무 중인 어린이집이 유일하다. '남자 교사는 어딘가 모르게 불안하다'는 막연한 거절 이유가 들려왔다. 아이들을 사랑하고 진심으로 보살필 수 있다는 의욕은 그 누구에게도 뒤지지 않는다고 자신했지만 낙방이 계속되자 잠시나마 다른 길을 고민하기도 했다. 보육교사가 되겠다는 꿈이 못마땅한 부모님의 반대로도 모자라 취업 길까지 막히자 눈앞이 막막했다. 당시를 회상하던 이씨가 말했다. "내 성별이 아닌 교사로서의 능력으로만 평가받고 싶었지만 그게 쉽지 않더라."

매년 3월 유치원 입학철이 되면 이른바 맘카페 같은 육아 정보 관련 온라인 커뮤니티에는 '우리 아이가 다니는 유치원에 남자 선생님이 계시던데 괜찮을까요?'라는 글이 심심치 않게 올라온다. 부모들은 '여성 교사에 비해 섬세하지 못할 것 같다', '딸 키우는 입장에서 남자 교사는 왠지 마음이 놓이지 않는다' 같은 불안감을 토로한다. 입학식 내내 부모들의 따가운 시선을 한몸에 받는 남자 교사는 괜히 죄인이라도 된 것 같은 기분이 든다.

이렇다 보니 어린이집이나 유치원을 운영하는 원장에게 남자 교사를 고용하는 건 모험이자 도전이다. 남자 교사가 가진 장점을 분명 알고 있지만 부모들이 의심스러운 눈초리로 뒤돌아 한 번 더 쳐다보는 상황에서 굳이 고용하고 싶지 않다는 기관장도 많다. '남자가 무슨 애 보는 일을 하냐' 같은 사회적 편견에도 모자라, 남자라는 이유 하나만으로 취업의 문턱에서까지 좌절하는 것이다.

　국내 어린이집과 유치원에서 근무하는 남성 교사는 거의 천연기념물 수준으로 드물다. 교육계의 여초女超 현상은 어제오늘의 일이 아니지만, 교사가 교육은 물론 보육의 역할까지 해야 하는 어린이집과 유치원의 경우 남성 교사는 그야말로 가뭄에 콩 나듯 존재하는 실정이다.

　보건복지부의 '보육통계'에 따르면 2019년 12월 말 기준 국내 어린이집(국공립과 민간 모두 포함)에서 일하는 남성 보육교사의 수는 1326명이다. 전체 보육교사(23만 8647명)의 0.5퍼센트에 불과하다. 정부가 보육 서비스의 질을 높이기 위해 수년간 어린이집을 확충해오면서 보육교사의 수는 2015년 22만 9116명에서 2018년 26만 6882명으로 4만 명 가까이 늘었다. 하지만 이 기간 남성 교사는 반대로 500명 가까이 감소했다. 어린이집보다 사정이 낫다지만 유치원도 남자 교사를 찾기 힘든 건 마찬가지다. 2018년 전체 유치원(국공립과 사립 모두 포함) 교사 5만 4892명 중 남자는 고작 1.7퍼센트(941명)에 불과했다.

　국내 대학에서 유아교육학이나 아동학 등을 전공한 남성 졸업자가 배출되기 시작한 시기는 1980년대 중후반으로 알려져 있다. 진학 자체를 꺼리는 탓에 전공자가 소수이기도 하지만 취업이 쉽지 않은 것도 남자 보육교사의 수가 적은 이유로 꼽힌다. 2018년 경기 성남의 한 사립유치원에서 근무했던 강수일(25세·가명) 씨는 최근 한 직장 안 어린이집으로 이직을 하려다가 황당한 일을 겪었다. 1년 동안 유치원에서 쌓았던 경험을 토대로 서류와 면접 전형을 모두 통과했다. 그런데 새 출근 날만 기다리던 중 원장에게서 갑작스레 '입사 취소' 통보를 받은 것이다. 어린이집 학부모위원회에서 '남자 교사를 채용해서는 절대 안 된다'라는 의견이 나왔다는 게 이유였다. 강씨는 "아이들과 부모님들에게 교사로서 자질이나 장점은 하나도 보여주지 못했다. 내가 어떤 사람인지 대화라도 한번 나눠봤다면 그나마 덜 아쉬웠을 것이다"고 털어놨다.

강수일 씨처럼 기관장에게 교사로서의 가능성을 인정받는 경우는 그나마 사정이 나은 편이다. 애당초 남자 교사는 채용하지 않는다고 선을 긋는 기관장도 많다. 부모들의 부정적인 여론을 의식하지 않을 수 없어서다. 서울 은평구의 한 민간 어린이집 원장 A씨 (47세)는 "야외 체험 학습이나 체육 활동처럼 남자 교사가 아이들과 지내면 도움이 될 때가 많다. 여자 교사보다 섬세하고 다정한 남자 교사도 많다. 하지만 부모님들의 반응을 생각하면 채용이 망설여지는 건 사실"이라고 귀띔했다. "한 번이라도 남자 교사를 경험해본 부모님은 만족도가 높지만, 남자 교사 자체가 익숙하지 않다 보니 대부분 꺼리는 게 사실이다."

남자 교사 입장에선 아이들과 지내는 현장에서 겪는 고충도 적지 않다. 특히 여자 아이가 화장실을 사용해야 할 때 남자 교사로서 가장 큰 애로를 겪는다. 영아의 기저귀를 갈아주거나 배변 교육이 필요한 유아가 있을 때만큼은 동료 여교사의 손을 빌리는 경우가 많다. 서울 마포구의 한 민간 어린이집에서 2년째 일하는 교사 김 모(26세) 씨는 "지금까지 기저귀 갈이는 남자 아기만 대상으로 해왔다. 소변 실수를 하거나 음식물을 흘려 급히 옷을 갈아입힐 때를 제외하고는 여자 아기의 기저귀는 동료 여교사에게 부탁한다"고 했다.

경기도의 한 사립 유치원에서 근무하다 현재 휴직 중인 이 모(26세) 씨도 비슷한 사정을 털어놨다. "학기 초에 한 여자 아이의 어머니한테 '선생님이 화장실도 같이 가시는 건 아니죠?'라는 말을 들었다. 원장 선생님도 처음부터 (학부모들한테서) 말이 나오지 않게 화장실 문제는 다른 여자 선생님에게 부탁하라고 당부했다. 배변 교육도 교육의 일부이지만 남자 교사는 스스로 조심스러워할 수밖에 없다."

이런 상황을 접하다 보면 남자 교사 스스로 움츠러들게 된다. 영유아는 놀이나 생활 습관을 지도하는 과정에서 교사의 신체적인 스킨십이 필요할 때가 많은데, "세상이 워낙 흉흉해서", "여자 아이의 부모는 더 불안해한다" 같은 말을 듣는 남자 교사로선 본의 아니게 위축돼 소극적으로 행동하게 된다. 담임교사를 할 수 있는 상황에서도 부모들의 시선을 감안해 부담임 격의 보조 교사를 자청하는 경우도 있다고 한다. 체격이 크거나 인상이 강하면 처음엔 아이들도 무서워하는 경향이 있어 외모에 대한 고민도 생긴다. 남자 교사가 학기 초반을 가장 힘들어하는 이유도 이때가

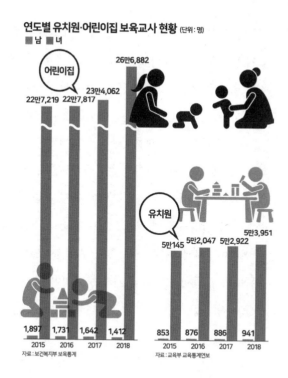

연도별 유치원·어린이집 보육교사 현황 (단위: 명)
■ 남 ■ 녀

어린이집
22만7,219 22만7,817 23만4,062 26만6,882

유치원
5만145 5만2,047 5만2,922 5만3,951

1,897 1,731 1,642 1,412
853 876 886 941
2015 2016 2017 2018
자료 : 보건복지부 보육통계
자료 : 교육부 교육통계연보

첫인상부터 시작해 자신을 향한 '미심쩍은 시선'을 극복해야 하는 시기이기 때문이다.

아이들은 물론 부모들의 신뢰까지 얻기 위해선 여자 교사보다 두세 배 더 노력해야 한다고 이들은 털어놓는다. 강수일 씨도 "잠재적 범죄자로 인식되는 것 같아 기분이 좋지 않지만 아동 및 미성년자 대상의 성범죄 같은 불미스러운 사건이 뉴스에 오르내리면 아무래도 더 조심스러워지는 게 사실"이라며 한숨을 내쉬었다. "처음부터 남자 교사를 신뢰하는 원장이나 학부모는 없는 것 같다. 원장도 채용하고 일단 지켜보자는 식으로 나오니까 행동 하나하나에 더욱 신경이 쓰인다."

물론 자신만의 장점을 살려 이 같은 우려를 보란 듯이 잠재우는 인기 만점의 남자 교사도 많다. 2019년 3월 서울의 한 공립 유치원에 임용된 초임 교사 김태영(27세) 씨는 "남자 교사가 아무래도 활동적으로 놀아줄 때가 많아 아이들이 더 쉽게 다가오는 것 같다. 아이들 서너 명이 한꺼번에 매달리기도 한다"며 웃었다. "처음엔 남자 교사를 마냥 신기하게만 생각하던 부모님이 아이가 집에 와서 '유치원에서 김태영 선생님이 제일 좋다'는 말을 많이 한다는 얘기를 전해줬을 때 정말 기분이 좋았다." 서울 마포구의 한 공립 어린이집에서 3년째 근무 중인 교사 차경열(25세) 씨는 "남자는 무뚝뚝하고 섬세하지 못할 거라는 편견이 많은데 아기자기한 교구를 직접 만들고 그림도 잘 그리니 이제는 부모님들이 더 좋아한다"고 말했다.

하지만 갈 길은 멀다. 여전히 '○○대학교 유아교육학과의 유일한 남학생'이 되기까지 가족의 우려와 반대라는 걸림돌을 뛰어넘어야 하고, '○○유치원의 유일한 남자 교사'가 되기까지 편견과 따가운 눈총을 이겨내야 한다. 그럼에도 분명한 건 남녀 교사 모두를 통해 아이는 성별 역할에 대한 균형 잡힌 시각을 가질 수 있다는 점이다. 또 보육이나 유아교육 분야에서 나타나는 극심한 여초 현상은 아이를 돌보는 건 '마땅히 여성의 몫'이라는 잘못된 인식을 심어줄 수 있다는 점에서 반드시 해결해야 하는 문제이기도 하다.

가정에서 엄마에 비해 아빠의 역할이 부족하거나 아빠라는 개념 자체가 없는 아이에게 남자 교사는 좋은 모델이 될 수도 있다. 차경열 씨는 "최근 한부모 가정도 빠르게 늘어나는 추세라 아빠의 보호나 사랑을 받지 못하는 아이가 많다. 완벽하지는 않지만 남자 교사가 그 빈자리를 채워줄 수도 있다고 생각한다"고 했다. 광주 방림유치원에서 1년째 일하고 있는 교사 임정섭(27세) 씨도 "교사는 가정에서의 엄마 역할뿐 아니라 아빠 역할도 함께 해야 하므로 남자 교사가 지금보다 더 많아질 필요가 있다"고 말했다.

월 급여 160만~185만 원, 처우 개선하고
'육아는 여성의 일'이라는 인식도 바꿔야

　돌봄 노동에 남성보다 여성이 압도적으로 많이 참여하는 건 비단 우리나라뿐만은 아니다. 독일과 노르웨이, 프랑스 등 유럽 선진국이나 미국에서도 남성 보육교사 비율은 한 자릿수에 불과하다. 영유아기에 모성의 역할이 더 필요하다는 인식은 전 세계적으로 다르지 않은 셈이다. 하지만 남성 보육교사 비율이 전체의 1퍼센트도 채 안 되는 심각한 불균형이 국내에서 유독 도드라지는 이유는 돌봄 노동의 열악한 처우 때문이라는 지적이 나온다.

　2019년 기준 어린이집과 유치원에서 일하는 신규 교사(1호봉)의 월 급여는 160만~185만 원에 불과하다. 이마저도 국공립에만 해당되는 금액이다. 원장과 직접 계약해 급여를 협의하는 민간 어린이집 및 사립 유치원에서 일하는 교사 중에는 최저임금에 미치지 못하는 급여를 받는 경우도 많다. 국공립과 사립 같은 설립 유형

광주 방림유치원의 교사 임정섭 씨가 교실에서 아이들과 수업에 한창이다. 1986년 광주시교육청 개청 이래 첫 공립 유치원 남자 교사인 그는 "유치원 교사는 아이들에게 엄마, 아빠 역할 모두를 해야 하는 만큼 교직 사회에 남자 교사가 더 많아질 필요가 있다"고 말했다. **사진 임정섭**

을 막론하고 보육(교육) 기관의 처우는 열악하다고 할 수 있다. 이런 처우는 여성보다 일반적으로 가정 부양의 부담을 더 많이 느끼는 남성을 끌어들일 유인이 되지 못한다. 서울의 한 사립 유치원에서 일하는 교사 김 모(25세) 씨는 "지금이야 젊으니까 가능하지만 200만 원이 채 안 되는 월급으로는 결혼 후에도 계속 일하기는 힘들지 않을까 싶다"고 털어놨다.

이처럼 보육교사의 저임금 근로조건은 돌봄 노동을 저평가하는 사회 분위기와도 맞닿아 있다. 박원순 육아정책연구소 부연구위원은 이렇게 내다봤다. "남성 인력이 많이 몰리는 직업군은 대부분 고임금으로 처우 수준이 높은 경우가 많다. 보육 서비스 직종의 열악한 처우는 남녀 교사 모두에게 해당되는 문제이지만 이를 개선하지 않고는 남성 인력을 끌어들이기는 쉽지 않을 것이다."

아이를 돌보고 교육하는 일은 여성의 몫이라는 가부장적 인식도 시급히 개선해야 한다. 과거에 비해 육아에 참여하는 남성의 비율이 높아졌다고 하지만 아직 갈 길은 멀다. 고용노동부의 육아휴직자 추이 통계에 따르면 국내에서 육아휴직을 낸 남성은 2014년 3421여 명에서 2019년 2만 2297명으로 5년 사이 6.5배 늘었지만, 전체 육아휴직자 가운데 남성이 차지하는 비율은 21.2퍼센트에 불과하다. 남성이 유아교육 관련 학과에 진학하는 것조차 꺼리는 것도 '육아는 여성의 일'이라는 뿌리 깊은 고정관념 탓이 크다. 유치원 교사 임정섭 씨는 "유아교육 관련 일을 하고 싶어도 여자가 많은 분야라는 이유만으로 지원 자체를 포기하는 경우도 많다"고 말했다.

아이의 성장과 발달 과정에 남녀 모두의 역할이 필요하다는 인식이 자리 잡을 때 남자 보육교사의 수도 늘어날 것이다. 김낙흥 중앙대 유아교육학과 교수는 "아이의 전인적 발달을 위해서라도 남자 교사의 역할은 보육 및 교육 현장에서 반드시 필요하다"고 지적했다.

중도입국 청소년

> "엄마 사는 나라에 살려고 왔는데…
> 편입학 힘들어 학교도 못 가요"

"외국 사람이 왜 영어도 못 해?"

중국 국적인 조선족 출신 지희영(16세·가명) 양은 2018년 학교에서 건강검진을 받았을 때를 생각하면 지금도 얼굴이 붉어진다. 의사가 물어본 질문을 이해하지 못해 "저, 외국 사람이에요"라고 말했더니 의사는 지양에게 면박을 줬다. 주위에 친구들이 있는 곳에서 나이 지긋한 의사에게 핀잔 아닌 핀잔을 들은 지양은 아무 말도 하지 못하고 돌아섰다. 지양은 지금도 그 의사의 질문을 정확히 모른다. 본인이 이해하지 못한 단어가 영어 의학 용어였던 것 같다고 짐작할 뿐이다. 지양은 한국어를 배우고 있지만 한국인이 일상에서 자주 쓰는 외래어를 잘 모른다면서 이렇게 말했다. "말(대꾸)을 못 했어요. (지금도) 너무 화가 나요."

중국 지린성에서 할머니와 단둘이 살았던 지양은 2018년 1월 할머니와 함께 한국에 왔다. 지양이 세 살쯤 됐을 때부터 돈을 벌기 위해 한국으로 온 아빠와 함께 살기 위해서다. 아빠 그리고 자매처럼 가까운 고모와도 같이 살게 된다는 게 기뻤지만 한국 사회는 지양에게 호의적이지만은 않았다. 건강검진 당시의 의사처럼 지양의 서툰 한국어를 듣고는 거리낌 없이 차별적 시선을 보내는 이들이 적지 않았다. 어린 지양에겐 마땅히 대응할 방법이 없었다.

한국에서 재혼한 엄마와 같이 살기 위해 2018년 한국으로 온 중국 국적의 박정길(17세·가명) 양은 입국하고 한동안은 답답한 하루하루를 보냈다. 한국어를 전혀 못 했던 박양은 처음 두세 달은 거의 집에만 있었다. 박양은 "말도 못 하고 (동네 지리도) 잘 모르니까 무서웠다"고 당시 감정을 털어놓았다. 한집에서 엄마와 재혼한 아저씨도 같이 살다 보니 잘 모르는 사람과 같이 있는 게 어색하고 불편했지만, 밖에 나가고 싶어도 집 밖 세상에 대한 두려움이 컸다. 자신의 서툰 한국어를 듣고 나서 상대방의 표정이나 목소리가 변한 사건 하나하나가 박양의 마음에 생채기를 냈다.

지양과 박양처럼 외국에서 태어나서 성장하다가 학교를 다닐 시기(학령기)에 부모를 따라 한국에 온 '중도입국 청소년'이 늘고 있다. 중도입국 청소년은 대개 한국인 배우자와 재혼한 아버지 혹은 어머니를 따라 한국에 왔거나, 국제결혼 가정에서 태어난 자녀 중 외국인 부모의 본국에서 성장하다가 들어온 경우를 말한다. 또 외국인 이주 노동자(조선족과 고려인 등 포함)가 입국하고 일정 기간이 지나 본국에 있는 자녀를 데려온 경우도 중도입국 청소년에 포함된다.

즉 다문화 학생은 초·중·고교에 재학 중인 국제결혼 가정 출신 학생과 외국인 가정 출신 학생을 말하고, 국제결혼 가정 학생은 국내 출생 학생과 해외에서 태어나 부모를 따라 입국한 중도입국 학생으로 구분된다. 교육부가 발표한 '2020년 교육기본통계' 결과에 따르면 2020년 4월 1일 기준 다문화 학생 수는 14만 7378명으로 전체 학생의 2.8퍼센트에 해당하며 2012년(4만 6954명)에 조사를 시작한 이후 꾸준히 늘고 있다. 학생 100명 중 3명가량이 다문화 학생인 셈이다. 다문화 학생 중에선 국제결혼 가정의 국내 출생이 77.2퍼센트(11만 3774명)로 가장 높고, 외국인 가정이 16.6퍼센트(2만 4453명), 국제결혼 가정의 중도입국이 6.2퍼센트(9151명)다.

그런데 한국청소년정책연구원 등 연구 기관에 따르면 중도입국 청소년 중 학교에 다니지 않는 경우가 30퍼센트가 넘는다. 외국인 가정의 자녀 수(국내외 출생 모두 포함)가 2만 4453명(2020년 교육기본통계)에 달하는 점 등을 고려하면 현재 중도입국 청소년의 수는 3만 명을 훌쩍 넘을 것으로 추정된다.

이들은 한국에서 태어나 한국 문화에 익숙한 다문화 가정 자녀와는 달리 한국어조차 익숙하지 않은 경우가 대부분이다. 서툰 한국어는 한국 사회에 적응하는 데 가장 큰 걸림돌이 된다. 2018년 한국청소년정책연구원이 실시한 설문 조사에 따르면 중도입국 청소년(832명) 3명 중 1명(36.5퍼센트)은 최근의 삶에서 가장 큰 고민이 무엇이냐는 질문에 '한국어 실력'을 꼽았다. 이들 중 절반

(49.9퍼센트)은 한국에 오기 전에 준비한 것이 특별히 없다고 응답했다.

입국하고 초반에 한국어 공부를 제대로 하지 못하면 학업을 이어가지 못하거나 적절한 진로를 찾지 못하게 될 가능성이 높아진다. 당연히 성인이 됐을 때 사회경제적 취약 계층이 될 확률도 커진다. 중도입국 청소년을 지원하는 서울시·현대차정몽구재단 서울온드림교육센터의 김수영 센터장은 "중도입국 청소년은 부모와 함께 사는 것만 생각하고 한국 생활에 대해서는 사실상 준비 없이 오는 경우가 대부분"이라고 설명했다. "성인 이주자와는 달리 비자발적으로 한국에 온 경우가 대부분이라 한국어는 물론 한국 문화에 대해서도 잘 알지 못하는 아이들이 많다."

심리적, 정서적 차원에서도 중도입국 청소년은 다른 다문화 가정 자녀와는 다른 상황에 놓여 있다. 한국에 미리 와 있던 부모와 장기간 떨어져 살아온 경우가 많아 고향을 떠나온 외로움이 쌓여 있는 데다, 예민한 청소년기에 한국 생활을 하면서 겪는 차별로 마음의 상처까지 더해지기 쉽다. 이런 점에서 한국 사회 안으로 들어오지 못하고 어디에도 기댈 곳 없이 겉돌게 될 여지가 한국에서 태어난 다문화 가정 청소년보다 더 크다. 오성배 동아대 교육학과 교수는 "짧은 인생에서 많은 부침을 겪은 중도입국 청소년을 다문화 가정 자녀와는 다른 관점에서 보고, 심리적·정서적 부분까지 고려해 지원할 필요가 있다"고 했다. 현재까지 중도입국 청소년은 다문화 가정이나 '이주배경 청소년'(다문화 가정, 난민, 미등록 아동, 외국인 노동자의 자녀 등을 포괄한 용어)과 관련한 정책을 논의할

서울온드림교육센터는 고려대학교 안암병원 꿈씨(KUM-C)봉사단과 함께 2018년 8월 중도입국 청소년 60명에게 순회 진료 서비스를 제공했다. **사진 서울온드림교육센터**

때 곁가지 주제로 취급돼왔다.

전문가들은 가장 큰 문제로 교육권 보장을 꼽는다. 학교를 다닐 나이인데 학교에 가는 일조차 만만치 않다는 설명이다. 베트남에서 중학교를 졸업하고 2019년 6월 한국에 온 탐(16세·가명)은 아직까지도 한국 학교에 편입학하지 못했다. 편입학에 필요한 재학(졸업)증명서와 성적증명서 등을 베트남에서 발급받아 와야 하는데 상황이 여의치 않아서다. 한국인 남성과 결혼한 엄마는 일을 하는 한편 새아버지와의 사이에서 낳은 남동생도 키우고 있어서 베트남에 가 필요한 서류를 떼 올 여력이 없다. 탐은 "친구들처럼 학교에 가고 싶다"고 하지만 지역사회 센터에서 하루에 2시간 정도 한국어 수업을 듣는 것으로 만족해야 하는 상황이다.

탐처럼 학교를 다니지 않는 중도입국 청소년의 비율은 꽤 높다. 한국노동연구원이 2014년에 실시한 조사에 따르면 중도입국 청소년(만 15~24세)의 37.7퍼센트가 취업도 하지 않고 학교도 다니지 않는 '니트' 상태인 것으로 파악됐다. 한국청소년정책연구원의 조사에서도 공교육 제도 밖에 있는 중도입국 청소년 비율이 30퍼센트 수준으로 집계됐다.

게다가 재학 중인 중도입국 청소년의 22.8퍼센트(4명 중 1명)는 한국에 와서 입학할 때까지 걸린 시간이 1년이 넘었다. 한국어 수업을 먼저 받아야 하는 이유도 있지만, 앞서 말했듯이 필요한 서류를 갖추는 데도 많은 시간이 소요되기 때문이다. 중앙정부(교육부)를 통해 증빙 서류를 발급받거나 온라인으로 서류 신청을 할 수 없는 국가가 많고 직접 해당 학교에 가야 관련 서류를 받을 수 있는 경우가 대부분이라 서류를 마련하는 것부터 난관이다.

그나마 의무교육인 중학교까지는 거주증명만으로도 입학을 허용하되 해당 학생의 학력을 증명할 서류(졸업증명서 등)가 없다면 학력심의위원회를 열어 학생을 몇 학년에 배치할지를 파악하도록 하는 제도가 존재한다. 하지만 잘 활용되지 않는 실정이다. 강은이 시흥시건강가정·다문화가족지원센터 센터장은 "입학 신청을 받은 학교장이 학력심의위원회 개최를 신청해야 하지만 번거롭기 때문인지, 제도를 아예 모르기 때문인지 서류가 없다며 입학을 거부하는 경우가 많다"고 말했다. 여기에는 한국어가 미숙한 중도입국 청소년을 받을 환경이 조성되지 못한 탓도 있다. 교육부가 일반학교에 다문화 학생을 대상으로 한국어를 가르치는 특별 학급

중도입국학생 포함 다문화학생 현황 (단위 : 명, 매년 4월1일 기준)

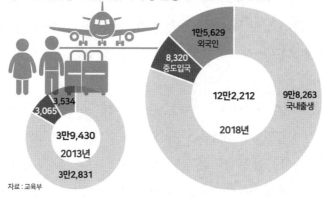

1만5,629
외국인

8,320
중도입국

12만2,212

9만8,263
국내출생

2018년

3,534

3,065

3만9,430

2013년

3만2,831

자료 : 교육부

2018년 중도입국청소년 대상 설문조사 주요 결과 (단위 : %)
● 한국에 입국하기 전 부모님과 떨어져 지낸 기간

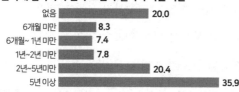

없음	20.0
6개월 미만	8.3
6개월~ 1년 미만	7.4
1년~2년 미만	7.8
2년~5년미만	20.4
5년 이상	35.9

● 한국에 오기 전 준비사항

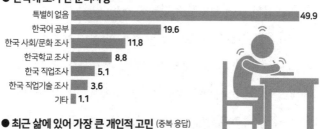

특별히 없음	49.9
한국어 공부	19.6
한국 사회/문화 조사	11.8
한국학교 조사	8.8
한국 직업조사	5.1
한국 직업기술 조사	3.6
기타	1.1

● 최근 삶에 있어 가장 큰 개인적 고민 (중복 응답)

저연령(17세 이하)		고연령(18세 이상)
40.1	한국어실력	32.1
16.7	진로문제	29.0
14.3	고민없음	7.1
7.9	돈 문제	15.6
6.4	외로움	1.1

자료 : 한국청소년정책연구원

인 '한국어학급'(2018년 190개 학급)을 개설해 운영하도록 하고 있지만, 이런 학급도 없는 학교는 학생 지도에 틀림없이 어려움을 겪을 것이라는 생각에 미리 입학을 거부하는 것이다.

한국어가 서툴러서 학교에 갈 엄두를 내지 못하거나 학업보다는 돈을 벌겠다고 선택하는 아이도 물론 있다. 하지만 그런 경우에도 지역 기관 등에서 한국어 공부를 하고 1년 이상 한국 생활을 하다 보면 상당수가 학교로 돌아가고 싶어 한다. 여기에는 또 학교로 돌아가지 못하고 좌절하는 여러 이유가 존재한다. 즉 부모의 체류 자격에 따라 짧게는 90일마다 본국에 다녀와야 하는 등 불안정한 체류 지위로 인해 학업을 지속하지 못하는 경우, 어려운 가정 형편이나 부모의 무관심 탓에 학교에 가지 못하는 경우가 있다. 베트남 국적인 뚜언(13세·가명)은 한국에 온 지 1년 가까이 됐지만 아직까지 학교에 가지 못하고 있다. 한국어가 서툰 친엄마와 교육에 관심이 없는 새아빠가 방임한 경우다.

전문가들은 편입학의 문턱을 낮추고 한국어 교육을 확대하는 등의 대책부터 강구하고, 부모를 상대로 홍보하고 교육해야 한다고 조언한다. 낯선 사회에 적응하려면 소속감을 갖는 게 매우 중요하고 학교가 그 역할을 할 수 있으므로, 중도입국 청소년을 공교육 제도 안으로 끌어들이는 것부터 시작해야 한다는 것이다. 물론 이들이 학업을 유지하면서 한편으로 적극적으로 진로 탐색을 할 수 있도록 총체적인 지원도 필요하다.

독일의 경우 450개 이상 기관이 연합한 JMD(Jugendliche mit

Migrationshintergrund, 이주배경 청소년)라는 시스템을 통해 이주배경 청소년에게 학습과 직업, 사회 통합 측면에서 다양한 지원을 제공하는 전문적인 상담을 진행한다. 베를린 안에만 16곳의 사무소를 두고 있는데 이들은 기독교공동체, 자유공동체, 노동자복지협회 등에 소속돼 있다. 이처럼 다양한 관련 단체 연합과 교류하면서 이주배경 청소년이 사회 구성원으로서 성장할 수 있게 사회 안으로 끌어들이는 역할을 맡는다.

이주배경 청소년을 지원하는 무지개청소년지원센터의 이해령 초기지원팀장은 "학교를 쉰 경험이 있는 중도입국 청소년은 내가 왜 공부를 해야 하는지 혹은 앞으로 어떤 직업을 갖고 살지를 고민하지 않는 경우도 많다"고 했다. "그렇기 때문에 이들에게 동기부여를 하면서 학업과 진로 탐색을 이어가도록 지원할 체계가 필요하다." 이 같은 지원 체계의 사각지대가 커지면 미래 우리 사회 안의 갈등도 심화될 수밖에 없다. 오성배 교수는 "중도입국 청소년 중 30퍼센트 이상이 '니트' 상태로 남아 있는 것은 개인의 문제가 아니라 우리 사회 전체의 문제"라고 지적했다. 배타적 시선보다는 우리 사회와 함께 성장할 잠재력 있는 구성원으로 중도입국 청소년을 포용하고 상생할 방법을 찾아야 할 때라는 조언이다.

부처별 실태 파악 기준 통합하고,
국적 상관없이 모든 청소년 보듬어야

중도입국 청소년을 지원할 정책을 마련하는 데 가장 시급한 것은 실태 파악이다. 하지만 중도입국 청소년에 대한 명확한 기준도 아직 정립된 것이 없다. 여성가족부는 한국보다 외국에서 더 오래 성장한 자녀(만 9~24세)라는 기준으로 다문화 가정 현황을 조사할 때 그 수를 집계하고, 교육부는 다문화 교육 지원 계획을 세우기 위해 초·중·고교 재학생 중 국제결혼 가정의 중도입국 자녀 수를 매년 조사하는 등 부처별로 각기 다른 기준으로 파악하고 있다. 법무부 역시 결혼 이민자의 이전 혼인관계에서 출생해 입국한, 외국인 등록을 한 귀화 미성년 자녀(만 18세 이하)를 중도입국 청소년으로 집계하고 있다. 그러다 보니 외국인 노동자의 자녀라든가 학교 밖 중도입국 청소년 등을 포함한 정확한 수를 파악하지 못해 추정치만 나올 뿐이다. 서광석 인하대 이민다문화정책학과 교

부처별 중도입국청소년 관련 개념정의

부처	명칭	주요 개념
여성가족부	외국성장자녀	한국보다 외국에서 더 오래 성장한 자녀(만9세 이상~24세 이하)
교육부	중도입국학생	국제결혼가정 자녀 중 중도입국해 초·중·고등 학교에 다니는 학생
법무부	중도입국자녀	한국으로 결혼이민 온 이민자의 이전 혼인관계에서 출생, 입국해 외국인등록 및 귀화한 미성년자녀(만18세 이하)

자료 : 각 부처

수도 "중도입국 청소년을 포함한 이민자 관련 정책은 장기적으로 봐야 하고 부처 간의 협업 체계가 필수적이지만, 현재로선 부처별 칸막이가 견고하다"고 지적했다.

중앙정부 안에서는 물론이고 중앙정부와 지역사회 간에도 원활한 소통이 이뤄져야 실질적인 지원책이 나온다. 특히 정부는 내부 소통에서 더 나아가 현재 지역사회마다 운영 중인 각종 지원기관 등과 연계해 실태 조사를 하고 지원책을 펼쳐야 중도입국 청소년에 대한 접근성을 높일 수 있다. 이를 위해 이주배경 청소년을 위한 지원 정책을 총괄하는 정부 조직이 필요하다는 목소리도 있다. 배상률 한국청소년정책연구원 연구위원은 "부족한 한국어 실력과 불안정한 체류 지위 등이 학업과 진로 문제로 연결돼 한국 사회에 적응하지 못하는 결과를 낳는다. 이렇게 복잡한 요인들을 함께 풀어가려면 컨트롤타워가 필요하다"고 했다.

물론 사회 인식의 변화도 중요하다. 사회 저변에 깔린 편견이 이들이 온전히 정착하지 못하는 걸림돌이 되고 있다. 학교에 다니지 않는 베트남 출신의 중도입국 청소년 A군(18세)은 청소년 교통카드로 지하철을 타다가 역무원에 붙잡힌 적이 있다. 김수영 서울온드림교육센터장은 "학교에 다니지 않는데 청소년 카드를 사용했으니 요금의 수십 배를 물어야 한다며 한국어도 서툰 아이를 붙잡고 역무원이 화를 내고 있었다"고 전했다. 외국인에 대한 편견에 사로잡혀, 해당 학생이 청소년이 아닌데 거짓말을 한다고 봤던 것이다. 배상률 연구위원은 "한국은 유엔아동권리협약 가입국으로, 국적과 상관없이 모든 청소년은 우리 사회 안에서 건강하게 성장할 기본 권리가 있다"고 했다. "이들이 우리 사회의 인재로 성장하도록 지원 정책에 대해 고민할 시점이다."

장애인의 비장애 형제자매

"장애인을 둔 가족과 혼사 꺼린다는 말에, 7년 만난 남자친구와 헤어졌어요"

"힘들다고 말하면 (동생을) 탓하는 것 같지 않나. 힘들다는 말이나 생각만으로도 죄책감이 드니까 힘들어도 '내가 더 잘해야지' 하면서 넘어간다."

박혜연(27세) 씨는 어린 시절을 돌아봤다. 세 살 터울의 남동생은 마음에 들지 않는 일이 생기면 말로 표현하지 않고 머리를 바닥에 찧으며 막무가내로 울곤 했다. 그런 동생의 행동이 이상하기는 했지만 아무도 그에게 동생이 자폐성장애가 있다거나, 그것이 어떤 장애인지 설명해주지 않았다. 시간이 흘러 동생의 장애를 알게 된 박씨는 '착한 아이'가 되기로 했다. 부모님이 자신보다 동생을 더 신경 써서 돌보는 것은 당연하다고 생각했다. 주변 어른들도 그에게 "너라도 엄마한테 잘해야 한다"고 당부했다. 드러내놓고 얘기하지는 않지만 동생의 장애를 말하는 것임을 박씨는 짐작했다.

어느 순간부터 착한 아이는 거짓말쟁이가 됐다. 부모님에게 자신만큼은 짐이 되고 싶지 않았기에 힘들거나 어려운 일이 있어도 무조건 "괜찮다, 좋다"고만 했다. 초등학교 5학년 때 학교에서 따돌림을 받을 때도 집에는 꼭꼭 이 사실을 숨기다 한 학기가 다 지나서야 털어놨을 정도였다. 박씨는 그렇게 씩씩하고 당차며 무엇이든 다 잘하는 'ㅇㅇ이 누나'로 성장기를 보냈다.

그러던 어느 날 스무 살이 넘어 엄마와 말다툼을 하던 중 자신의 입에서 생각지도 못했던 말이 흘러나왔다. "엄마가 쟤(동생)한테 하는 만큼 나한테 신경 써준 적 있어?" 그제야 박씨는 깨달았다. 사랑을 받지 못하고 크면서도 철든 줄 알았는데…. "고개만 돌려보면 나보다 더 힘든 애가 있고 또 고생하는 엄마가 있으니 나 자신에 대해선 늘 괜찮다고만 생각했다. 그런데 그게 아니었다. 내 안에 자신도 모르던 어떤 억울함이나 답답함이 있었던 것이다."

형제자매는 가장 오랫동안 지속되는 인간관계 중 하나다. 아동기에서 시작해 성인이 되고 나서도 계속 영향을 미친다. 발달(지적·자폐성) 장애인을 형이나 동생으로 둔 비장애 형제자매에게 이 관계는 더욱 특별하다.

보건복지부의 '등록장애인 통계'에 따르면 2000년 10만 6802명이었던 발달장애인은 2019년 두 배가 넘는 24만 2000명으로 껑충 뛰었다. 그리고 이들 자폐성장애(100퍼센트)와 지적장애(97.6퍼센트)를 가진 사람 거의 대부분은 일상생활에서 타인의 도움을 받는다

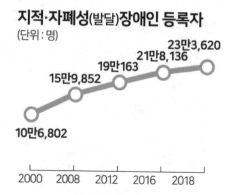

지적·자폐성(발달)장애인 등록자
(단위 : 명)

23만3,620
21만8,136
19만163
15만9,852
10만6,802

2000 2008 2012 2016 2018

(2017년 장애인 실태조사). 2014년에야 발달장애인의 인권을 보호하고 장애인과 가족을 위해 정부가 복지 서비스를 제공한다는 취지에서 발달장애인법이 제정됐지만, 돌봄은 여전히 가족의 몫이다. 자폐성장애인의 98.5퍼센트는 부모가 돌보고 있고, 지적장애인의 경우에도 부모(72.8퍼센트)가 대부분 도움을 줬다. 그다음으로는 형제자매(8.2퍼센트)였다. 자녀가 태어나 발달장애라는 진단을 받게 되면 부모는 재활치료 교육을 위해 아침부터 저녁까지 하루 종일 아이 곁에 붙어 있게 된다. 그 과정에서 비장애 형제자매는 상대적으로 '덜 아픈 손가락' 신세가 된다.

가족에게뿐 아니라 사회적인 관심도 적다. 비장애인 형제자매에 대한 현황 조사와 연구는 빈약하기 짝이 없다. 한국학술정보(KISS)에 따르면 장애인 본인이나 부모에 대한 학술 연구는 수만 건이지만 이들의 형제자매와 관련한 연구는 100여 건에 불과하다. 호주 출신으로 뇌병변장애가 있는 언니를 둔, 비장애인 형제자매 상담가인 케이트 스트롬에 따르면, 비장애 형제자매는 장애아에

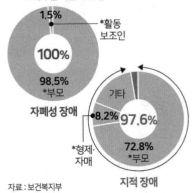

발달장애인 돌봄 유형 조사
(2017년 기준)

● 일생생활에서 타인의 도움을 받는다
*도와주는 사람의 유형

1.5%
*활동
보조인

100%

98.5%
*부모

자폐성 장애

기타

8.2% 97.6%

72.8%
*부모

*형제·
자매

지적 장애

자료 : 보건복지부

게 관심과 보살핌이 집중되는 사이 주위의 사랑과 관심이 필요한 어린 시절에 혼자 방치되었다는 소외나 우울감을 느낀다. 그 과정에서 자연스레 가질 수밖에 없는, 장애가 있는 형제자매에 대한 부정적인 생각 때문에 죄책감에도 사로잡힌다. 하지만 이들이 느끼는 소외와 분노, 우울, 두려움, 죄책감 같은 복잡한 감정은 언제나 부차적인 것으로 치부된다.

물론 박혜연 씨처럼 모두가 착한 아이가 되는 것은 아니다. 부모한테 상대적으로 소외됐던 기억 때문에 아예 가족이 없다고 여기며 살아가는 이도 있다. 지적장애 1급인 여동생이 있는 유문형 (32세·가명) 씨는 "초등학생 때 철없는 마음에 엄마한테 나도 장애인이었으면 좋겠다고 투정을 부렸다가 '넌 멀쩡하니 행복한 줄 알아라'는 꾸지람을 듣고 크게 혼났다"고 돌아봤다. "부모님은 동생을 돌보느라 바빠서 나와 하루에 한마디 말도 나누지 않는 게 보통이었다. 생일이나 어린이날, 크리스마스에도 선물을 달라는 말을 한 번도 하지 못했다." 유씨는 부모에게서 애정을 기대하지 않기로 결심하고 닥치는 대로 아르바이트를 해서 독립할 자금을 모았다. 그 후 집에서 멀리 떨어진 대학교에 진학했다. 그리고 가족과는 사실상 연을 끊었다. "부모님이 내게 해준 것이 없으니 내게도 무언가를 기대해선 안 된다고 생각한다. 사회생활을 하면서 만나는 사람들에게는 나 자신을 고아라고 소개한다."

가족 울타리 밖에서도 '장애인 가족'이라는 꼬리표가 비장애 형제자매를 따라다닌다. 성장 과정에서 상처를 남긴 것은 형제의 장애 그 자체보다는 주변의 부정적 시선과 태도였다고 이들은 입을 모은다. 일상적인 욕설인 'ㅇ신'이나 '(장)애자'라는 말에 장애인 본인보다 더 상처를 받기도 한다.

두 살 많은 오빠가 자폐성장애를 가진 대학생 송서원(25세) 씨는 어렸을 적부터 엄마에게 장애는 부끄럽거나 숨겨야 하는 대상이 아니라고 배워와서 주위에 오빠가 장애인이라는 사실을 감추지 않았다. 그런 송씨에게 잊히지 않는 차별의 기억이 있다. 송씨가 초등학교 3학년일 때 오빠가 장애인 등록을 하자 한 여자 아이가 "너희 오빠는 장애인 등록을 했으니 이제 공식적으로 바보가 됐다"라는 말을 한 것이다. 그 말에 눈물이 왈칵 쏟아지면서 대꾸조차 할 수 없었다고 한다. 송씨는 "그러자 그 아이가 '역시 바보의 동생이라 때리지도 못한다'고 하더라"며 씁쓸해했다.

주변의 시선이 이렇다 보니 인간관계를 맺을 때도 상대방이 장애에 대해 어떻게 이해하는지가 중요한 기준이 된다. 지나치게 시혜적이거나 동정적인 시선도 이들에게 불편하다. 취업준비생 고지유(22세·가명) 씨는 "중학생 시절 친구에게 오빠가 장애가 있다고 얘기했더니 너무 불쌍해하고 안쓰럽게 여기더라. 그 이후로는 어쩐지 그 친구를 전처럼 대하기가 어려웠다"고 말했다. "사람을 새로 사귀면 2~3년 지켜보다가 친해졌다는 생각이 들면 그때 가서 (오빠의 장애에 대해) 말하는데, 이야기를 꺼내기 전 반응에 따라 관계를 끊을 결심까지 한다."

상대방이 장애에 대한 편견과 부정적 시각을 갖느냐에 따라 이성 교제와 결혼 등에서 어려움을 겪거나 아예 포기하는 이들도 상당하다. 서울의 한 복지관에서 사회복지사로 일하는 이상훈(29세) 씨도 그런 경험을 했다. "누나의 경우는 7년 동안 만난 남자친구가 결혼을 앞두고 큰형의 지적장애에 부담을 느껴 '장애인 가족과 함께 살기 힘들 것 같다'고 얘기해 헤어진 적이 있다. 나도 전 여자친구가 같은 이유로 결별을 통보한 적이 있다." 윤미래(33세) 씨는 지적장애인인 여동생과 함께 살아가기 위해 비자발적으로 비혼주의를 택했다. "만약 배우자가 여동생과 함께 살아가는 것을 받아들인다고 해도 그 이후가 더 큰 문제다. 내가 먼저 죽기라도 하면 남편이 동생을 돌봐야 하는데 가능할지 모르겠다."

인생에서 중요한 선택의 기로에 놓일 때도 장애를 가진 형제자매의 존재는 영향을 준다. 장애인 가족으로 오랫동안 생활하면서

장애인 형제를 둔 비장애인 형제자매들이 한국일보에 모여 자신의 경험을 털어놓고 있다.
왼쪽부터 고지유 씨, 함소현 씨, 이상훈 씨. **사진 홍인기**

자연스레 관련 분야에 관심을 갖게 되고, 사회복지나 특수교육 같
은 방향으로 진로를 정하는 경우도 적지 않다. 이상훈 씨는 "성인
기 비장애 형제자매 모임을 16명 정도가 같이 하는데 나를 포함한
6명이 사회복지 관련 학과를 다니고 있다"고 했다. 사회복지학을
전공하고 있는 대학생 함소현(21세) 씨는 "일 자체가 나랑 잘 맞고
흥미가 있어서 진로를 결정했다. 물론 동생과 평생 살아가야 하는
데 전공 덕분에 동생의 삶을 더 이해할 수 있게 된 것은 사실"이라
고 말했다.

　직업을 선택할 때도 이들은 장애 형제의 존재를 의식할 수밖에
없다. 부모를 대신해 돌보고 부양해야 하는 것이 자신의 몫이라는
사실을 알기 때문이다. 함소현 씨는 "취업할 때도 정말 하고 싶은
일보다는 안정적으로 돈을 벌 수 있는 일을 선택할 것"이라고 했

다. "나는 자립할 수 있지만 장애를 가진 동생은 자립하는 데 시간이 걸리다 보니 도움을 줘야 한다는 생각을 늘 갖고 있다." 고지유 씨도 비슷한 얘기를 했다. "중학교 때 공부가 너무 하기 싫을 때면 '이러면 오빠를 먹여 살리지 못한다'고 스스로에게 목적의식을 불어넣곤 했다. 우리 사회에서 장애인이 가질 수 있는 일자리는 일할 시간도, 벌 수 있는 돈도 적다. 그래서 어느 정도 내가 도움을 줄 직업을 선택해 월급의 일정 부분을 오빠를 돌보는 데 쓸 예정이다."

형제자매의 버팀목이 돼온 부모님이 세상을 뜨면 어떻게 살아가야 할지 걱정하는 것도 이들의 공통된 고민이다. 이상훈 씨는 "부모님이 내겐 형을 걱정하지 말라면서 짐이 되지 않게 준비하고 있다고 하시지만, 실제로 들여다보면 부모님 역시 막연해하기는 마찬가지"라고 했다. "부모님이 당장 돌아가신다고 했을 때 앞으로 형제자매와 어떻게 함께 살아갈지는 장애 가족을 둔 우리 모두의 고민이다."

상황이 이렇지만 현재 한국에서 비장애 형제자매를 위한 복지 지원은 거의 없다시피 하다. 2019년 6월에 영유아보육법이 개정됨에 따라 장애인의 형제자매가 어린이집 우선 입소 대상이 된 게 지원이라면 유일한 지원이다. 보건복지부도 현재 다른 지원책은 검토하고 있지 않다.

장애 형제를 둔 비장애 형제라는 이유로 이들이 떠맡아야 할 부담은 예상보다 훨씬 무겁다. 사회적 편견이 개선되고 장애인을 위한 충분한 사회적 지원이 이뤄져야 이들의 어깨에 놓인 짐이 덜어질 것이다. 최복천 한국장애학회장은 "비장애인 형제에게 우리 사회 전반의 장애인에 대한 부정적인 시각은 장애 형제와 함께 살아가는 데 걸림돌이 된다"고 강조했다. "비장애 형제자매가 장애 형제의 부양자 및 옹호자의 역할을 충분히 감당할 수 있도록 장애인을 위한 다양한 지원 서비스를 먼저 확충해야 한다."

미국처럼 장애인의 노후 프로그램을,
주간보호서비스 늘려 형제자매 짐 덜어줘야

비장애 형제자매에게 장애를 가진 가족을 돌봐야 할 책임이나 의무가 있는 것은 아닌데도 장애 형제자매와 함께 살겠다고 결심한 이들이 있다. 그렇다 해도 구체적이고 현실적인 계획은 세워놓지 못한 경우가 많다. 어디서부터 어떻게 준비를 해야 할지 부모조차 딱 부러진 답을 주지 못한다.

반면 미국에서는 부모를 비롯한 가족 구성원이 미리 함께 장애인의 주거지와 생활 자금, 후견인 선정 등에 대한 의사결정을 하도록 돕는 프로그램을 개발해 장애인의 노후를 미리 준비할 수 있게 지원한다. 최복천 한국장애학회장은 "이 같은 프로그램을 우리나라의 가족 문화에 맞게 개발하고 적용해보는 것도 의미가 있을 것"이라고 했다.

본인의 사회생활도 있고 자기 가족도 부양해야 하는 비장애 형제자매는 함께 살더라도 하루 종일 장애 가족을 돌보기가 불가능하다. 이런 이유에서 활동보조인이나 주간보호서비스 등을 확대해야 한다는 목소리도 나온다. 자신이 회사에서 일하는 시간만이라도 형제를 믿고 맡길 수 있는 시설이 필요하다는 호소다. 아홉 살 많은 형이 지적장애 1급인 사회복지사 이상훈 씨는 "부모님이 돌아가신 후에는 내가 돌봐야 하는데, 내가 직업을 유지하면서도 형을 등·하원 시킬 수 있는 안정적인 공간이 생기기를 바란다"고 했다.

지방자치단체 내 시설이나 서비스가 부족해 장애인이 한 복지관에 1년부터 길게는 5년 정도 다니면 더 이상 이용할 수 없다는 점도 문제로 꼽힌다. 이 때문에 장애인이 갈 수 있는 시설을 이용하기 위해 마치 '메뚜기'처럼 거주지를 옮겨 다니는 가족도 있다.

함께 고민을 나누면서 의지하는 비장애 형제자매의 모임도 큰 도움이 된다. 장애인의 부모와 장애인을 형제자매로 둔 아동과 청소년을 위한 프로그램이나 캠프, 모임 등은 전국 복지관에서 진행되고 있으나, 정작 성인들은 마음을 터놓고 이야기할 기회를 얻기 어렵다. 현재 국내에 있는 성인기 비장애 형제자매 모임은 개인 차원에서 자발적으로 이뤄지는 것이 전부다. 이상훈 씨 역시 사회복지사로 일하면서 필요성을 느껴 2017년에 수도권에 거주하는 비장애 형제자매를 위한 모임 '희희낙락'을 만들었고, 매월 두 차례 모임을 정기적으로 갖고 있다. 이씨는 "몇십 년이 된 친구나 배우자, 가족에게도 차마 하지 못했던 얘기를 이 자리에서만큼은 누구의 눈치도 보지 않고 편하게 한다"고 했다.

정신장애인을 형제로 둔 2030 청년들의 자조 모임 '나는'은 서울과 부산에서 매월 한두 차례 모임을 진행하면서 대화와 글쓰기 등을 통해 누군가의 형제이기 전에 나 자신을 있는 그대로 긍정하는 법을 함께 나눈다. 2018년에는 대담과 장애인의 형제자매로서의 경험에 대해 쓴 원고를 엮어 〈나는, 어떤 비장애 형제들의 이야기〉라는 책도 펴냈다. 앞으로는 정신적인 연대뿐 아니라 장애인 형제의 보호자가 되기 위해 필요한 정책이나 제도에 대한 제언, 혹은 불합리한 장애인 지원 정책에 대한 목소리를 낼 계획도 갖고 있다. '희희낙락'은 카카오톡 오픈채팅방에서 '청춘들의 수다 희희낙락'을 검색하면 함께 이야기를 나눌 수 있다. '나는'은 홈페이지 (http://www.nanun.org)를 통해 참여가 가능하다.

정신장애인을 형제로 둔 2030 청년들의 자조 모임 '나는'의 홈페이지. **사진 홈페이지 캡처**

"부모한테 매 맞다가 죽고 싶다는 생각에 가출…
이젠 돌아갈 곳이 없어요"

　민수(19세·가명)는 일곱 살 때 처음 가출을 했다. 술만 마시면 사정없이 때리던 친아버지를 벗어나 새로운 가정에 입양된 지 40여 일 만이었다. "새 부모님을 만나면 매를 맞지 않아도 될 줄 알았는데 양부모님이 '네가 친아버지를 닮았다, 나쁜 버릇을 고쳐주겠다'며 때렸다. 매를 맞다가 죽고 싶다는 생각이 들어 처음으로 집을 나왔다."

　민수는 어린 시절의 자신을 '태도가 나쁜 아이'로 기억했다. 화가 나면 침을 뱉고 욕설을 했다. "친아버지가 하던 말과 행동을 그대로 따라한 것 같다. 양부모님한테 초등학생 시절 내내 혼나며 말버릇을 많이 고쳤다. 그렇게 감사한 부분도 있지만, 때때로 청소기를 집어 던지고 머리에 피가 나도록 때리는 건 견딜 수 없었다." 민수는 양부모와 갈등을 겪으며 자주 가출을 했고, 중학교 3학년 때 결국 파양(양자 관계를 끊는 것)됐다.

　거리에 나온 민수는 친구를 가족처럼 여겼다. 고등학교를 자퇴하고, 마음이 맞는 친구 몇몇과 함께 '가출팸'(가출한 학생들이 이룬 무리)을 꾸렸다. 택배를 상하차하는 아르바이트를 해서 번 돈으로 월세방을 마련하고 생활비와 술값, 담뱃값도 벌었다. 친구들과 끈끈한 관계를 맺고 싶어 돈이 생길 때마다 옷과 신발을 사주거나 오토바이 기름값을 대신 내주기도 했다. 그러다 돈이 떨어지면 구걸도 하고 노숙도 했다. 가정을 벗어났지만 민수는 여전히 마음이 공허하고 우울감에 시달린다고 털어놨다. "밖에서 만난 친구들은 내 돈만 쪽쪽 빨아먹더라. 지금까지 제대로 된 친구도 가족도 곁에 없다."

　폭력과 학대, 방임, 가정 해체 등의 이유로 가정을 떠나 거리를 맴도는 청소년이 열악한 생활환경과 정서적 어려움에 고통받고 있다. 통계청과 여성가족부가 펴낸 '2020 청소년 통계'에 따르면, 2019년 기준 초등학생(4~6학년)과 중고등학생 100명 중 4명(3.5퍼센트)이 최근 1년 내 가출한 적이 있다고 나타났다. 가출 이유로는 '부모님과의 문제'(61.7퍼센트)가 가장 많았고, 다음으로 '학업 문제'(15.9퍼센트), '친구들과 함께 하기 위해서'(9.6퍼센트) 순이었다. 전문가들은 민수처럼 '가정 밖 청소년'이 될 위험도가 높은 청소년(9~18세 기준)을 5만 6000명 정도로 추정하고 있다. 하지만 우리 사회는 이들에게 '가출(비행) 청소년'이라는 낙인을 찍고 원 가정으로 복귀시키는 데만 치중할 뿐, 이들이 건강한 성인으로 성장하도록 자립을 돕는 데는 별로 관심을 기울이지 않고 있다.

한국청소년정책연구원은 청소년쉼터 같은 회복지원 시설에 머무는 만 15세 이상 청소년 730명을 조사한 결과를 토대로 2018년 '가정 밖 청소년 실태와 자립지원 방안 연구' 보고서를 발간했다. 이에 따르면 가정 밖 청소년은 평균 15.6세에 첫 가출을 경험했다. 이들이 집을 나온 주된 이유는 '가족 간 갈등과 폭력'(74.2퍼센트)이었다. 특히 1년 이상 가정 밖에서 생활한 이들의 경우 아버지나 어머니와의 관계가 나쁜 편이라는 응답이 각각 58퍼센트, 41.2퍼센트로, 한 달이 안 된 가출자의 응답률(44.3퍼센트, 29.4퍼센트)보다 월등히 높았다. 가정 내 문제가 심각할수록 거리 생활이 길어졌다는 애기다.

청소년들이 경험한 가정 내 학대는 여러 가지였다. 이들은 '부모님한테서 심한 말이나 욕설을 들었다'(56.8퍼센트)거나, '나의 미래에 관심이 없음'(49.1퍼센트), '공부나 생활 비용을 대지 않음'(48퍼센트), '멍이 들거나 상처가 남을 정도로 때림'(43.8퍼센트), '아파도 그냥 내버려둔다'(33.6퍼센트) 등을 학대로 꼽았다. 이런 경험은 경제적 수준이 낮은 가정일수록 심각한 경향이 있었다.

가정을 떠난 청소년은 부모와 물리적 거리뿐 아니라 정서적 거리도 멀었다. 어려운 일이 있을 때 믿고 의지할 수 있는지를 묻는 질문에 64.8퍼센트가 '부모님을 믿지 않는 편'이라고 답했다. 마음의 병도 깊었다. 가정 밖 청소년의 40.8퍼센트는 최근 석 달 동안 화를 참지 못해 문제를 일으키는 등 분노 조절에 어려움을 겪고, 절반가량(44.4퍼센트)은 모든 일이 재미가 없고 귀찮게 느껴지는 등 무기력감을 경험하고 있었다. 최근 석 달 동안 이유 없이 우울하거나 짜증 나는 일이 잦았다는 응답도 절반(51.5퍼센트)을 넘었다.

실제로 취재 과정에서 만난 청소년들도 공통적으로 마음의 병을 호소했다. 몇 달 전부터 경기 지역의 청소년단기쉼터에서 지내며 고등학교 검정고시를 준비하는 민수도 만성적인 우울증이 생겨 공동생활에 어려움을 겪고 있다고 털어놨다. "(쉼터에선) 사람들이랑 친해지려면 웃어야 하는데, 나는 우울하지만 웃고 있는 가면을 써야 하니 어려울 때가 많다." 경남과 전남, 충남에 있는 청소년일시쉼터(일주일 이내 보호)와 단기쉼터(3~9개월 보호)에 차례로 입소할 때마다 며칠을 지내지 못하고 뛰쳐나온 것도 그 때문이다. 민수는 "이번 쉼터에선 마음에 맞는 '호랑이 선생님'을 만나 오래 버티고 싶다"고 했다.

중고등학생 시절 내내 가출을 반복했던 이수진(21세·가명) 씨는 과거 스스로를 자해했던 기억이 여전히 상처로 남았다. 재혼 가정에서 자란 수진씨는 초등학생 때까지 할머니의 손에 자라다가 중학생이 되면서 부모님과 함께 생활하게 됐다. 그러나 전학을 간 학교에서 집단 괴롭힘을 당하면서 긴 방황이 시작됐다. "다치면 학교에 가지 않아도 되니 스스로 돌로 손을 무작정 찧었다. 차라리 교통사고라도 났으면 하고 바랐었다." 그는 현재 홀로 아이를 키우고 있다. 지금도 당시 일은 생각만 해도 끔찍하다고 했다.

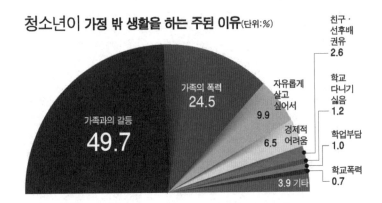

청소년이 가정 밖 생활을 하는 주된 이유(단위:%)

친구·선후배 권유 2.6
학교 다니기 싫음 1.2
학업부담 1.0
학교폭력 0.7

가족의 폭력 24.5
자유롭게 살고 싶어서 9.9
경제적 어려움 6.5
가족과의 갈등 49.7
3.9 기타

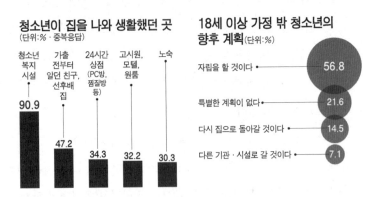

청소년이 집을 나와 생활했던 곳
(단위:% · 중복응답)

청소년 복지 시설	가출 전부터 알던 친구, 선후배 집	24시간 상점 (PC방, 찜질방 등)	고시원, 모텔, 원룸	노숙
90.9	47.2	34.3	32.2	30.3

18세 이상 가정 밖 청소년의 향후 계획(단위:%)

자립을 할 것이다 • 56.8
특별한 계획이 없다 • 21.6
다시 집으로 돌아갈 것이다 • 14.5
다른 기관·시설로 갈 것이다 • 7.1

마음의 병이 깊어지면 몸도 아프기 마련이다. 중학교 1학년 무렵 첫 가출을 했던 인영(18세·가명)이는 매일 소주 3~5병을 마실 정도로 알코올중독이 심해 대부분의 치아가 부식돼 부러졌다. 인영이는 이렇게 털어났다. "어릴 적부터 엄마가 외박이 잦았다. 화가 난 아빠는 '네가 엄마를 닮아 사고를 많이 치고 다닌다, 괜히 낳았다, 몸 파는 사람이나 돼라'고 폭언을 했다. 나도 홧김에 초등학교 6학년을 마칠 무렵 소주를 처음 먹었는데, 술을 마시면 나쁜 생각도 나지 않고 기분이 좋아져 계속 마시게 됐다." 인영이는 중학생 때 학업을 중단하고 가출팸 생활을 하면서부터는 자신을 아예 돌보지 않았다. "성매매를 해 월세방을 구할 돈을 벌어도 오빠들에게 돈을 떼이고 나면 얼마 남지 않았다. 그러다 보면 몸이 아파도 병원에 갈 돈이 없었다. 밥을 챙겨 먹지 않고 소주와 물만 먹을 때가 많다 보니 식도염도 심하고 이도 모두 상한 것 같다."

가출이 일시적 방황에 그치지 않고 장기화된 청소년의 상황을 보면 일정 기간 거리 생활을 하다 집으로 돌아가고 다시 집을 나오는 과정을 반복하는 특성이 있다. 학대가 계속되고 부모와의 갈등이 깊어 원 가정으로 복귀하기가 어려워지면서 결국 자신의 삶을 스스로 꾸려야 하는 상황과 맞닥뜨리게 된다. 그러나 많은 가정 밖 청소년은 장기적인 진로 계획을 세워 자립을 준비하기보다는 당장의 의식주 문제를 해결하기 위해 저숙련·고위험·불안정 일자리를 맴돌고, 심리적으로는 불안감에 시달린다. 자립의 기로에서 외줄 타기를 하는 셈이다.

문제는 이들이 극단적 상황에 이르러서야 도움의 손길을 요청한다는 점이다. 지난 6년간 알코올중독에서 헤어나지 못하던 인영이도 이가 다 망가진 최근에서야 의정부일시청소년쉼터(포텐)를 찾아 도움을 요청했다. 포텐은 인영이가 방황할 때마다 안부를 묻던 거리상담사(아웃리치 요원)들이 있는 곳이다. 그는 이곳을 통해 알코올중독 치료센터와 치과 등을 다니며 치료도 받고 새로운 삶을 살기 위해 노력하고 있다.

　하지만 모든 가정 밖 청소년이 지원을 받아 자립할 기회를 얻는 것은 아니다. 예컨대 인영이는 치과 치료비만 550만 원이 필요한데 의정부일시청소년쉼터의 1년 의료비 예산은 1600만 원(1인당 연간 100만 원 제한)에 불과하다. 이런 사정상 쉼터에서는 민간 후원 등을 받아 지원금을 조달한다. 그러다 보니 지원 대상자가 쉼터와의 약속을 어기면 서비스를 중단할 수밖에 없는 형편이다. 전종수 의정부일시청소년쉼터 소장은 "예산이 늘 부족해서 고액의 치료비를 지원해야 할 일이 생기면 자립 의지가 더 강한 청소년을 가려 지원할 수밖에 없다"고 했다. "극한 상황에 이르기 전에 적절한 개입이 이뤄져야 제대로 된 자립으로 이어진다. 시기가 늦어 충분히 도울 수 없을 경우가 되면 안타깝다."

　전문가들은 가정 밖 청소년을 단순히 가출 청소년으로 여기는 색안경을 벗고, 가정의 보호를 받지 못하는 보호종료 청소년에 대해서처럼 자립을 체계적으로 지원해야 한다고 말한다. 위험에 처한 가정 밖 청소년은 개인적 비행 때문이 아니라 가정의 구조적·

경기 의정부 신흥로에 있는 일시청소년쉼터 포텐에서 김선혜 사회복지사(거리상담사, 맨 위)가
가정 밖 청소년들을 상담하고 있다. 김씨는 "방황이 심한 청소년일수록 상처가 깊다"며 "아이들이
사랑을 받아보지 못해 철이 없지만, 상담을 해보면 여느 또래와 다름없는 순수한 마음이 느껴진다"고
말했다. **사진 의정부일시청소년쉼터**

기능적 문제로 복귀가 불가능한 경우로 봐야 한다는 시각이다. 김
희진 한국청소년정책연구원 선임연구위원은 "현재는 가정 밖 청
소년에 대한 법적 개념도 모호하고 가출을 일시적 비행으로 여기
다 보니 이들을 위한 지원은 단순 보호에 치중돼 있다"고 했다. "가
정 밖 청소년에 대해서도 보호종료 청소년처럼 단순 보호보다 자
립 지원으로 정책의 초점을 옮겨야 한다."

'가정 밖 청소년'으로 바꿔 부르고
예비 범죄자라는 인식도 개선해야

2017년 1월 국가인권위원회는 '가출 청소년'을 '가정 밖 청소년'으로 바꿔 부르고 이들의 인권을 개선하는 데 노력할 것을 여성가족부에 권고했다. 가출한 청소년은 가정의 보살핌이 부족해 학대 등 피해를 보는데, 비행 청소년이나 예비 범죄자로 간주돼 보호받지 못하고 있다는 점을 지적한 것이다. 국회에도 이런 문제의식을 반영해 이들의 호칭을 바꾸는 내용의 청소년복지지원법 개정안이 발의돼 있지만, 법안은 국회의 무관심에 밀려 별 논의 없이 2년 넘게 잠자고 있다.

전문가들은 위기에 처한 고위험 청소년을 실질적으로 돕는 정책을 세우려면 용어부터 수정해야 한다고 지적한다. 허민숙 국회입법조사처 입법조사관은 "'가출'을 청소년에게 허용될 수 없는 문제 행동으로 보면 최종 목표는 원 가정으로 되돌려 보내는 것이 된다. 하지만 관점을 바꾸면 이들은 가정이 해체돼 돌아갈 곳이 없는 청소년으로 볼 수 있다"고 했다. 이들이 건강한 성인으로 자립할 수 있도록 사회적, 제도적 안전장치를 마련하는 정책으로 바꾸려면 용어 수정에서부터 출발해야 한다는 얘기다.

가정 밖 청소년을 보호 대상(보호대상아동, 아동복지법 제3조 4호)으로 볼 경우 당국의 체계적인 자립 지원이 빈약하다는 점이 드러난다. 현재 청소년쉼터에서 퇴소하는 청소년에게는 중앙정부 차원의 지원이 없다. 이병모 의정부시 남자단기청소년쉼터 소장은 "지방자치단체나 민간기관이 함께 손잡고 반찬 배달 같은 사업을 하지만 이는 일부일 뿐 공식적인 정부 지원은 없다"고 했다. "아이들 대부분은 빈손으로 사회에 나가게 되는 형편이라 현장에선 '발가벗겨져 나간다'고 표현한다."

상황이 이렇다 보니 가정 밖 청소년도 보호종료 청소년(아동양육시설에서 퇴소한 청소년)처럼 국가가 적극적인 보호 대상으로 봐야 한다는 지적이 나온다. 김희진 한국청소년정책연구원 선임연구위원은 "보호종료 청소년을 담당하는 보건복지부는 전담 조직을 두고 자립수당 같은 현금 지원을 하고 있다. 하지만 여성가족부가 담당하는 가정 밖 청소년에게는 직업훈련이나 학업 지원 같은 현물 지원에 그친다"고 했다. "가정 밖 청소년에 대한 자립 지원을 강화하기 위해 이를 전담할 총괄 기관을 두고 예산도 늘려야 한다."

선진국은 다양한 방식으로 가정 밖 청소년의 자립을 돕고 있다. 영국은 노숙 청소년을 위한 주거 지원에 초점을 맞추고, 연고가 없거나 가정 폭력 피해를 본 청소년 등은 56일 이상 거주지가 불안정하면 지방정부가 거주취약자로 분류한 후 거주지를 제공한다. 미국도 연방정부가 가정 복귀가 불가능하고 자립이 어려운 16~22세 청소년을 대상으로 전환생활 프로그램을 운영하고 있다. 최대 540일까지 안전한 숙소를 제공하고 정서적 치료 등을 지원해 자립을 돕는 식이다. 프랑스는 16~25세 가정 밖 및 위기 청소년이 일종의 자립계획서를 제출하면, 직업교육이나 실업교육 등을 받을 수 있도록 최장 6개월까지 월 최대 450유로(59만여 원)의 자립수당을 지급한다.

자살 유가족

"어떻게 했기에 자살을 했을까", 가족 전체가 문제 집안으로 낙인찍혀 고통

"당신이 이렇게 고집을 피우니 문제가 생기지. 당신 아들도 당신 때문에 죽은 거 아냐?"

자살 유가족인 정 모(61세) 씨는 최근 개인적인 문제로 지인과 언쟁을 벌이다 지인이 내뱉은 말 한마디에 대화를 중단하고 자리를 박차고 나왔다. 지인이 그의 아킬레스건을 건드렸던 것이다. 하나밖에 없는 외아들이 스스로 세상을 떠난 지 10년이 넘었지만 지금도 정씨는 아들 얘기만 나오면 얼음처럼 차갑게 굳어버린다. 아들은 2010년 가을 스물네 살의 꽃다운 나이에 군 입대를 앞두고 세상을 등졌다. 정씨는 "내게 불만이나 다툴 일이 있을 때마다 사람들은 마지막 카드로 죽은 아들을 들먹인다"며 한숨을 쉬었다. "사정을 알지 못하는 지인이나 친지에게 아들이 자살이 아닌 다른 이유로 숨졌다고 말할 것을 그랬다. 괜히 자살했다고 공개한 것이 실수였던 것 같다."

모친이 스스로 세상을 등진 지 30년이 넘었지만 유가족 권 모
(48세) 씨는 아직도 죄책감에 시달리고 있다. 천진난만했던 초등
학교 5학년, 겨우 열두 살 나이에 권씨는 어머니를 잃었다. 어머니
가 세상을 떠난 날 친구들과 놀지 않고 일찍 집에 들어왔으면 살
릴 수 있었을지 모른다는 죄책감이 두 아이의 어머니가 된 지금까
지 남아 있다. "내가 공부를 좀 더 잘하고 엄마 말을 잘 들었으면,
엄마가 나를 봐서라도 그런 선택을 하지 않았을 것 같다는 생각을
지울 수 없다. 가족을 잃은 상실감과 자책감은 아무리 세월이 흘
러도 사라지지 않는다." 그는 "자살 유가족은 평생 자책하며 산다.
남들이 아무렇지 않게 던진 말에 상처를 받아도 아무 대꾸도 하지
못한다. 우린 죄인이기 때문"이라고 덧붙였다.

망인에 대한 원망과 분노, 자책, 여기에 주변의 비판과 낙인까지
짊어진 자살 유가족의 삶은 비참하다. 서울시자살예방센터가 운
영하는 자작나무 모임(자살 유가족 자조 모임)을 찾아가 만난 이들은
"망인에 대한 애도는 고사하고 살기 위해 모든 것을 숨기고 혼자
가슴을 뜯으며 살아가는 사람이 바로 자살 유가족"이라고 했다.
"가족 중 자살한 사람이 있다는 사실이 드러나면 가족 전체가 '문
제 집안'으로 낙인찍혀 고개를 들고 다닐 수 없다." 잘 알고 지내던
주변 사람들한테서까지 "사람이 죽어나갈 때까지 무엇을 했는가"
라는 말을 들을 때는 망인을 따라 죽고 싶은 생각밖에 나지 않는
다고 한다.

서울시자살예방센터에서 운영하고 있는 자살 유가족 자조 모임 '자작나무'의 회원들이
모임에 참석한 후 남긴 글. **사진 서울시자살예방센터**

2011년 이후 자살률이 꾸준히 낮아지고 있지만 아직도 우리 나라에서는 한 해 1만 명 이상이 자살로 삶을 마감한다. 중앙자 살예방센터의 통계에 따르면 2019년 기준 자살 사망자 수는 1만 3799명으로 인구 10만 명 26.9명(자살률)에 달했다. 자살 유가족은 타인의 자살에 노출된 후 상당 기간 높은 수준의 심리적, 신체적, 사회적 고통을 경험하는 사람을 의미하는데 가족은 물론 친구, 지 인의 자살까지 해당된다. 국내외 연구 논문에 따르면 일반적으로 자살자 한 명의 주변에는 자살 유가족 5~10명이 발생한다. 유가 족 수를 최소 5명으로 산정해도 한 해 7만 명가량의 자살 유가족 이 발생하는 셈이다. 전문가들은 "자살 유가족에 대한 통계가 없 지만 지난 10년간 누적된 자살 사망자 수를 고려하면 우리 사회에

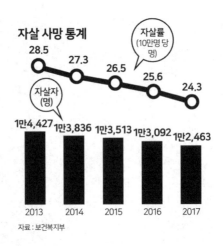

자살 사망 통계

자살률 (10만명 당 명)

28.5 27.3 26.5 25.6 24.3

자살자 (명)

1만4,427 1만3,836 1만3,513 1만3,092 1만2,463

2013 2014 2015 2016 2017

자료 : 보건복지부

100만 명이 넘는 자살 유가족이 존재한다"고 말한다.

　암이나 만성질환 등으로 가족과 사별했을 경우 시간이 지남에 따라 대체로 고통스러운 감정이 줄어들고 자신의 삶으로 돌아가지만, 자살 유가족은 시간이 흘러도 여전히 사별 직후의 감정에 머물러 있다. 2009년에 고등학교 2학년인 딸을 보낸 홍 모(62세) 씨는 "세월이 흘러 내성이 생겼지만 꿈에서라도 딸을 만나면 하루 종일 딸아이 생각에 아무 일도 하지 못하고 멍하니 앉아 있게 된다"고 했다. "딸이 죽은 지 10년이 지났지만 아직도 딸아이의 죽음을 인정할 수 없고, 눈만 감으면 딸아이의 모습이 떠올라 괴롭다."

　전문가들은 자살 유가족이 사별 직후의 고통스러운 감정에 매몰돼 있는 것은 '복합성 애도complicated grief' 상태에 놓여 있기 때문이라고 말한다. 고선규 고려대 KU마음건강연구소 연구교수는 "복합성 애도 상태에 있는 자살 유가족은 망인의 죽음을 받아

자살 유가족의 심리적 특징

- 고인의 죽음 막지 못한 죄책감
- 고인에게 버림 받았다는 분노
- 사회적 소외, 비판 등 사회적 낙인 경험
- 가족갈등 심화
- 외상 후 스트레스 경험
- 사별 후 고통에서 벗어나지 하는 '복합 애도' 발생

자료 : 고려대 KU마음건강연구소

들일 수 없거나 믿지 못하고, 고인에 대한 강렬한 그리움과 갈망을 보인다"고 했다. "또 가까운 친구와 친지들에게서 자신이 소외되고 고립됐다고 느낀다."

전문가들은 자살 유가족이 감정을 추스르고 일상으로 복귀하기 위해서는 '애도 치료'가 필요하다고 말한다. 고인의 죽음을 현실로 인정하고 고인의 죽음으로 야기된 고통을 충분히 겪어내야 고인이 없는 새로운 세상에 적응해 살 수 있다는 것이다. 하지만 광역·기초 지방자치단체의 정신건강복지센터는 인력이 부족해 자살 유가족을 위한 애도 치료와 상담을 진행할 형편이 안 된다. 서울 강북의 한 정신건강복지센터 관계자는 "2019년 조현병이 사회적 문제로 대두되면서 센터의 업무가 정신질환자 관리에 집중돼있다. 기존 정신질환자를 관리하는 일도 벅찬데 자살 유가족까지 맡기에는 역부족"이라고 했다.

주무 부처인 보건복지부도 자살 유가족에 대한 관리가 미흡한

것을 인정했다. 장영진 보건복지부 자살예방정책과 과장은 "자살 유가족은 갑작스러운 사별로 생긴 법률·상속·행정 문제와 함께 임시 거처에 대해 지원이 필요하지만, 지역 정신건강복지센터와의 연계가 원활히 이뤄지지 않은 것이 사실"이라고 했다. 그러면서 "2019년 9월부터 광역센터 두세 곳, 기초센터 15곳을 대상으로 '자살 유가족 원스톱 지원 사업'을 추진할 계획"이라고 밝혔다. 자살예방정책과에 따르면 광역센터에서는 야간 및 휴일에 응급 출동을 통해 초기 대응을 한 후 기초센터로 유가족을 연계하고, 기초센터에선 경찰과 소방, 의료 기관과 연계해 자살 유족에게 서비스를 제공한다. 이 사업이 성공하려면 열쇠는 결국 인력에 있다. 전문가들은 "보수가 적고 계약직 조건인데 야간과 휴일 대응 인력은 물론 유족 지원을 위한 전담 인력이 계획대로 충원될지 의문이 든다"고 했다. 지속적인 상담과 애도 치료가 가능한 인력을 확보해야 자살 유가족에 대한 관리가 제대로 이뤄질 수 있다는 말이다.

공적 서비스가 제대로 이뤄지지 않다 보니 자살 유가족은 민간단체로 발길을 돌릴 수밖에 없다. 그러나 일부 민간단체에서 자살 유가족에게 기부금을 요구하는 사례 등이 있어 관계 당국의 관리가 필요하다고 자살 유가족은 말한다. 2009년 자살로 두 딸을 한꺼번에 잃은 장 모(60세) 씨는 "두 딸을 잃은 후 정신적 위로와 지지가 필요해 민간단체가 운영하는 자조 모임에 참가했는데 기부금을 강요하는 등 문제가 심각했다. 자살 유가족을 두 번 울리는 이런 민간단체를 솎아내야 자살 유가족이 피해를 보지 않을 것"이라고 말했다.

사랑하는 가족을 잃은 슬픔을 치유하지 못해 하루하루 괴로운 나날을 보내는 자살 유가족을 더 힘들게 하는 것은 바로 외부의 따가운 시선이다. 2005년 아들을 먼저 하늘나라로 보낸 이 모(64세) 씨는 친지는 물론 지인들의 결혼식과 장례 등에 참석하지 않는다. 아들이 스스로 세상을 떠난 것이 알려진 후 이들마저 자신이 관혼상제에 참석하는 것을 꺼리기 때문이다. 이씨는 "30년 넘게 친하게 지내던 친구의 딸이 결혼을 한다기에 기쁜 마음으로 결혼식에 참석하려고 전화했더니 '좋지 않은 일을 겪은 사람이 오면 우리 딸의 결혼에 문제가 생길 것 같다', '축의금도 받지 않겠다'고 말하더라"며 눈시울을 적셨다. "겉으로는 위로하는 척하면서 속으로는 감염병 환자 취급을 한다."

2013년 남편을 잃은 김 모(45세) 씨는 "남편이 직장에서 힘들어하는 것을 알고 있었지만 자살을 선택할 줄은 생각도 하지 못했다"고 했다. "남편이 스스로 세상을 떠난 후 시댁은 물론 지인들까지 '얼마나 독하게 남편을 괴롭혔으면 자살을 했을까'라는 말을 수도 없이 했다. 그런 말을 들을 때마다 너무 억울하고 분했지만 떠난 사람을 생각해 침묵으로 일관했다."

그래도 자살 유가족이 가장 바라는 것은 다른 사람들의 배려와 관심이다. 취재 과정에서 만난 자살 유가족들은 "솔직히 우리도 사랑하는 가족이 왜 그런 선택을 했는지 알 수 없어 괴롭다"고 했다. "왜 가족이 죽었느냐고 꼬치꼬치 캐묻기보다 우리의 상황을 이해하고 이야기를 나누려는 배려 깊은 사람을 만나고 싶은 게 작은 희망이다."

이해국 의정부성모병원 정신건강의학과 교수는 "우리는 자살을 내 일이 아닌 남의 일로 치부하지만 자살은 가족이나 친지는 물론 나 자신한테도 닥칠 수 있는 문제다. 자살 유가족을 향한 관심과 배려, 따뜻한 시선이 필요하다"고 말했다.

형식적인 치유보다 제대로 된 상담 치료를, 정신과 외래 진료비 혜택도 필요

"저, 자살 유가족인데요. 어느 분하고 상담을 해야 할까요?"

2019년 4월 초 지역 정신건강복지센터를 찾은 자살 유가족 이모(64세) 씨에게 돌아온 답은 "담당자가 없다"는 말이었다. 2012년 대학을 졸업하고 취직을 하지 못해 우울증이 생긴 아들이 자살을 한 후 이씨는 충격을 받아 친지는 물론 친구와의 관계마저 끊었다. 아들의 죽음을 놓고 부부는 매일같이 부부 싸움을 벌였다. 서로를 갉아먹는 싸움으로 날을 보내던 이씨는 "지역 정신건강복지센터에 가면 상담을 받을 수 있다"는 딸의 권유에 용기를 내 센터를 찾았다. 하지만 헛걸음만 치고 돌아와야 했다.

자살 유가족은 사별 직후에는 고인의 죽음을 인정하지 못하면서도 남아 있는 가족과 어떻게든 살아야 한다는 생각에 집착해 자신의 정신적, 육체적 문제를 등한시한다. 시간이 지나면 상황이 나아질 것이라 믿지만, 친지와 지인들의 따가운 시선과 비판에 부딪혀 자신의 감정을 드러내기 힘들게 되면서 상황은 악화한다. 취재 과정에서 만난 여러 유가족은 "처음에는 남아 있는 가족과 살아남아야 한다는 강박에 사로잡혀 고인에 대한 말을 꺼내지 않고 서로 침묵하며 살아간다. 하지만 시간이 흘러도 사별의 고통에서 헤어나지 못하고 오히려 더 힘들어진다"고 했다.

자살 유가족은 형식적인 위로가 아닌 고인의 대한 원망과 분노, 죄책감 등을 씻어내는 애도 치료를 받고 싶다고 말한다. 2013년 아들이 자살한 뒤 지역 민간단체에서 운영하는 자살 유가족 모임에 참가했던 정 모(60세) 씨는 "수년간 자살 유가족 모임에 참가했지만 제대로 된 애도 상담이나 치료를 받지 못했다"고 했다. "우리에게 필요한 것은 향초 만들기나 여행이 아니라 고인이 없는 세상을 살아가도록 돕는 상담과 치료."

정신과 외래 진료비에 대한 혜택 등 자살 유가족을 위한 의료 혜택이 확충돼야 한다는 주장도 나왔다. 유가족 이 모(68세) 씨는 "자살 유가족 한 명이 치료를 받고 일상에 복귀하면 그 효과는 전체 가족 구성원에게까지 미칠 수 있다"고 했다. "경제적 형편이 어려워 치료를 포기하는 자살 유가족이 없도록 지방자치단체와 정부에서도 각별한 관심과 지원을 아끼지 말았으면 좋겠다."

유가족의 죄의식을 가중하는 자살 예방 홍보 방식을 개선해야 한다는 의견도 있었다. 2014년 남편의 자살로 홀로 된 신 모(54세) 씨가 이 점을 지적했다. "자살 예방을 위한 공익 광고를 보면 자살자가 자살하기에 앞서 말이나 행동을 통해 '자살 신호'를 보내는

데 이를 놓치지 말라고 강조하고 있다. 그런 공익 광고의 취지는 좋지만, 자살 유가족이 마치 자살 신호를 무시하고 놓쳐 결국 자살에 이르게 됐다는 식으로 죄의식을 들게 하는 것 같아 한편으론 마음이 불편하다."

이름 대신 "야, ○○상고!", 10년 근무해도 대졸 신입 연봉 못 받아

"고졸이라서 차별은 있습니다."

2019년 3월 서울의 한 중소기업 최종 면접장에서 면접관은 이지영(18세·가명) 씨를 바라보며 말했다. 순간 이씨는 머릿속이 복잡해졌지만 "네, 알고 있습니다"라고 대답했다. 그는 그해 초 서울의 한 상업계열 특성화고를 졸업했다. 학교라는 울타리를 벗어나니 마음이 더욱 급해졌다. 취업이 절박했다. 면접을 잘 본 덕분일까, 그는 그해 4월 1일 드디어 입사에 성공했다. 사회생활을 시작한 지 1년이 채 되지 않은 새내기 직장인인 그에게 소감을 물었다.

"이 직장을 내 직장이라고 생각하지 않는다. 미래가 없으니까. 입사하자마자 확 느껴졌다. 대졸 신입은 8급 사원에서부터 시작하는 데 비해 고졸 신입은 11급에서 시작한다. 그런데 11급에서 8급까지 가는 데 10년 넘게 걸린다고 하더라. 그것도 장담할 수 없다고. 그렇게 올라간 사람이 없으니까. 한 선배는 회사에서 11년 일했다는데 아직 9급에 머물러 있다. 고졸 사원이 9급 위로 올라간 경우는 아직까지 보지 못했다. 사람이 진급을 해야 성취감이 있을 텐데 그런 상황을 보면 일할 의욕이 사라진다."

감사원의 '직업교육 추진 및 관리실태'에 대한 감사보고서에 따르면, 2018년 기준 전체 고등학교 학생 153만 명 중 직업계고(특성화고와 마이스터고, 일반고 직업반) 학생 수는 28.4만 명으로 18.5퍼센트를 차지한다. 이는 OECD 평균 45.9퍼센트(2014년)와 비교하면 훨씬 작은 비중이다.

한국 사회에서 고졸 신화는 글자 그대로 신화에서나 나올 법한 일이다. 현장에선 이 같은 고졸과 대졸 간의 현격한 임금·승진 격차와 차별이 공공연히 벌어진다. 그러다 보니 직업계고를 졸업한 취업자마저 다시 대학 진학 쪽으로 눈을 돌리는 불합리한 상황이 반복된다. 이지영 씨도 "고졸 사원끼리 모이면 퇴사하고 수능이나 내신으로 가든, 재직자 전형으로 가든 무조건 대학에 가겠다는 이야기가 꼭 나온다"고 말했다. "한국 사회에서는 '대학이 디폴트(시스템이 자동으로 적용하는 미리 정해진 값이나 조건)'라 어쩔 수가 없다."

고졸 차별은 학력 차별 문제에 그치지 않는다. 고졸 차별은 결국 한국에서 벌어지는 여러 사회문제의 핵심인 '과잉 학력'을 부추긴다고 전문가들은 지적한다. 고졸로 취업하면 자립과 성공이 불가능하다는 인식이 팽배한 사회에선 너도나도 대학을 갈 수밖에 없다. 사회는 고졸 차별로 인해 '청년 일자리의 미스매치', '높은 입직

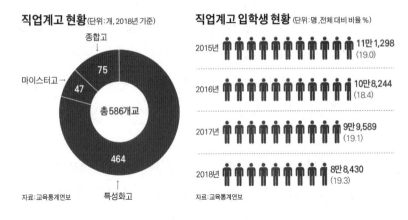

직업계고 현황 (단위:개, 2018년 기준)

종합고
75

마이스터고
47

총586개교

464

특성화고

자료:교육통계연보

직업계고 입학생 현황 (단위:명,전체 대비 비율 %)

2015년 11만1,298 (19.0)

2016년 10만8,244 (18.4)

2017년 9만9,589 (19.1)

2018년 8만8,430 (19.3)

자료:교육통계연보

(직장에 들어감) 연령', '과도한 입시 경쟁' 같은 막대한 비용을 치르게 된다. 교육부에 따르면 과잉 학력 문제로 노동시장에 진출하는 시점이 지연됨으로써 생기는 기회비용은 연간 최대 19조 원, 입시를 위한 사교육비까지 고려하면 39조 1000억 원에 달한다.

대부분 직장에서는 고졸과 대졸을 구분해 임금과 승진에서 격차를 둔다. 물론 학위를 따는 데 더 많은 시간과 돈을 투자했으니 임금과 승진에서 당연히 차이가 있어야 한다는 목소리도 존재한다. 하지만 이를 감안하더라도 그 '차이'가 현실적으로 극복하기 어려운 수준이라면 그것은 '차별'과 다를 바 없지 않을까. 직업계고를 졸업한 근로자들은 "그렇다"고 입을 모은다.

특성화고를 졸업하고 2019년에 한 IT 기업에 취직한 김준현(19세·가명) 씨도 비슷한 사례를 안다고 전했다. 같은 회사의 회계 분야에서 일하던 한 특성화고 졸업생이 회사에서 7년간 일한 고졸자와 대졸 신입 사원 간의 임금이 동일한 급여 체계를 보고 화가

나 퇴사했다는 것이다. "나는 대졸자와의 차이는 인정을 해야 한다고 생각하는 편이다. 하지만 대학 진학 여부는 개인의 선택에 따른 것인데 대학 4년의 차이가 극복할 수 없을 정도로 심한 것은 문제가 있다." 특히 소규모 영세기업일수록 대졸자와 고졸자 간에 직무가 똑같은데도 대학을 나왔다는 이유만으로 임금 격차가 벌어질 때가 많다. 이럴 경우 고졸 취업자의 좌절감은 클 수밖에 없다.

직장 내에서 나오는 학력 차별 발언은 직업계고 근로자를 힘들게 하는 또 하나의 원인이다. 이은아 전국특성화고졸업생노조 위원장은 "특성화고 졸업생 근로자를 '○○○사원'이나 '○○○인턴'이라고 부르는 게 아니라 '○○상고'나 '○○공고'라고 부르는 직장도 있다"고 비판했다. "일하는 노동자가 아니라 그 학교에서 뽑아 온 잡일꾼으로 보는 시각이 여전하다."

2018년 4월 사단법인 특성화고권리연합회에서 특성화고 졸업생 400명을 대상으로 실시한 노동환경 기초조사에서도 '취업 후 가장 어려웠던 문제는 무엇입니까?'라는 질문에 '야근과 특근 같은 장시간 노동'(24퍼센트)에 이어 '고졸이어서 받는 차별과 무시'(23퍼센트)가 2위를 차지했다. 한 응답자는 이 설문지에 상사가 입사 후 마련한 회식 자리에서 "너희, 특성화고 애들, 뽑기 싫다. 억지로 뽑아서 마음에 들지 않는데 정부 정책상 어쩔 수 없이 뽑았다"와 같은 말을 아무렇지도 않게 했다고 털어놨다.

직업계고 졸업 근로자가 지적하는 또 다른 고충은 유독 이들만 직장 내에서 부서 이동이 잦다는 것이다. 그러다 보니 자연스레 업무에 대한 전문성을 쌓을 기회도 줄어들게 된다. 이은아 위원장은 "통계 업무로 입사했는데 갑자기 비서과로 옮겨지는 등 전공과 연계해 취업해도 이후 관련 없는 부서로 인사이동이 나는 경우가 비일비재하다"고 지적했다. "특성화고 졸업생을 전공과 상관없이 업무 공백이 난 곳에 우선적으로 배치하는 관행이 여전하다."

　낮은 임금과 빈번한 부서 이동 같은 열악한 근무 환경은 직업계고 졸업 근로자의 잦은 이직을 불러오는 주요한 요인이다. 실제로 2017년 통계청의 학력별 취업자의 직장 경험 횟수에 따르면 고졸 취업자 중 이직 경험률은 대졸자(38.5퍼센트)에 비교해 월등히 높은 54.0퍼센트였다. 두 명 중 한 명꼴로 이직을 한 셈이다. 특히 고졸자의 경우 4번 이상 직장을 옮긴 비율도 17.6퍼센트나 달했다. 고졸자의 일자리가 대졸자에 비해 상대적으로 불안정하다는 것을 보여주는 수치이기도 하다.

　직업계고 재학생은 선배들한테 직간접적으로 이런 현실을 전해 듣고 나서 대학 진학 쪽으로 방향을 틀기도 한다. 경기 지역 한 특성화고의 금융과 3학년에 재학 중인 유 모(18세) 양도 그런 식으로 진로를 바꿨다. "원래는 취업을 하려고 했는데, 요즘은 똑똑한 선배들도 취업이 어렵고 취업해도 승진 등에서 문제가 생긴다는 말을 듣고부터 특성화고 특별전형으로 경영학과 진학을 준비하고 있다." 직업계고의 대학 진학률을 떨어뜨리려는 정부의 노력에도 불구하고 이 비율은 수년째 30퍼센트대를 유지하고 있다. 특히 2018년의 경우 현장 실습이 폐지된 까닭에 취업률이 떨어지면서

서울 코엑스에서 열린 '삼성 협력사
채용 한마당'에 졸업을 앞둔
고등학생들이 참여해 상담을 받고 있다.
사진 Samsung Newsr○○m

취업 대신 대학 진학을 선택한 학생이 대폭 늘어났을 것으로 당국
은 추정하고 있다.

　직업계고 학생은 첫 사회생활인 현장실습 때부터 차별적이고
불합리한 관행을 경험한다. 현장실습이란 직업계고 학생이 학교
가 연계해준 기업에서 정식 취업하기 전에 실무를 익히도록 하는
제도다. 학생 입장에서 보면 학교의 공식적이고 적극적인 취업 지
원을 받는 유일한 수단인 셈이다. 2017년 12월 교육부가 현장실습
생의 잇따른 사망 사고에 현장실습을 폐지한다고 했을 당시 직업
계고 학생들이 강하게 반발한 것도 이 때문이다.

　결국 2018년 2월에 현장실습 제도가 전면 개편됐다. 현장실습

기간은 6개월에서 3개월(수업일 수의 3분의 1)로 줄어들고, 취업 시기는 3학년 2학기에서 겨울방학 이후로 변경됐다. 그런데 그나마 직업계고의 주요 취업 준비 통로였던 현장실습은 개편 이후 급격히 위축됐다. 그 결과 직업계고 졸업생 취업률이 30퍼센트대로 급격히 추락했다. 교육부가 실시한 '직업계고 졸업자 취업 통계'에 따르면 2020년 4월 1일 기준 전국 576개 직업계고 졸업자의 취업률은 27.7퍼센트다. 최근 10년간 가장 낮은 수치다. 더구나 대학진학률은 42.5퍼센트로 2019년(40.9퍼센트)에 이어 2년 연속 취업률을 크게 앞질렀다. 일선 학교들은 취업 기회가 줄어들면서 실상은 이보다 더 악화됐을 것으로 인지하고 있다.

직업계고 학생은 현장실습 때 최저임금도 안 되는 돈에 고강도로 일을 하거나, 안전 교육도 제대로 받지 못한 채 위험한 일에 내몰리고 있다고 입을 모은다. 무엇보다 자신의 전공과 관계없는 직무에 투입되는 게 문제라고 지적한다. 그러다 보니 교육 효과도 없는 데다 각종 안전사고로 이어질 가능성이 크다. 특성화고 졸업생 김준현 씨는 "자기 전공과 관계없이 공장에서 맨날 박스 접는 일 같은 단순 업무를 하는 친구도 많다"고 했다. "기계과 같은 경우에는 학생이 안전 교육도 제대로 받지 않은 상태에서 실전에 나가는 사례도 다반사다."

2017년 11월 제주의 한 생수 공장에서 일하다 숨진 현장실습생 이민호 군도 원래는 원예 전공이었다. 이군은 공장에서 관리자의 감독 없이 단독 작업을 하던 중 제품 적재기 프레스에 끼여 사망했다. 이군은 당시 친구들에게 "아직 고등학생인데 메인 기계를

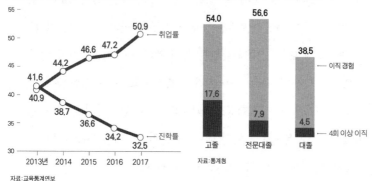

직업계고 졸업 후 진로 현황 (단위:%)

- 취업률
  - 2013년 40.9
  - 2014 44.2
  - 2015 46.6
  - 2016 47.2
  - 2017 50.9
- 진학률
  - 2013년 41.6
  - 2014 38.7
  - 2015 36.6
  - 2016 34.2
  - 2017 32.5

자료:교육통계연보

학력별 취업자의 이직 경험 (단위:%)

- 고졸: 이직 경험 54.0 / 4회 이상 이직 17.6
- 전문대졸: 이직 경험 56.6 / 4회 이상 이직 7.9
- 대졸: 이직 경험 38.5 / 4회 이상 이직 4.5

자료:통계청

만진다", "지금 우리 회사 상황이 원래 있던 베테랑들이 우리 같은 초보한테 일주일 미만으로 가르쳐주고 퇴사했다"고 말한 사실이 알려지기도 했다.

사정이 이렇게 열악한데 교육 당국은 문제를 제대로 파악하지 못하고 있다. 교육부에 따르면 2019년 직업계고 현장실습생의 전공과 현장실습장의 전공 간의 적합도는 99.6퍼센트에 달한다. 하지만 이상현 특성화고권리연합회 이사장은 "학생이 현장실습을 나간 직장의 업종과 실제 학생이 하는 직무는 다를 수 있다"고 봤다. 교육부가 조사한 전공적합도와 현실은 차이가 날 수 있다는 말이다.

현장실습생에 대한 기업의 노동 착취를 근절하기 위해 이들의 법적 지위를 근로자로 명시해야 한다는 주장도 나온다. 2018년 2월 현장실습이 개편된 이후 기업은 현장실습생이 더 이상 근로자가 아니라 학생 신분이 된 점을 악용해 근로계약 대신 현장실습 표준협약을 체결하고 자율적으로 현장실습 수당을 지급하고 있다. 즉 교육부가 현장실습생의 안전을 강화한다는 목적으로 제도를 변경했건만 현장실습생은 근로자 신분을 뺏기고 산업안전 관련 최저 기준도 보장받지 못하는 꼴이 됐다. 또 실습 기간이 줄어듦으로써 학생의 현장 적응 기간이 축소됐고, 이에 대한 여파로 취업 시기가 늦어지고 현장실습과 취업 간의 연계성이 급격히 떨어졌다. 이런 식으로 고졸 취업이 당장 어려워지자 다시 대학 진학 쪽으로 진로를 바꾸는 악순환이 일어난다.

박동열 한국직업능력개발원 선임연구위원은 "학생이 기업에 들어가서 학습이나 공부를 할 때는 아예 근로자로 명시해야 산업재해 인정 등 모든 권리를 보호받을 수 있을 것"이라고 말했다. 이상현 이사장은 "특성화고 졸업생의 경우 상대적으로 어린 나이에 취업하다 보니 불합리한 대우를 받고 제대로 된 안전 교육이 이뤄지지 않는 등 자기 권리를 침해받는 경우가 많다"고 했다. "특성화고 졸업생의 근로 환경을 개선하는 데 관심을 기울이면 자연스레 사회 전반의 근로 환경도 크게 향상될 것이다."

산업구조의 변화에 맞춘
직업교육과 직무를 개발해야

    고졸 취업을 활성화하려면 산업구조의 변화에 맞춘 전문 직업교육과 직무를 개발하는 일이 선행돼야 한다는 목소리가 높다. 이미 현장에서는 자동화 시스템이 도입됨에 따라 은행 창구 업무 같은 양질의 고졸 직무가 빠르게 줄고 있으므로 대책을 마련하는 것이 시급하다. 교육부도 2019년 초에 발표한 '고졸취업 활성화 방안'의 일환으로 직업계고의 학과를 개편할 계획이다. '기계과'는 스마트공장 운용 인력을 양성하는 '스마트기계과'로, '지적건설과'는 드론을 활용하는 '드론공간정보과'로, '금융마케팅과'는 '스마트금융경영과'로 개편하는 식이다.

    이런 조치가 단순히 간판만 바꿔 다는 데 그치지 않으려면 현장에 전문 인력을 양성할 교원이 필요하다. 조용 경기기계공고 교장은 "산업이 발전하면서 새로운 분야가 파생되는데도 이런 분야를 전공해 자격증을 소지한 교사가 많이 부족한 실정"이라고 호소했다. "로봇과 드론, 자율 주행 자동차, 핀테크, 빅데이터 같은 분야의 학과가 신설되고 있으나 이를 가르칠 전문 교원이 없다." 대표적으로 공업계열 특성화고에 많은 자동차학과만 하더라도 아직 자동차 교과에 대한 교원 자격이 없어 유사 과목인 기계과의 교사가 가르치고 있다. 하지만 특성화고의 자동차학과를 졸업하면 정비 인력으로 대거 빠지는 만큼 기계과 교사의 역량으로는 직업교육에 한계가 있을 수밖에 없다.

동시에 고졸에 적합한 직무를 정부 차원에서 적극 발굴해야 한다고 전문가들은 조언한다. 박동열 한국직업능력개발원 선임연구위원이 보기에 현재로서는 고졸자와 전문대 졸업자가 할 수 있는 일이 겹친다. "컴퓨터 보안 시스템이나 드론 등을 유지, 보수하는 일처럼 정부가 고졸에 맞는 일자리를 적극 발굴해야 한다."

고졸 취업자가 꾸준히 자신의 분야에서 역량을 키울 수 있도록 '선취업 후진학' 제도를 안정적으로 정착시키는 것도 또 다른 과제다. 이런 제도를 통해 직업계고 졸업생이 취업하고 3년이 지나면 재직자 전형으로 대학에 진학해 부족한 업무 전문성을 키울 수 있다. 하지만 현실적으로 일과 공부를 병행하기가 쉽지 않다 보니 본래 취지와 달리 퇴사하고 대학에 가는 경우가 생긴다. 송달용 교육부 중등직업교육정책과장은 "기업 입장에서도 직원이 후진학을 통해 능력을 개발하면 기업의 성장에 도움이 된다는 인식 전환이 필요하다"고 했다. "일과 학업을 병행할 수 있게 하고, 학위를 받으면 원래 직장의 인사에 반영하도록 하는 등 선순환이 이뤄져야 한다."

결혼이주 여성

**"당당히 살려고 한국 국적 얻었지만,
엄마들 단톡방에 초대도 못 받아요"**

서울 광진구에 사는 이화(38세·가명) 씨는 중국에서 온 결혼이주 여성이다. 한국인 시아버지의 지인 되는 분의 소개로 남편을 만났고, 2009년 랴오닝성에서 결혼해 한국으로 건너왔다. 남편은 나이가 열일곱 살이나 많고 중국어도 못했지만 편지로 필담을 나눌 때면 한자 글맵시가 진짜 예뻤다고 한다. 이화 씨는 고민 끝에 2013년 한국 국적을 취득했다. 한국에 사는 이상 남들처럼 당당히 살려면 귀화해야 한다고 생각했다. 은행에 계좌를 개설하러 갈 때마다 남편을 불러오라는 말을 듣는 것도 귀찮았다.

한국 국적을 얻었지만 그는 3년 전 첫아이가 학교에 들어갔을 때 자신이 여전히 이방인임을 깨달았다. 학교에서 만난 다른 엄마들은 이화 씨를 카카오톡 단체방에 초대하겠다고 말했지만 지금까지 소식이 없다. 이런 일은 학기마다 반복됐다. 한번은 초대를 받았지만 이상하게 단체방이 조용했던 일도 있다. 이화 씨만 빼놓고 다른 단체방이 만들어졌던 것이다. 둘째 아이는 학교에서 따돌림을 당한 뒤 요즘은 심리치료를 받는다. "이럴 거면 왜 귀화했는지 모르겠다"라고 하소연하는 이화 씨는 한국 사회가 붙인 꼬리표를 떼어내고 싶다. '후진국에서 온, 발음이 어색하고 말을 잘하지 못하는, 매매혼으로 팔려 온 여자'라는 꼬리표다. 법무부의 '출입국·외국인정책 통계월보'에 따르면 이화 씨처럼 매일같이 편견에 부딪히는 결혼이주 여성은 2020년 10월 말 기준 13만 7614명에 이른다.

2019년 7월 베트남 여성 폭행 피해 사건이 알려진 이후 결혼이주 여성의 불안정한 체류 자격과 남편에게 사실상 종속된 채 살아가는 실태에 대한 관심이 높아졌다. 결혼이주 여성은 자신들을 괴롭히는 문제의 뿌리는, 자신들을 존중받아야 할 한국인 배우자가 아닌 남성의 소유물로 보는 한국 사회의 차별 의식과 가부장적 사고라고 지적한다.

이화 씨는 한국 사회에 비교적 잘 적응한 '베테랑' 결혼이주 여성이지만 이방인 취급을 피할 수가 없다. 엄마들의 네트워크뿐만 그런 게 아니라 한국 사회의 모든 곳이 '차별의 네트워크'로 이뤄져 있다는 사실을 수없이 실감한다. 서울교통공사에 취업했을 때는 한 민원인이 "네가 내 아들의 일자리를 빼앗았다"며 달려들어 크게 당황했던 기억도 있다. 이화 씨는 "나도 한국인이다"라고 항의했지만 그때 느낀 불쾌함은 지금도 생생하다. 업무나 교육을 받

서울 지하철 신도림역 주변의 한 회의실에서 한국이주여성연합회 회원들이 이주 여성이 한국에 정착하면서 겪는 어려움에 대해 이야기하고 있다. **사진 한국이주여성연합회**

을 능력을 입증해도 일단 외국 출신이니 다문화 가정을 위한 코스를 밟으라며 한국인과 동등한 자격을 주는 것에 손사래부터 치는 경우도 있었다.

가족 문제에 있어서도 여전히 어려움이 많다. 2012년부터 친정 엄마와 시어머니를 한집에 모시고 살던 이화 씨 부부는 얼마 전 가족과 생이별하게 됐다. 법무부가 둘째 아이가 만 7세가 됐다는 이유로 보육할 사람이 따로 있을 필요성이 떨어진다고 보고 친정 엄마의 체류 기간 연장을 거부했기 때문이다. 63세인 친정엄마는 2019년 9월에 중국으로 돌아가 혼자 생활해야 했다. 방문·동거 비자(F-1)가 만료된 이후 다시 한국 체류 자격을 얻을 수 있을지도 불투명하다.

이화 씨는 저혈압이 있어 실신을 반복하고 백내장을 앓는 등 곳곳이 아픈 어머니를 멀리 보낼 수 없어 남편과 대책을 상의했지만, 자신이 잠시나마 중국으로 함께 돌아가는 방법 말고는 뾰족한 수가 없었다. 직계가족, 적어도 부모에 한해서는 한국에 계속 머무는 것을 허락해주기 바라는 결혼이주 여성이 적지 않다. '한 자녀 정책'을 오래 유지해온 중국에서 온 결혼이주 여성은 부모 중 한 명이 사망하면 생존한 부모를 어떻게 모셔야 할지가 큰 고민거리다. "나와 남편이 시어머니를 봉양하듯이 친정엄마에게 효도하겠다는데 뭐가 그리 잘못인가." 이화 씨는 한국인의 배우자로 외국 여성을 데려왔으면 그들의 가족도 존중해야 하는 것 아니냐고 하소연했다.

결혼이주 여성은 무엇보다도 중개업체를 통한 국제결혼이 편견을 싹 틔우는 토양이라고 지적했다. 한국 남성이 일정한 비용을 내고 해외 여성을 물건처럼 고르는 방식은 여성을 '소유물'로 여기도록 하는 근인이라는 설명이다. 일부 업체는 홈페이지에 외모를 강조한 여성 사진과 어린 여성을 만날 수 있다는 문구를 내거는 등 노골적으로 매매혼을 조장하려는 의도를 드러내기도 한다.

중국에서 한국으로 건너와 이제는 다문화가족지원센터에서 후배 결혼이민 여성을 돕는 중국 동포 출신 결혼이민 여성 정춘홍(42세) 씨도 정도가 지나친 업체가 적지 않다고 비판했다. "전부 문을 닫게 해야 한다. 베트남과 우즈베키스탄 등에서 온 여성들이 전하는 얘기는 이렇다. 방에 한국 남자가 딱 앉아 있으면 여성들을 쫙 들어오게 한다. 마음에 드는 사람이 없으면 업체가 다른 여성을 또 찾아준다. 이렇게 여성을 골라서 사흘 만에 결혼식까지 한다고 한다. 이런 과정에서 남성이 적지 않은 돈을 들였는데 한국에 돌아오면 여성을 어떻게 대하겠는가?"

다만 전문가들은 결혼이민 여성과의 결혼에서 생긴 문제를 모두 매매혼 탓으로만 보는 건 편견이라고 지적했다. 재력과 외모 같은 조건을 따졌다고 해서 서로에게 애정이 전혀 없는 상황에서 결혼했다거나, 이후 애정이 생기지 않으리라는 법은 없기 때문이다. 모든 결혼에서 애정이 전제 조건이나 절대적 조건인 것도 아니다. 국가인권위원회의 의뢰로 '결혼이주민의 안정적 체류 보장을 위한 실태조사'(2017년) 연구를 맡은 김은정 한양여대 사회복지보육과 교수는 "한국인끼리의 결혼도 사랑과 애정만이 모든 것은 아니다. 서로 뜻이 맞아 결혼했다면 그것을 인정하고 (사회적으로) 존중하고 대우를 해줘야 한다"고 말했다. "제도 자체에 매매혼적 성격이 있는 것은 사실이지만, 개별 부부가 서로를 위하고 아낀다면 꼭 매매혼 관계로만 볼 수는 없다."

중개업체를 통해 10년 전 한국인과 결혼한 베트남 출신 김하영(38세·귀화명) 씨는 매매혼인지 아닌지를 따질 것이 아니라 두 사람이 만나 좋은 가정을 이루는 방법을 찾도록 사회와 정부가 도와야 한다고 강조했다. 우선 결혼이주 여성이 한국에 와서 혼인신고를 하기 전에 상대방 남성에 대한 정확한 정보부터 제공받을 수 있어야 한다고 김씨는 말했다. "많은 결혼이주 여성이 남성의 결

2008년 한국인 남성과 결혼하면서 필리핀에서 한국으로 이주한 레아 씨가 경기 부천 춘의동
자택에서 휴대폰에 담긴 가족 **사진**을 보고 있다. 사진 **임명수**

혼 경험과 주변 환경 등에 대해 거짓되거나 부정확한 정보를 제공
받은 상태에서 한국에 온다." 김씨는 일례로 친동생의 사연을 들
려줬다. "베트남 사람들은 한국 하면 서울밖에 모른다. 서울 근처
라고 말하면 알아도 다른 지역이라고 말하면 어디인지 모른다. 여
동생 역시 한국으로 결혼 이민을 왔었는데 남자가 웬 섬으로 데
리고 들어갔다. 살면서 욕하고 내쫓고 해서 결국 여성긴급전화
1366번에 신고해 탈출했다."

결혼 전에 결혼이주 여성과 한국 남성이 서로에 대해 깊이 이해
하는 시간을 갖도록 하는 게 중요하다고 전문가들은 말한다. 한국
으로 외국인 여성을 초청해 결혼하기를 원하는 남성이 있다면, 정
부가 배우자의 문화에 대한 교육을 의무적으로 받게 하는 일은 그
래서 반드시 필요하다. 왕지연 한국이주여성연합회장은 "베트남

과 중국, 필리핀 등 각 나라마다 문화가 다른데 그런 사정을 고려하지 않고 여성부터 초청해 살기 시작하니 남편 본인은 물론 시부모와도 갈등이 끊이지 않는다"고 진단했다. "결혼이주 여성과 결혼을 원하는 남성에게 상대국 문화에 대한 교육과 인권 교육을 실시하고 강사도 결혼이주 여성이 직접 맡으면 효과가 클 것이다."

서로를 이해하기 위한 노력은 결혼 당사자뿐 아니라 한국 사회 전체에도 필요하다고 결혼이주 여성은 입을 모은다. 김하영 씨는 "한국인과 똑같이 대해주기를 바란다"고 부탁했다. "결혼이주 여성이 한국에 와서 무슨 특혜를 바라는 것이 아니다. 한국에 와서 아기를 낳아 잘 키우고, 일하면서 사는 것을 바란다."

이화 씨는 자신 역시 변해야 한다고 생각한다. 그래서 자신의 변화된 모습을 지역 공동체에 더 많이 보여주려 애쓴다. 요즘은 자녀들이 다니는 초등학교에서 봉사 활동을 하고, 주민센터에서는 중국어를 가르친다. 지역 의용소방대 활동에도 열심이다. 두 아들의 학교 친구들과 그 부모들이 지금은 결혼이주 여성에 대해 어색해하고 가까이 다가올 용기를 내지 못하더라도 자신이 먼저 다가가는 모습을 보여야 한다고 생각한다. 그러한 노력 끝에 언젠가는 이방인이 아닌 함께 같은 생활공간에서 살아가는 '사람'으로 한국 사회에 받아들여지기를 바란다. "내 꿈이 뭐냐고? 그저 내 아기를 열심히 키우고 부모님 모시고 행복하게 사는 것이다."

"남편이 협조하지 않아도
체류 기간 연장할 수 있게 해주세요"

결혼이주 여성에 대한 가정 폭력은 일회성 사건이 아닌 사회구조에서 기인한 문제다. 국가인권위원회는 2017년에 펴낸 '결혼이주민의 안정적 체류 보장을 위한 실태조사' 보고서에서 '결혼이주민은 가정 폭력 등 여러 인권 침해 상황에 노출될 수밖에 없는 환경'이라고 못 박았다. 한국에서 신분을 안정적으로 보장받고 체류 자격을 유지하려면 한국인 배우자, 즉 남편의 도움과 협조가 절대적인 점을 지적한 것이다. 남편이 거금을 들여 국제결혼 중개업소를 거쳐 해외의 결혼이주 여성을 국내로 초청하는 현행 국제결혼 구조는 남편이 아내를 소유물처럼 여기게 만들기 쉽다. 여기에 아내의 체류 자격까지 남편이 좌지우지하는 구조이다 보니 폭행이나 폭언을 당해도 아내로서는 참고 견디는 경우가 많다.

결혼이주 여성의 권익을 옹호하는 단체들은 체류 자격을 연장하는 절차와 기준만이라도 완화할 것을 정부에 요구하고 있다. 법무부는 남편이 처음 결혼이주 여성을 한국으로 초청할 때만 남편이 신원보증서를 제출하게 돼 있다고 강조하지만, 실제로는 결혼생활 내내 남편의 영향력이 강하다. 출입국사무소가 요구하는 각종 행정 서류를 남편의 도움 없이 아내 스스로 발급받기가 어렵기도 하다.

예컨대 결혼이민 비자(F-6)의 체류 자격을 연장하려는 결혼이주 여성은 출입국사무소에 거주지를 입증하는 임대차 계약서 등을 제출해야 한다. 가구 소득을 증명하는 서류를 제출하라는 경우도 많다. 임대차 계약서 등 일부 서류는 남편이 직접 발급받아야 하는 데다, 결혼이주 여성이 발급받을 수 있는 서류도 한국 사정에 어둡고 한국말이 서툰 경우에는 남편의 도움 없이는 떼기 어렵다. 왕지연 한국이주여성연합회장은 "남편에게 여권이나 외국인등록증, 주민등록증을 맡기고 살면서도 아무 말도 하지 못하는 이유는 남편이 나쁜 마음을 먹고 체류 자격 연장에 협조하지 않으면 언제든 한국에서 쫓겨날 수 있기 때문"이라고 지적했다.

어렵게 체류 자격 연장 서류를 준비해도 법무부가 최대 체류 연장 기간 3년을 그대로 승인하는 경우는 드물다. 취재 중에 만난 결혼이주 여성들은 "연장 기간을 길게 해주면 이주 여성이 남편에게서 도망가리라고 판단하는 것"이라고 주장했다.

국가인권위원회는 곧 체류 자격 연장에 대한 기준과 절차를 완화하는 등의 내용을 법무부에 권고할 계획이다. 이 권고의 토대가 되는 보고서를 작성한 김은정 한양여대 사회복지보육과 교수는

"일부 제도를 악용하는 사례가 있더라도 결혼이주 여성은 기본적으로 한국에서 정주하려고 마음먹은 사람인 점을 인정해야 한다"고 했다. "체류 기간이 불안정한 초기에는 폭력 등을 당할 우려가 높은 만큼 정부가 권고를 받아들여 여성과 아동의 인권을 보호하고 가족을 제대로 꾸릴 수 있도록 제도적으로 도와야 한다."

결혼이주여성이 겪는 체류자격 연장 과정에서의 어려움(단위:명, 괄호안은 비중 %)

한국어가 서툴러서	124(17.3)
남편 및 가족의 미협조	50(7.0)
체류연장 방법 · 정보 부족	70(9.7)
출입국사무소 등 공공기관의 불친절과 무시	66(9.2)
체류인정기간 너무 짧아	95(13.2)
체류연장을 위한 입증자료(증거) 마련	63(8.8)
기타	23(3.2)
별로 없었다	359(49.8)
무응답	47(6.5)

자료: 인권위 결혼이주여성 실태조사 (2017)

트랜스젠더

"성 정체성 인정받고 싶지만,
커밍아웃을 하는 순간 평범한 삶에서 멀어져"

"근데 아가씨는 남자유? 여자유?"

트랜스젠더 여성 최수진(26세·가명) 씨는 몇 달 전 혼자 식당에서 식사를 하고 나가려다가 식당 주인에게서 이런 질문을 받았다. 가끔 듣는 질문이기는 하지만 자신의 신체를 위아래로 훑으며 내뱉는 말에 기분이 상한 최씨는 아무런 답도 하지 않고 식당을 나왔다. 성전환 수술(성별 재지정 수술 또는 성별 적합 수술)을 받지 않고 호르몬 투여만 받고 있다는 그는 "트랜스젠더라고 하면 다짜고짜 수술은 했느냐고 묻는데 초면에 그런 개인적 질문을 받으면 불쾌한 마음이 든다"고 했다.

최씨는 대학에 진학하고 난 뒤에야 친구들에게 먼저 자신이 트랜스젠더라는 사실을 알리고 이후 부모에게도 고백했다. 처음에는 "인연을 끊자"라는 말까지 들으며 가족과 심각한 갈등을 겪었지만 지금은 예전처럼 연락하며 지낸다. 성전환 수술을 하지 않은 탓에 법적 성별을 여성으로 정정하지 못한 최씨는 "처음에는 가족과의 관계가 멀어지는 게 가장 힘들었지만 이젠 취직이 가장 큰 걱정거리"라고 했다. "현재로선 대기업이나 정부 기관에 취직하는 건 어려울 것 같다. 아르바이트 일을 하며 이력서에 주민등록번호를 쓰지 않아도 되는 일자리를 알아보고 있다."

최씨처럼 그나마 친구 및 가족과 원만한 관계를 유지하는 트랜스젠더도 있지만, 가족에게조차 따돌림을 받고 고통스런 삶을 사는 트랜스젠더도 적지 않다. 30대 트랜스젠더 여성 강예빈(가명)씨는 행동과 말투가 여성스럽다는 이유로 어릴 때부터 주위에서 따돌림과 괴롭힘을 당했다. 고등학교 시절엔 친한 친구에게 자신의 정체성을 털어놓았다가 이 이야기가 부모의 귀로 들어가는 통에 기독교 신자인 아버지에게 수시로 폭행을 당했다. "악마에 들렸으니 쫓아내야 한다"며 강씨를 때리는 아버지를 어머니는 말리지 못했고 형제들도 모르는 체했다. 그는 "강제로 아우팅(성 소수자의 성적 지향을 본인의 동의 없이 밝히는 행위)을 당한 이후 자존감은 바닥으로 떨어지고 늘 자책감에 시달려야 했다"고 한숨을 내쉬었다. 결국 집을 나왔다. 어렵게 모은 돈으로 성전환 수술을 마쳤지만 가족과 사실상 절연한 상태라 법적 성별 정정은 꿈도 꾸지 못한다. 그는 "서른이 넘은 성인인데도 부모의 동의가 있어야만 성별 정정을 할 수 있다는 게 이해되지 않는다"고 지적했다. "성별 정정을 위한 요건이 선진국에 비해 지나치게 엄격하다."

대표적인 사회적 소수자인 성 소수자 가운데서도 트랜스젠더는 소수에 지나지 않는다. 소수자 사회에서도 소수인 셈이다. 미국과 영국 등에서 이뤄진 조사에서는 인구의 0.3~0.7퍼센트 정도를 트랜스젠더로 추정했다. 국내에선 아직 제대로 된 조사가 이뤄진 적이 없어서 해외 사례와 비교해 15만~35만 명에 이를 것으로 추정할 뿐이다.

트랜스젠더에 대한 사회적 논의도 거의 이뤄지지 않다 보니 트랜스젠더의 뜻도 모르는 사람이 많다. 최수진 씨는 "트랜스젠더라고 하면 모두 동성애자라고 생각하는 사람도 있고, 외부 성기 수술을 마쳐야만 트랜스젠더라고 생각하는 사람도 적지 않다"고 설명했다. 통상 트랜스젠더는 태어날 때 지정받은 성과는 다른 성별의 정체성을 가진 사람을 말한다. 수술은 물론 호르몬 요법도 받지 않고 지내는 사람도, 법적으로 성별이 바뀌지 않은 사람도 포함하는 개념이다.

이 같은 이유로 자신이 어떤 선택을 하는가에 따라 트랜스젠더의 삶은 극명히 달라진다. 자신의 정체성을 감춘 채 출생시 성별에 따라 살면 평범한 삶이 가능하지만, 출생시 성별과는 다른 모습으로 산다거나 성별 정정을 하게 되면 좋은 직장에 취직해 살아갈 가능성은 크게 낮아진다. 커밍아웃이 곧 경제적 고립으로 이어지는 것이다. 여성으로 태어났지만 스스로 남성이라고 여기는 임주영(29세·가명) 씨가 직장 생활을 유지하기 위해 성전환 수술이나 호르몬 투여, 성별 정정을 당분간 포기하기로 한 건 이런 이유에서다. 2018년 공기업에 취직한 그는 "어렸을 때부터 성별 위화감

(태어날 때의 성별과 스스로 인지하는 성별 사이의 차이로 인해 자신의 신체 등에 대해 느끼는 불쾌감)을 느껴서 남성적인 외모와 목소리를 갖고 싶기는 하지만 어렵게 들어간 직장을 포기할 순 없었다"고 털어놓았다.

자신의 성별 정체성대로 살고 싶어 하는 트랜스젠더는 대부분 이에 맞춰 법적 성별을 바꾸고 싶어 하지만 성별 정정의 주요 조건인 성전환 수술이라는 장벽에 맞닥뜨린다. 김승섭 고려대 보건정책관리학부 교수가 진행한 한국 트랜스젠더의 건강 연구에 따르면, 설문 조사에 응한 156명의 트랜스젠더 중 78퍼센트에 해당하는 122명이 '비용이 부담된다'는 이유로 성전환 수술을 받지 않았다고 답했다. 성전환 수술에는 외부 성기 수술, 고환·정소 또는 난소·자궁 제거 수술, 안면 성형수술, 가슴 수술, 성대 성형수술 등이 포함된다. 이 가운데 가장 비용 부담이 큰 성기 성형수술은 1500만~2000만 원 수준인 것으로 나타났다.

강예빈 씨는 "10대 때나 20대 초에 커밍아웃을 하고 가출하고 나면 수술에 필요한 돈을 벌기 위해 트랜스젠더 바 같은 업소에 취직하는 경우가 많다"고 했다. "수술 후에도 일반 대기업과 정부 기관에 취직하기가 쉽지 않아 업소에 다시 나가거나 저임금 비정규직으로 일하는 경우가 많다."

대학생 때부터 학원에서 수학 강사로 일해온 이예나 씨는 5년간 일해온 학원을 2018년에 그만두고 자신의 정체성을 드러내기로 했다. '긴 머리의 남자 선생님'으로 지내며 수강생이 4명밖에 안 되던 작은 보습학원을 500여 명이 다니는 유명 학원으로 키우는 데 일조했지만, 자신 때문에 학원이 곤란한 처지에 놓이기를 원치 않았다. 그런데 안면 성형수술 등을 마치고 다시 다른 학원에 취업하려 했지만 수업을 시작하기도 전에 한 학부모에게 '사탄의 자식', '마귀의 자식'이라는 말을 듣고 수업을 포기해야 했다.

자신이 할 수 있는 일을 찾기 위해 이씨는 오히려 공개적으로 커밍아웃을 했다. 자신은 트랜스젠더 여성임을 밝히고 유튜브에서 인터넷 강의를 시작한 것이다. 미성년 학생을 둔 학부모들의 반발을 우려해 우선 대기업 직무적성검사를 앞둔 대학 졸업생을 대상으로 가르치고 있다. 이예나 씨는 "내가 트랜스젠더라는 사실이 지역 내에선 문제가 될 수 있겠지만, 전국적으로 알려지면 오히려 트랜스젠더 여부를 따지지 않고 실력을 보고 내 수업을 찾는 사람이 있을 수 있겠다 싶었다"고 했다.

실제로 이씨처럼 커밍아웃을 한 상태에서 평범한 직업을 갖고 살아가는 경우는 흔치 않다고 한다. 법적 성별과는 다른 외양을 하고 있다는 이유 때문에 다니던 직장에서 해고됐다는 이들도 있다. 호르몬 요법이나 수술 등을 통한 트랜지션(자신의 정체성에 따른 성별로 살기 위해 거치는 전환 과정)을 하게 되면 경제 상황은 더욱 어려워진다. 가족의 지원을 받기 어려운 상황에서 수천만 원에 이르는 수술 비용을 마련한다고 해도 수술을 거치고 회복하는 데 최소 1년 이상의 공백을 가질 수밖에 없으니 사회생활에서 뒤처지게 된다.

수술 후 법적 성별 정정을 마치더라도 여고를 나온 트랜스젠더

경기 고양에서 만난 수학 강사 이예나 씨는 "트랜스젠더도 평범한 직장에 다니며 보통 사람과 다를
바 없는 삶을 산다는 것을 보여주고 싶어 커밍아웃을 하게 됐다"고 말했다. 예나라는 이름은 그의
아버지가 지어준 이름이다. **사진 홍윤기**

남성이나, 남고를 졸업하고 군 복무를 마친 트랜스젠더 여성은 자
신이 트랜스젠더라는 사실을 숨기기 어렵게 된다. 또 수술 후유증
등으로 공백기가 생겨 좋은 직장을 잡기도 쉽지 않다. 출생시 성
별로 살며 자신의 정체성을 완전히 숨기지 않는 한 이들이 빈곤의
악순환에서 벗어나기 힘든 환경인 것이다.

물론 수술보다 법적 성별 정정은 훨씬 어려운 일이다. 아직 관
련 법 조항이 없어 법원 내부 지침에 따라 판사 각자가 결정하기
때문이다. 가장 까다로운 조건인 '부모의 동의'와 외부 성기 성형
수술까지 마친 뒤에도 성별 변경을 허가하지 않는 경우가 종종 있
다. 2018년 태국에서 성전환 수술을 받고 2019년 초에 법적 성별

정정을 허가받은 트랜스젠더 여성 신미나(25세·가명) 씨는 "트랜스젠더 커뮤니티에 가면 성별 정정을 허가할 확률이 높은 가정법원에 대한 정보가 돈다. 법원 인사에 따라 판사가 바뀌면 전혀 다른 결과가 나올 수도 있다는 말도 있다. 나는 그냥 주소지에 있는 가정법원에 가 신청했는데 운 좋게 허가를 받았다"며 씁쓸해했다.

트랜스젠더에겐 부모의 동의를 받는 일도 난관 중의 난관이다. 이예나 씨는 "내가 아는 트랜스젠더 중 한 분은 자신이 어릴 때 부모가 이혼한 뒤 아버지가 어디 사는지를 알지 못해 14년째 성별 정정 신청을 하지 못하고 있다"고 전했다.

트랜스젠더의 스펙트럼은 다양하다. 남녀라는 이분법적 성별을 따르지 않는 모든 젠더 정체성을 가리키는 '논바이너리non-binary'도 있다. 흔히 젠더퀴어라고도 불리는데 이는 다시 여성성과 남성성이 섞인 형태의 양성적 정체성인 안드로진, 남성과 여성의 개별적인 두 정체성을 지닌 바이젠더 등으로 나뉜다.

트랜스젠더의 인권을 옹호하는 단체 트랜스해방전선에서 인권대응팀장을 맡고 있는 꼬꼬(30세·활동명) 씨는 "논바이너리는 범주를 말하는 개념이고 젠더퀴어는 성별 이분법을 거부하는 행동 양식을 가리키는 정치적 표현"이라고 설명했다. 그는 자신의 정체성을 뉴트로이스라고 정의하며 "굳이 우리말로 하면 중성이지만 그보다는 남성도 여성도, 둘의 중간도 아닌 그 이외의 어떤 것"이라고 부연했다.

이분법적 성별 구분은 트랜스젠더로 살아가는 이들이 일상적

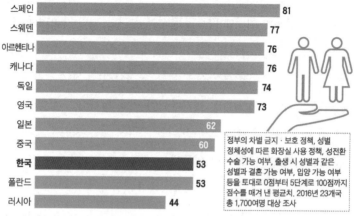

국가별 공공부문 트랜스젠더 인권 보장 지수 (100점 만점 기준)

국가	지수
스페인	81
스웨덴	77
아르헨티나	76
캐나다	76
독일	74
영국	73
일본	62
중국	60
한국	53
폴란드	53
러시아	44

정부의 차별 금지·보호 정책, 성별 정체성에 따른 화장실 사용 정책, 성전환 수술 가능 여부, 출생 시 성별과 같은 성별과 결혼 가능 여부, 입양 가능 여부 등을 토대로 0점부터 5단계로 100점까지 점수를 매겨 낸 평균치. 2016년 23개국 총 1,700여명 대상 조사

자료: 버즈피드·입소스·캘리포니아주립대(UCLA) 법학전문대학원 윌리엄스 인스티튜트

으로 겪는 가장 큰 걸림돌이다. 남자 화장실이든 여자 화장실이든 마음 편히 사용하지 못하는 불편함은 이들이 흔히 겪는 고통이다. 신용카드 발급 같은 신분을 확인하는 모든 서비스에서 "본인이 맞느냐"는 질문을 반복해 듣고 이를 증명하는 데 진땀을 빼야 한다. 투표에 불참하는 이들이 많은 것도 신분을 확인하는 과정에서 겪게 될 불편함과 두려움 때문이다.

법적 성별이 남성인 트랜스젠더는 20대 초반 병역 문제로 홍역을 앓기도 한다. 징병을 위한 신체검사를 받는 시기 이전에 성전환 수술과 법적 성별 정정을 마치는 경우가 드물기 때문이다. 군 복무 기간 동안 비교적 군대 생활에 잘 적응하는 사람도 있지만 여성스러운 말투와 행동이 눈에 띄어 차별을 받거나 폭행, 심지어 성폭력까지 경험하기도 한다.

　김승섭 교수의 연구에 따르면 조사에 참여한 70명 가운데 40명(중복 응답)이 '공동 샤워 시설 이용'을 군 복무 중 어려운 점으로 꼽았고, 33명이 '공동 취침 시설 생활'을 지적했다. 성 소수자라고 비하하는 발언과 성희롱을 듣거나, 성폭력을 당했다는 경험도 각각 26명, 17명이나 됐다. 자주 드나들 수밖에 없는 병원에서 겪는 차별도 적지 않다. 2015년 미국에서 수행된 연구에 따르면 설문 조사에 참여한 2만 7000명의 트랜스젠더 가운데 33퍼센트가 의료 기관을 이용할 때 언어폭력과 성희롱, 치료 거부 등을 경험했다고 한다.

　이 모든 불편함과 어려움보다 이들을 힘들게 하는 건 "그런 외모로 여자가 될 수 있겠느냐"는 식의 비아냥거림부터 "치료를 하면 나을 것"이라는 식의 비뚤어진 견해까지 자신들을 바라보는 왜곡된 시선이다. 꼬꼬 씨는 "상대방이 트랜스젠더라는 걸 받아들이고 이해하면 좋지만 이해하지 못하더라도 그냥 그렇구나 하면서 넘기면 좋겠다. 똑같은 인간으로 대해주길 바랄 뿐"이라고 말했다.

성 소수자 수용도 OECD 최하위,
"성별 변경에 관한 법률부터 마련해야"

세계적으로 성 소수자에 대한 인식이 점차 긍정적으로 바뀌고 있는 추세이지만, 한국은 OECD 회원국 가운데서 성 소수자에 대한 수용도가 최하위권에 머물 정도로 사회적 거부감이 심각하다. 트랜스젠더에 대한 몰이해는 말할 것도 없다.

국내 트랜스젠더 인구 집단을 대상으로 수행한 최초의 연구로 알려진 건, 성 소수자 단체로 이뤄진 '성전환자 인권실태 조사단'의 2006년 설문 조사다. 설문 대상인 트랜스젠더 78명 가운데 68퍼센트인 53명이 자신들에게 가장 필요한 사회정책으로 '성별 변경에 관한 법안 마련'을 꼽았다. 그러나 14년이 지난 2020년에도 성별 변경은 법률이 아닌 법원 내부의 '사무처리지침'에 따르도록 돼 있다.

2006년 트랜스젠더의 법적 성별 변경을 허가한 대법원 결정에

공익인권변호사모임 희망을만드는법 사무실에서 만난 국내 최초 커밍아웃 트랜스젠더 변호사 박한희 씨는 "부모 동의와 성전환 수술 없이도 법적 성별 정정이 가능해야 하며 이 같은 내용을 담은 특별법 제정이 시급하다"고 말했다. **사진 서재훈**

따라 만들어진 가족관계등록예규 '성전환자의 성별정정 허가신청사건 등 사무처리지침'에는 성별 정정을 허가하는 기준으로, 만 19세 이상의 행위 능력자로, 사회생활상 전환된 성으로 살고 있고, 혼인 중이 아니면서, 부모의 동의를 얻었고, 의료적으로 정신과 전문의 2인 이상의 정신과 진단이 있으며, 생식능력을 상실했고, 전환된 성으로의 외부 성기 성형수술 등을 포함한 성전환 수술을 받은 사람으로 제시하고 있다.

그러나 지침 수준이어서 판사에 따라 제각각 법원의 결정은 달라진다. 커밍아웃을 한 국내 최초의 트랜스젠더 변호사인 박한희(공익인권변호사모임 '희망을만드는법') 씨는 "2019년 7월 인천가정법원이 부모의 동의가 없어도 법적 성별 정정을 허가해준 사례가 처음 나오기는 했지만, 명시적인 법률이 없다 보니 다른 법원에서도 같은 결정이 나오리라는 보장이 없다"고 했다. "국회와 대법원이 서로 책임을 떠넘기고 있는데 국회가 책임지고 나서서 특별법을 만들어야 한다."

법적 성별 정정 조건 중에서 '성전환 수술'을 제외해야 한다는 목소리도 크다. 성 소수자부모모임의 운영위원이자 트랜스젠더 남성을 자녀로 둔 위니(활동명) 씨는 "부모가 수술비를 지원하지 않을 경우 20대 트랜스젠더는 수술 비용을 모으는 데만 집중하게 된다. 그러다 보니 막상 수술을 받고 나면 학업이 중단되고 경력이 단절됨으로써 미래가 막막해지는 경우가 많다. 수술에 꼭 건강보험이 적용돼야 한다"고 했다. 박한희 변호사는 "성별 정정 조건으로 성전환 수술을 요구하는 건 개인의 신체의 자유를 침해하는 것"이라고 강조했다. "성전환 수술을 받지 않아도 성별 정정을 허가받을 수 있게 해야 한다."

결국 2019년 8월 대법원은 성별 정정 신청 서류 목록에서 '부모 동의서'를 제외했다. 성인에게 부모 동의서를 요구하는 것이 모순된다는 비판을 받아들인 것이다. 또 2020년 3월에 들어 대법원은 해당 사무처리지침을 개정했다. 즉 서류 목록 중에서 전문의 감정서나 성장환경진술서 등은 2명에서 1명의 것으로 줄였다. 동시에 서류들의 성격을 필수 제출이 아닌 참고용으로 바꿨다.

재소자 가족

"너희도 공범, 평생 얼굴 들지 말고 살아!", 창살 없는 감옥에 갇힌 사람들

　2015년이었으니 지금 여섯 살인 막내가 겨우 걸음마를 뗐을 때였다. 지금이야 밥도 혼자 먹고 화장실도 갈 수 있지만 큰아이(9세)와 둘째(7세)도 당시엔 부모가 한순간도 한눈을 팔 수 없는 그런 시기였다. 부부가 경기도에서 작은 교회를 운영하며 빠듯한 살림으로 아이 셋을 먹이고 씻기고 입히면서도, 아이들이 주는 기쁨에 피로를 흘려버리곤 하던 그때, 남편의 범행 사실이 들려왔다. 전도사이던 남편은 2015년 9월 미성년자를 상대로 성폭행을 저지른 죄로 10년 수감 생활을 시작했다.

　아내 이유진(36세·가명) 씨는 "'막막하다'라는 말로밖에는 표현이 안 된다"며 남편의 수감 당시를 힘겹게 떠올렸다. 엄마만 바라보는 물정 모르는 세 아이를 돌보기에 바쁜 나머지 하루아침에 범죄자가 돼 가족을 떠난 남편을 원망할 틈도 없었다. 고통은 줄지

2015년 남편의 수감 이후 세 아이들과 살고 있는 이유진(뒷모습) 씨는 "한 달 50만 원으로 네 식구가 살면서 느끼는 빠듯함보다, 아이들이 아빠는 왜 그렇게 멀리서 일하고 한 번도 집에 오지 않느냐고 물어올 때 마음이 더 힘들다"고 토로했다. **사진 조아름**

어 찾아왔다. 급히 교회를 정리하고 현재 살고 있는 30제곱미터 (9평) 크기의 임대주택에 네 식구가 이삿짐을 풀기 무섭게, 폐동맥고혈압이라는 희귀난치성 질환까지 이씨를 덮쳤다. 원인을 알 수 없는 이 병에 걸리면 혈관이 두꺼워지고 장기가 압박을 받으면서 쉽게 피로감을 느낀다.

직장을 다닐 수도 없어 현재 기초생활수급비 130만 원가량을 받아 생계를 유지하고 있다. 약을 먹지 않으면 심해지는 심장 통증보다 견디기 힘든 건 "아빠는 언제쯤 우리와 같이 살 수 있느냐"고 묻는 아이들의 눈을 볼 때다. 이씨는 "아직 아무것도 모르는 아이들에게 어디서부터 말을 해야 할지 모르겠다"며 한숨을 내쉬었다.

재소자는 자신의 죗값을 치르기 위해 사회와 동떨어진 감옥으로 향한다. 그들의 가족은 여전히 사회에 남겨져 살아가는데 정작 이들의 삶이 '창살 없는 감옥'인 경우가 많다. 이들이 '범죄자의 가족'이기 때문이다. 재소자가 감옥에 갇힌 뒤 남은 가족은 경제적 빈곤으로 내몰리거나 주변 사람들에게 외면과 손가락질을 받으면서 숨죽이며 살아간다. 신상이 공개돼 되돌리기 힘든 2차 피해를 겪기도 한다. 모든 국민은 자신의 행위가 아닌 친족의 행위로 인해 불이익을 받지 않아야 하는데도(헌법 제13조 3항), 재소자 가족 중에는 범죄를 저지른 당사자보다 어쩌면 더욱 혹독한 '죗값'을 치르는 경우가 많다.

재소자 가족이 겪는 가장 큰 피해 중 하나는 경제적 빈곤이다. 특히 양육해야 할 자녀가 있는 가정의 경우 빈곤 비율은 더 높다. 국가인권위원회가 2017년 11월에 발표한 '수용자 자녀 인권상황 실태조사'에 따르면, 전국 53개 교정기관에 수감 중인 재소자(4만 936명) 4명 중 1명(25.4퍼센트)은 19세 미만의 미성년 자녀를 두고 있었다. 미성년 자녀가 있다고 답한 재소자(1만 299명)의 89.5퍼센트는 수감 전엔 혼자 또는 배우자와 함께 양육비를 부담하고 있었다. 이들의 수감은 곧 가정의 경제적 위기일 수밖에 없다. 재소자 가족의 기초생활수급 비율(11.7퍼센트)이 국내 평균 수급 비율(2.3퍼센트)의 다섯 배에 가깝다는 것이 이를 말해준다.

이유진 씨도 매달 받는 수급비 130만 원 중 남편과 신혼집을 구할 당시 받았던 전세자금 대출의 원리금을 갚고(25만 원) 세 아이 앞으로 든 보험 등을 내고 나면 손에 쥐는 금액은 겨우 50만 원에

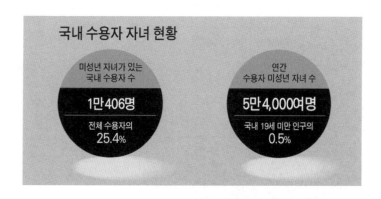

국내 수용자 자녀 현황

미성년 자녀가 있는
국내 수용자 수

1만 406명

전체 수용자의
25.4%

연간
수용자 미성년 자녀 수

5만 4,000여 명

국내 19세 미만 인구의
0.5%

불과하다. 남편의 변호사 비용(1500만 원)을 대느라 보유하고 있던 자동차(1000만 원)까지 팔았다. "아이들이 여럿이라 숨만 쉬어도 돈이 나가는 것 같다"고 한탄하던 이씨는 "그나마 기초생활수급자(의료급여 1종)라 병원비와 약값이 들지 않으니까 이 정도"라고 했다.

부산에서 당구장을 운영하는 한정희(43세·가명) 씨는 남편이 상습 음주운전으로 1년 8개월 형을 선고받아 2017년 10월 수감된 이후 빚에 허덕이게 됐다. 직장 생활을 하던 남편이 수감되기 전에는 2014년 당구장을 시작하면서 받은 대출금 2억 원을 함께 갚아가며 살았다. 하지만 현재 당구장의 수입으로는 대출 이자에 두 아이(각각 고등학교 1학년, 중학교 3학년)와의 생활비를 도저히 감당할 수 없어 가게를 내놓을 처지다. 남편이 음주운전으로 차량 사고까지 낸 탓에 한씨는 상대방 운전자의 치료비 등으로 합의금 2000만 원까지 물었다. 한씨는 "부모와 형제에게도 돈을 빌렸는데 갚지 못하는 상황이 반복되다 보니 서로 감정이 상하고 관계도 소원해졌다"고 했다.

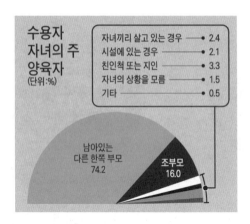

수용자 자녀의 주 양육자
(단위:%)

자녀끼리 살고 있는 경우	2.4
시설에 있는 경우	2.1
친인척 또는 지인	3.3
자녀의 상황을 모름	1.5
기타	0.5

남아있는 다른 한쪽 부모 74.2

조부모 16.0

재소자 가족은 세상의 비난에서도 자유롭지 못하다. 가족이 범죄를 저질렀다는 충격에서 헤어나기도 전에 '죄인'의 배우자, 부모, 자녀, 형제라는 이유만으로 사회적 편견과 냉대를 견디고 사는 경우가 많다. 가족의 범죄 사실이 주변에 알려지는 경우 생각지도 못한 2차 피해를 경험하기도 한다.

2019년 초 지인들을 상대로 사기를 저지른 죄로 아버지가 구치소에 수감된 이후 조성훈(10세·가명) 군은 다니던 초등학교에 며칠간 등교하지 못했다. 조군의 어머니와 다른 가족에게라도 사기당한 금액을 변제받겠다며 피해자들이 조군이 다니는 학교에까지 찾아갔기 때문이다. 조군의 어머니는 "학교 앞에서 (피해자들이) 다른 학생들에게 우리 아이와 나의 연락처를 물어보는 통에 학부모들한테 항의를 받았다"고 털어놨다. "피해자들에게 사죄하는 마음으로 피해액도 갚을 예정이지만, 이와는 별개로 아이를 위해 다른 지역으로 이사를 가야 하는지 고민하고 있다."

이런 사정상 재소자 가족은 주변 사람들과 왕래를 끊고 범죄 사

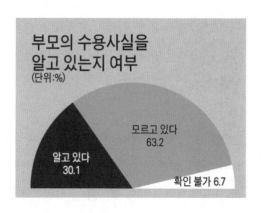

부모의 수용사실을 알고 있는지 여부
(단위:%)

모르고 있다
63.2

알고 있다
30.1

확인 불가 6.7

실을 숨기는 데 급급하게 된다. 한정희 씨도 "남편이 수감된 뒤에는 친한 친구들과 얘기를 할 때도 남편과 관련한 말은 거의 꺼내지 않고, 이웃사람들과도 웬만하면 대화를 나누지 않는다"고 했다. "아이들의 친구나 그 부모가 알게 돼 혹시라도 우리 아이들이 상처받을 것이 제일 걱정스럽다."

자녀에게 부모의 수감 사실을 숨기는 경우도 많다. '수용자 자녀 인권상황 실태조사' 결과를 보면 응답자(1만 5195명) 10명 중 6명(63.2퍼센트)은 자신의 수감 사실을 자녀가 '모른다'고 답했다. 특히 어린 자녀가 충격을 받을 것이 걱정돼 보호자는 외국이나 먼 지역에 일을 하러 갔다는 등의 이유를 대며 수감 사실을 숨기곤 한다.

이유진 씨도 아이들에게 남편이 수감된 지방의 한 교도소를 아예 "아빠가 일하는 회사"라고 둘러댔다. 친구 아빠들과 달리 몇 년 동안 집에 단 한 번도 오지 않은 아빠에 대해 초등학생인 큰아이가 "도대체 아빠는 언제쯤 오냐"고 물을 때마다 이씨는 가슴이 철렁 내려앉는다. "남편이 출소할 때쯤이면 큰아이가 중학생이 되는

데 그때까지 숨길 수 있을지 모르겠다. 솔직히 말을 한다고 해도 어린 아이에게 어디서부터 어떻게 설명해야 할지 지금으로선 막막하다."

재소자 가족에게 이른바 연대책임을 묻는 경향은 유독 우리나라와 일본 등 아시아 국가에서 강하게 나타난다. 가족 중심의 문화가 깊이 뿌리를 내린 탓이다. 시민단체나 종교단체 등에서 경제적 어려움에 처한 재소자 가족을 지원한다는 소식이 언론에 오르내릴 때 비난의 수위는 더욱 높아진다. 인터넷상에는 '자기 자식 귀한 줄 알면 죄를 짓지 말아야지', '범죄자의 더러운 피가 흐르는 가족을 왜 돕느냐', '너희들도 공범이다', '평생 얼굴을 들지 말고 살아야 한다'와 같은 가혹한 비판들이 오르내린다. 재소자 가족도 '죄인의 가족'이라는 이유만으로 가해지는 비난과 책임을 감내하는 것은 어쩔 수 없다고 생각하지만 마음의 상처는 피할 수 없다.

가족의 범죄 사실이 자신의 미래에 부정적인 영향을 미칠지 모른다는 불안감을 토로하기도 한다. 직장인 이성희(41세·가명) 씨는 이미 수년 전에 출소한 아버지의 수감 이력 때문에 결혼은 물론 연애까지 포기하게 됐다. 이씨는 "아무리 연인 관계라고 해도 상대방의 가족 중 범죄자가 있다는 사실을 알고 그냥 넘어갈 사람은 없을 것 같다. 괜한 상처를 받느니 관계를 시작하지 않는 게 나을 것 같다"고 말했다.

특히 범죄를 저지른 이와 그의 자식까지 동일시하는 사회의 시선에 부모의 부재로 가뜩이나 위축된 아이가 경험하는 마음의 상처는 클 수밖에 없다. 재소자 자녀를 지원하는 민간단체 세움의 이경림 대표는 "자신의 잘못이 아닌데도 비난을 받는 아이는 수치심과 죄책감에 고립되기 쉽다"고 했다. "이들을 보호하고 돕는 문제는 부모의 죄와 관계없이 아동의 인권 차원에서 접근할 할 필요가 있다." 세움이 2018년 9월에 발간한 수용자 자녀 양육 지침서 〈내일을 위한 용기〉엔 '양육자가 기억해야 할 수용자 자녀 8대 권리'가 수록돼 있는데, 그 가운데 첫 번째는 '부모의 수용 사실로 인해 사회적으로 비난받거나 차별받지 않고 살아갈 권리'다.

일본의 가해자 가족 지원 단체인 월드오픈하트(World Open Heart)의 아베 교코 이사장 역시 2019년 7월에 펴낸 저서 〈아들이 사람을 죽였습니다〉에서 이렇게 밝혔다. "'부모의 교육 방법이 나빴다' 등 세상의 모든 언어로 가해자 가족을 비난한다. 이러한 무책임한 비난은 가해자 가족을 상처 입히고 사회에서 격리시킬 뿐 아니라, 가해자가 갱생할 기회와 범죄 예방의 중요한 실마리를 없앤다."

가족 해체·위기 땐 출소자 재범 가능성 높아,
가족의 안정된 삶 지켜줘야

경제적·사회적 곤경에 처한 재소자 가족을 지원해야 한다고 주장하는 사람들은 "안전한 사회를 위해서라도 그 가족은 안정된 삶을 유지할 필요가 있다"고 입을 모은다. 경제적 빈곤에 몰려 이들 가정이 해체되거나 위기가 계속될 경우 재소자가 출소해도 사회에 안정적으로 복귀할 가능성이 낮아진다. "범죄자의 가족은 가장 효율적인 재사회화 기관"이라는 말도 있다.

위기 가정을 위한 국가의 복지 시스템은 이들에게도 똑같이 적용된다. 하지만 국내에서 이들만을 위한 공적 시스템은 사실상 전무한 실정이다. 주로 시민단체와 일부 종교단체가 재소자 자녀에게 장학금 및 심리 상담 등을 지원하는 사업을 진행하고 있다. 법무부 산하의 한국법무보호복지공단이 2019년 초부터 재소자 자녀에게 학업 도움 및 심리 상담 등을 지원하는 사업을 시범적으로

국민기초 생활수급 비율(단위:%)

수용자 가정	11.7
일반 가정	2.3

※조사기간: 2017년 6월 15일부터 2주간
※조사대상: 전국 53개 교정기관 4만936명
자료: 국가인권위원회 '수용자 자녀 인권상황 실태조사(2017)'

실시하고 있지만, 이 역시 현재로선 민간의 자원봉사와 기부(후원) 를 통해 이뤄지는 실정이다.

출소자의 재범률을 낮추기 위해 가족 지원에 대한 법적 근거와 관련 예산을 확보할 필요가 있다는 지적도 나온다. 법무부가 펴낸 '2020 교정통계연보'에 따르면 2019년 기준 재복역률은 26.6퍼센트로 출소자 10명 중 3명가량이 3년 이내 다시 범죄를 저질러 수감되는 것으로 나타났다. 게다가 이 비율은 매년 증가하는 추세에 있다. 2012년(22.2퍼센트) 이후 2019년까지 7년간 4.4퍼센트포인트 증가했다.

이에 한국법무보호복지공단 측은 시범 단계인 이 사업을 좀 더 안정적으로 운영하기 위해 최근 재정 당국에 관련 예산을 신청했지만 확보될지는 분명치 않은 상황이다. 유병선 한국법무보호복지공단 사무총장은 "가족이야말로 출소자가 사회에 안정적으로 자리 잡게 하는 가장 기본적인 요소"라고 했다. "가족이 해체된 경우와 안정된 생활을 하고 있을 때를 비교하면 출소자의 재범률은 달라질 수밖에 없다."

특히 미성년 자녀에 대한 사회의 세심한 배려와 보호가 절실하다는 목소리도 나온다. 부모의 범죄 사실 유무를 떠나 자신이 원할 때 부모를 만나고 이들한테 사랑받을 권리가 자녀에게 있다는 것이다. 세움의 이경림 대표는 그동안 재소자 자녀들과 상담해보니 "아이에게 중요한 건 부모가 어떤 죄를 지었는지가 아니라 나를 버렸는지, 떠났는지, 여전히 사랑하는지 같은 인간적 신뢰에 대한 문제였다"고 조언했다. 수감자와 자녀 간의 관계를 강화하는 것이 무엇보다 중요하다는 말이다. "자녀에게 수감 사실을 무조건 감추기보다는 솔직하게 말하되 '네 잘못이 아니다'고 말해주는 게 중요하다. 시간이 지나면 부모가 반드시 돌아올 것임을 설명해줘야 한다."

양육자가 기억해야 할 수용자 자녀 8대 권리

① 부모의 수용사실로 인해 사회적으로 비난 받거나 차별 받지 않고 살아갈 권리

② 부부모가 수용된 후에도 안정적인 집(거주지)에서 건강한 어른의 보살핌을 받고 위험으로부터 보호 받을 권리

③ 부모가 수용된 후에도 신체적으로 건강하게 성장하고 충격이나 위험상황에서 심리적으로 보호 받고 발달할 수 있는 권리

④ 부모가 수용된 후에도 지속적으로 교육받을 수 있고 친구관계를 잘 맺으며 발달시기에 적절한 능력을 갖출 수 있도록 지원 받을 권리

⑤ 아동에게 해가 되지 않는 범위 안에서 부모가 수용된 후에 자 신에 관한 중요한 정보와 결정에 대해 알고 참여할 권리, 수용 된 부모에 대한 상황을 물어보거나 알 권리, 부모를 만나고 싶지 않거나 도움을 주고 싶지 않을 때 거부할 수 있는 권리

⑥ 수용된 부모를 만나고 싶을 때 언제라도 만나거나 연락할 수 있으며 접견에 필요한 시간과 비용을 제공받을 권리

⑦ 부모 수용으로 인해 경제 · 심리 · 사회적인 어려움에 처해 있을 경우 문제해결을 위해 구체적인 지원과 도움 받을 수 있는 권리

⑧ 부모 수용으로 인해 지원을 받을 때 정보가 노출되거나 알려지지 않도록 보호받을 권리

자료: 세움 '수용자 자녀 양육 지침서' 중

미혼모 가족

저출산 위기라며…, 생명 택한 싱글맘에게 '무책임하다'고 말하나요

열아홉 살의 임신부는 산통이 느껴진 그날 제 손으로 맛있는 밥을 지어 먹고 길을 나섰다. 그날따라 택시가 도무지 잡히지 않았다. 버스를 타고 겨우 병원에 도착했을 땐 자궁 문이 이미 4센티미터나 열려 있었다. 그렇게 품에 안은 애는 자신을 꼭 닮은, 손가락과 발가락이 예쁜 아기였다.

산모의 눈에서 또르르 소리 없는 눈물이 떨어졌다. "그동안의 스트레스와 고생이 감동과 기쁨으로 다가와서 갑자기 감정이 북받쳤다"고 했다. 남자친구가 아이를 지우라며 모진 말을 내뱉었을 때부터 그는 홀로서기를 시작했다. 공장이나 식당, 택배 집하장 등 일이 보이면 가리지 않고 했다. 9개월 만삭의 몸이 되어 일자리를 구하기 어려웠을 때도 "제발 한 번만 일을 시켜달라"며 취업정보회사에 전화를 걸었다. 아이와 함께 살아나갈 미래를 생각하면 그래야 했다.

지금은 아늑한 보금자리를 마련했지만 윤민채(26세) 씨가 아들과 함께 살아온 7년은 그 어느 때보다도 힘겨웠다. 어떻게든 스스로 버텨보려 했지만 아이를 낳은 지 5개월 만에 모아둔 돈이 뚝 떨어졌다. 결국 미혼모 공동생활 시설과 모자원(미성년 자녀를 둔 한부모 가족 보호시설)의 신세를 지며 악착같이 돈을 모으고 여러 자격증(간호조무사, 요양보호사, 병원 코디네이터)을 땄다. 돈이 없어서 한부모가족 지원센터에서 받은 케이크로 아이의 끼니를 때운 적도 있었다.

윤씨는 고생도 많이 했지만 그만큼 자신이 일궈낸 가정이 자랑스럽다. 그럼에도 윤씨 모자에게 우리 사회는 여전히 '비정상 가족'이라는 꼬리표를 붙인다. 결혼제도 안에서의 출산과 육아만을 정상으로 여기는 가족주의가 깊이 뿌리 내린 탓이다. 더욱이 결혼 없는 성관계의 책임을 남녀에게 다르게 묻는 이중적 성 규범은 미혼모를 두 번 울린다. 저출산은 국가적 위기라며 출산을 장려하면서도, 미혼모와 가족을 차가운 시선으로 바라보고 방치하는 모순은 지금도 계속되고 있다. 윤씨는 유튜브 '한부모성장TV'를 통해 한부모 응원 활동을 하고 있다.

미혼모는 자신들을 '아이를 선택한 사람'이라고 말한다. 각자의 사정에 따라 결혼을 하지는 않았지만 생명을 책임지고 키우는 길을 선택했다는 것이다. 통계청의 '2019년 인구주택총조사' 결과에 따르면 2019년 기준 미혼모는 2만 761명으로 전년보다 2.4퍼센트

줄었다. 연령별로 보면 35~39세 미혼모가 4398명으로 가장 많고, 25세 미만 미혼모가 1743으로 가장 적다.

하지만 혼자 아이를 낳아 키운다는 이유만으로 이들은 무책임하다는 소리를 듣기 일쑤다. 윤민채 씨는 과거 취업을 위해 면접을 본 자리에서 훈계를 듣기도 했다. "처음 보는 면접관이 다짜고짜 '진짜 책임감 없다', '어떻게 그 나이에 생각도 없이 낳았느냐'는 식으로 비난을 했다. 단지 아이를 혼자 키우고 있다고 했을 뿐인데 무책임하다는 말을 들은 것은 그때가 처음이었다."

홀로 자녀를 키우는 건 여느 한부모 가족이나 매한가지이지만 이런 편견은 유독 미혼모만을 겨냥해 작동한다. 중학교 3학년 아들을 둔 김민정(45세) 씨는 "사람들이 미혼부를 보면 '젊은 사람이 안쓰럽고 대견하다'고 생각하는 반면, 미혼모에게는 측은한 시선은커녕 비난부터 한다"고 말했다.

이런 일이 생기는 건 미혼모를 '어린 나이에 사고를 친 청소년'이라고 생각하는 사회적 고정관념 때문이라는 게 김도경 한국미혼모가족협회 대표의 설명이다. 김대표는 "같은 싱글맘이라도 유독 미혼모만 '문란하다', '무책임하다'라는 말을 듣는다"고 꼬집었다. "그 사람이 살아온 배경 등을 충분히 고려하지 않고 단지 혼외 성관계를 맺었다는 사실만으로 비도덕적이라고 치부하는 것이다."

이렇다 보니 미혼모는 출산을 앞두고 "(애를 낳는 대로) 입양을 보내라"는 말을 수없이 듣는다. 양육을 반대하는 가족은 물론 미혼모지원 시설에서조차 이 같은 권유를 한다. 오영나 한국미혼모지원네트워크 대표는 "과거에는 입양 기관이 미혼모지원 시설을 운

윤민채 씨는 "자립 과정이 힘들었지만 꿈을 놓지 않고 자기계발을 해왔다"고 말했다. 그는 2018년 3월부터 '한부모성장연구소'를 열고 미혼모의 긍정적인 사회생활을 돕는 일을 시작했다. "아직 젊고 가능성이 많은 미혼모가 환경 때문에 꿈을 포기하지 않길 바라기 때문"이다. **사진 신혜정**

영할 수 있었던 까닭에 미혼모에게 입양을 종용하는 경우가 부지기수였다"고 했다. "해외 입양을 가더라도 양부모의 학대를 받거나 국적조차 취득하지 못하는 경우가 있었는데, 단지 결혼 가정에서 아이가 더 잘 자랄 거라는 환상이 있었기에 이런 일들이 벌어졌다." 2011년에 한부모가족지원법이 개정됨에 따라 입양 기관은 미혼모 시설을 운영하는 것이 금지됐지만 입양 권유가 사라진 건 아니다. 네 살 딸을 키우는 최혜정(42세) 씨는 "임신 마지막 달까지도 시설에서 '입양을 보내는 게 어떻겠느냐'는 말을 들었다"고 회상했다.

출산하면서 가장이 된 미혼모는 아이와 함께 살 길을 찾기 위해 고군분투한다. 김도경 대표는 "아이의 우윳값을 벌어야 하는 상황에서 엄마의 자립 의지는 필연적으로 강해진다"고 설명했다. 하지만 강한 의지의 앞을 경력 단절이라는 큰 산이 가로막는다. 출산 과정에서 불가피하게 직장이나 학업을 중단한 까닭에 일자리를 구하기가 더욱 어려워지는 것이다. 육아정책연구소가 2018년에 초등학생 이하 자녀를 양육하는 미혼모 가정 300가구를 조사한 결과에 따르면, 임신 전에 취업하던 미혼모 가운데 87.1퍼센트가 임신으로 인해 퇴직을 했다. 임신 당시 학업 중이던 미혼모의 59.5퍼센트도 학업을 중단했다.

미혼모 가정을 위한 공동생활 시설에서는 미혼모의 경력 개발을 위해 여러 프로그램을 운영하고 있다. 하지만 대부분이 향초 제작 같은 취미성 교육이라 다양한 직업교육을 받고 싶은 미혼모에겐 성이 차지 않는다. 이 때문에 많은 미혼모가 고용노동부가 마련한 직업훈련 프로그램인 '취업성공패키지'(취성패)의 문을 두드린다. 그런데 이는 미혼모를 염두에 두고 설계한 프로그램이 아니다 보니 육아와 학업을 병행하는 미혼모가 이 과정을 순탄히 마치기란 쉽지 않은 일이다.

미혼모는 급한 상황에서 도움을 청할 곳이 없는 경우가 많아 직업 선택과 직장 생활에서도 어려움을 겪는다. 출산을 결정하는 과정에서 상당수 미혼모가 부모와 형제 등 원래 가족은 물론 기존의 지인들과도 관계가 끊어지면서, 육아 중에 돌발 상황이 생기더라도 도움을 요청할 곳이 마땅치 않은 것이다. 육아정책연구소의 조사에서 미혼모가 직장을 그만둔 요인으로 '편견'(21.3퍼센트)보다 '돌봄 공백'(41.0퍼센트)이 더 크게 작용한다고 나오는 것도 이 때문이다.

이런 이유에서 취업의 어려움이나 수입 제약을 감수하면서도 미혼모는 자녀를 돌볼 시간을 확보할 수 있는 일을 찾아 나선다. 그러면서 안정적인 직장과는 점점 더 멀어진다. 현재 고등학교 1학년 딸을 키우는 김미선(41세) 씨 역시 홀로 아이를 돌보기 위해 학습지에 들어갈 삽화를 그리는 일을 하청받아 재택근무로 생계를 이어왔다. 하지만 그마저도 돌봄 공백을 완전히 채우지는 못했다. 김씨도 그런 경험을 했다. "아이가 어릴 적 아침부터 열이 나는데 원고를 마감하는 날이라 집에서 돌볼 수도 없어 어쩔 수 없이 어린이집에 보낸 적이 있다. 당장 6시간 동안 맡길 곳이 없어 아픈 애를 등원시켜야 한다는 생각에 눈물이 났다."

그나마 2007년에 한부모가족지원법이 제정되고 저소득 한부모 가족 지원 사업이나 아이돌봄서비스 같은 복지 제도가 신설되면서 미혼모를 위한 정책 지원은 확대됐다. 하지만 오히려 정부의 지원책이 미혼모의 자립 의지를 꺾는 경우도 있다.

여성가족부의 한부모가족 아동양육비 지원 사업이 대표적이다. 저소득 한부모 가정의 만 14세 미만 아동에게 월 20만 원(24세 미만 청소년 한부모의 5세 이하 아동에게는 5만 원 추가 지원)을 지원하는 제도인데, 소득이 기준 중위소득의 52퍼센트(2019년 기준 2인 가구 월 151만 1395원) 이하여야 신청할 수 있다. 최저임금을 받는 직장에서 주 40시간 한 달간 일했을 때 버는 돈이 174만 5150원(주휴수당 포함)인 만큼, 아르바이트를 하는 미혼모조차 조금만 더 일해도

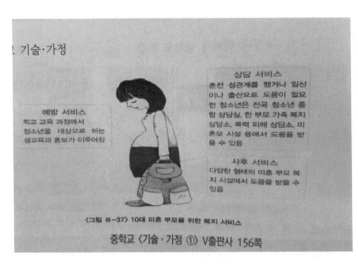

2016년 중학교 기술·가정 교과서에 실린 미혼모 삽화. 배부른 여학생이 혼자 고개를 숙이고 힘없는 표정을 짓는 그림이 미혼모에 대한 부정적, 동정적 관점을 심어준다는 지적이 제기됐다.
사진 서울시교육청

기준에서 탈락하는 셈이다.

아홉 살 딸을 둔 성은주(30세·가명) 씨도 2018년에 주말 아르바이트를 추가로 구했다가 소득 기준보다 3만 원가량 더 벌었다는 이유로 양육비가 끊겼다. 성씨는 "소득이 적을 땐 오히려 교육비와 병원비, 학용품비 등 크고 작은 지원을 받을 수 있었는데, 소득이 조금 늘었다는 이유로 그런 지원들이 끊기면서 오히려 살림살이가 더 빠듯해졌다"고 했다. "아르바이트를 좀 더 했다고 갑자기 지원을 끊는 게 정말 자립을 돕는 것인지 의문이 든다."

제도가 있어도 이를 소개하고 지원하는 일선 공무원이 관련 내용을 제대로 파악하지 못하거나 편견을 갖고 있는 경우도 허다하다. 출생신고를 하러 주민센터에 온 미혼모에게 "왜 아빠는 없느냐"는 식으로 되묻는 건 흔한 일이다. 윤민채 씨는 "생활고에 시달리다 지원책을 알아보기 위해 동사무소를 찾아갔는데 '여기는 나이 든 분들만 도와주는 곳이다', '애 아빠한테 미안하다고 하고 잘해보라'는 소리를 들었다"고 전했다.

유미숙 한국미혼모지원네트워크 사례관리팀장은 "미혼모의 출산 및 양육을 위한 기본 지원뿐 아니라, 출산 후 긴급생계비 지급이나 출생증명서 없는 아이의 출생신고 같은 다양한 사례에 대해 지방자치단체 복지 담당자의 이해 수준은 제각각"이라고 강조했다. "그래도 미혼모 가정이 자신의 터전에 정착하는 게 최선인만큼 미혼모 시설이 아닌 지방자치단체 중심의 복지 체계가 마련돼야 한다."

"아이돌봄서비스는 미혼모를 우선 지원하고, 원하는 공부에 집중할 여건 마련을"

미혼모가 가장으로서 겪는 가장 큰 어려움은 일(또는 학업)과 육아를 병행하는 것이다. '독박 육아'가 힘든 것은 어느 가정이나 마찬가지이지만, 미혼모의 '나홀로 육아'는 차원이 다르다. 견해차와 편견 등에 밀려 가족 및 지인과의 관계가 단절되면서 보육 기관에 등·하원을 시키는 일상에서나 자녀가 아플 때 같은 비상 상황에서도 도움을 청할 곳이 마땅치 않기 때문이다.

여성가족부가 지원하는 아이돌봄서비스는 이들이 의지할 수 있는 대표적인 제도다. 만 3~36개월 아동에게는 종일제 돌봄을, 만 12세 이하 아동에겐 시간제 돌봄을 제공한다. 소득 수준이 낮을 경우 본인부담금도 적게 든다. 육아정책연구소가 2018년에 초등학생 이하 자녀를 양육하는 미혼모 가정 300가구를 조사한 결과에 따르면 93.4퍼센트가 아이돌봄서비스를 알고 있었다.

그러나 실제 아이돌보미에게 자녀를 맡겨본 미혼모는 17.1퍼센트(36명)에 불과했다. 이들은 '차별을 경험했거나 차별이 우려돼서'(15.4퍼센트), '이용 가능 시간이 짧아서'(14.3퍼센트), '연결이 되지 않아서'(8.0퍼센트) 등의 이유를 들었다. 김지현 육아정책연구소 부연구위원은 "아이돌봄서비스는 돌봄이 급한 한부모 가정을 고려해 우선 배정을 하지는 않는다"고 했다. "초등교실 및 돌봄 기관을 이용할 때도 한부모 가정의 순위가 맞벌이 부부, 다자녀 부부와 비슷하게 정해지는 형편이다. 미혼모 가족의 상황을 고려해 우선적으로 지원할 필요가 있다."

미혼모를 '좋은 일자리'로 연결해주는 정책도 부재하다. 상당수 미혼모가 고용노동부의 직업훈련 프로그램인 취업성공패키지에 의존하지만 선택 가능한 직업군이 한정적인 데다, 육아가 출석 인정 사유가 아니라서 불가피하게 중도에 이탈하는 경우가 많다. 이성현(30세·가명) 씨는 딸이 두 살이던 2017년에 취업성공패키지에 참여했지만 "아픈 딸을 돌보느라 결석하거나 아이돌보미가 늦게 도착해 수업에 지각하는 바람에 벌점이 쌓여 중도에 탈락했다"고 한다. 네 살 딸을 키우는 최혜정 씨 역시 취업성공패키지를 통해 간호조무사 자격증을 따려고 했지만 아이가 급성 기관지염에 걸리면서 난관에 부딪쳤다. 일주일간 무단결석하면 프로그램을 이수할 수 없는데 아이가 8일간 입원해야 했던 것이다. 최씨는 "딱 하루만 사정을 봐달라고 (교육기관에) 사정했지만 본인 질병이 아닌 이상 모두 결석으로 간주하는 원칙 때문에 소용없었다. 아이가 아플 때 간병할 사람을 구하지 못하면 자기 계발조차 힘든 상황"

이라고 하소연했다.

김도경 한국미혼모가족협회 대표는 "미혼모가 학업에 집중할 여건을 조금만 마련해도 결과는 달라진다"고 말한다. 협회는 2015년부터 두산과 함께 3년간 '엄마의미래'라는 사업을 운영했다. 미혼모 120명에게 300만 원을 지원해 자신이 원하는 교육을 받도록 했다. 육아를 하느라 고충이 큰 참가자에게는 돌봄 지원이나 긴급생계비를 받을 수 있도록 관련 기관을 소개했다. 사업이 끝나고 45퍼센트가 취업에 성공했는데 공무원과 영어 강사, 산업기사 등 다양한 직업을 얻었다. 김도경 대표는 "미혼모마다 처한 상황과 직업 욕구가 다르기 마련인데 정부의 정책은 이에 대한 이해가 부족하다"고 제언했다. "미혼모에 대한 지원을 아이의 미래를 위한 투자로 보고 적극적인 고용 지원 정책을 도입해야 한다."

미혼모가 경제 활동 시 겪은 경험 (단위:%)

■ 그렇다 ■ 아니다 ■ 해당없음

편견이나 차별로 취업에 어려움을 겪은 적이 있나요?

| 43.3 | 32.3 | 24.4 |

돌봄 공백 등으로 다니던 직장을 그만둔 경험이 있나요?

| 41.0 | 18.7 | 40.3 |

미혼모에 대한 편견과 그로 인한 부당 대우로 직장을 그만둔 경험이 있나요?

| 21.3 | 33 | 45.7 |

미혼모라는 이유로 직장에서 성희롱 등을 겪은 경험이 있나요?

| 12.7 | 40.3 | 47 |

구직 활동 시 어려운 점 (단위:%)

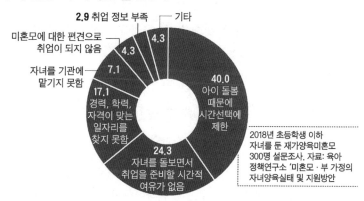

2.9 취업 정보 부족 ── 기타

미혼모에 대한 편견으로 취업이 되지 않음 4.3

자녀를 기관에 맡기지 못함 7.1

17.1 경력, 학력, 자격이 맞는 일자리를 찾지 못함

4.3 기타

40.0 아이 돌봄 때문에 시간선택에 제한

24.3 자녀를 돌보면서 취업을 준비할 시간적 여유가 없음

2018년 초등학생 이하 자녀를 둔 재가양육미혼모 300명 설문조사. 자료: 육아 정책연구소 '미혼모·부 가정의 자녀양육실태 및 지원방안

색각이상자

"색깔 맞혀봐" 놀림을 받고,
"색깔 틀려서" 취업 힘들고

"모니터에 구현된 색깔을 검증하려면 육안을 통해 하는 게 아닌데도 색각이상이라는 이유로 업무에 부적합한 게 아니냐는 말을 들었다."

서울의 한 IT 기업에 다니는 소프트웨어 엔지니어 박정규(38세)씨는 소프트웨어를 감리하는 일을 한다. 얼마 전 사용자가 시스템 제어 소프트웨어를 이용하기 편리하게 화면이 구성돼 있는지를 확인하는 업무를 맡았는데 그는 색각이상이라는 이유로 일을 하지 못할 뻔했다. 가령 긴급 상황시 사용자가 화면에서 재빨리 대응 버튼을 찾아 누를 수 있도록 해당 버튼이 눈에 잘 띄는 빨간색으로 디자인됐는지를 검증해야 하는데, 색각이상이면 색을 제대로 보지 못하니 업무를 수행할 수 없다는 논리였다. 박씨는 "사실 소프트웨어 설계 검증은 눈으로 확인하는 게 아니라서 상관없

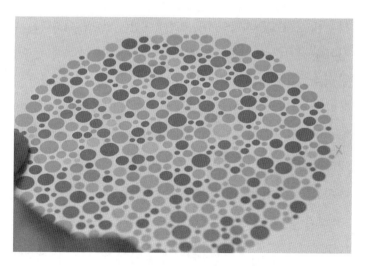

서울 영등포 김안과병원에서 색각이상을 판단하는 검사 책자를 활용해 검진하고 있다. **사진 오대근**

다"고 설명했다. 화면에 어떤 빛을 어느 정도 수준으로 내보낼지를 정하는 RGB(빨강·초록·파랑) 값이 해당 소프트웨어에 정확히 설정돼 있는가를 계산하면 되는 일이었다. 결국 병원에서 소견서를 받는 것으로 색각이상이 업무를 수행하지 못할 정도의 문제가 아니라는 것을 입증한 뒤 업무에 복귀했지만 박씨에게는 씁쓸한 경험이다. 그는 "색각이상이라고 하면 '색이 보이지 않느냐', '흑백으로만 보이냐' 등을 묻는데 사실 일상생활에서는 크게 다른 점이 없다"고 설명했다. 사람들이 색각이상에 대해 잘 모른다는 얘기다.

색각이상은 특정 색을 전혀 인지하지 못하거나 다른 색과 구분하지 못하는 경우를 말한다. 과거에 색맹이나 색약, 색신 등으로 부르던 것을 모두 포함하는 용어다. 이는 선천적 혹은 후천적으로 망막 내 시세포 중 하나인 원뿔세포에 이상이 있으면 나타나는 증상이다. 예컨대 세 가지 원뿔세포(적색, 녹색, 청색) 중 녹색 세포가 없으면 흔히 말하는 녹색맹이 되고, 녹색 세포에 기능 이상이 있으면 녹색약이 된다. 기능 이상의 정도에 따라 녹색빛에 대한 민감도가 다르고, 다른 색과 같이 있는 녹색을 구분해내는 능력도 달라진다.

선천적 색각이상은 전체 남자 인구 중 5~8퍼센트에서 나타난다. 보건복지부에 따르면 국내에서는 남자의 5.9퍼센트, 여자는 0.5퍼센트가 색각이상으로 집계됐다. 18세 이상 성인 인구의 수로 계산해보면 165만여 명(남성 152만 6231명, 여성 12만 9860명)에 이른다. 남성이 여성보다 많은 이유는 색각 유전자가 X염색체에 있기 때문이다. 남성(XY)의 경우 부모 중 한쪽에서 이상이 있는 색각 유전자를 받으면 색각이상 증상이 나타나는 반면, 여성(XX)은 양쪽 모두 색각이상이 있는 유전자를 받는 경우에만 색각이상자가 된다.

김대희 김안과병원 안과 전문의는 "색각이상은 치료할 수 있는 것이 아니라서 질환이라기보다는 다른 이들과 다른 방식으로 색을 보는 것이라고 이해하는 게 맞다"고 설명했다. 모든 사람이 냄새도 각기 다르게 느끼는 것처럼 박정규 씨와 같은 색각이상자는 빛을 느끼는 감각이 나머지 92~95퍼센트 사람들과는 다른 것일 뿐이라는 설명이다. 흑백으로만 보일 정도로 심한 경우(전색맹)도 있지만 극히 드물고(0.005퍼센트) 이때는 시력도 현저히 떨어지는 경우가 많다.

색각이상 인구현황

색각이상 비율(%)

남성 5.9   여성 0.5

18세 이상 인구(명, 2019년 5월 기준)

남성	2,586만8,330
여성	2,597만2,009

성인 색각이상자 수(명, 추정치)

남성	152만6,231
여성	12만9,860

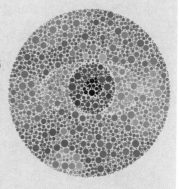

자료:보건복지부 등

색각이상 정의 및 유형

색각이상

망막 안 시세포 중 하나인 원뿔세포(세 종류)기능에 이상이 생겨서 어떤 색을 전혀 인지하지 못하거나 다른 색과 구별하지 못하는 경우. 과거 색맹·색약·색신 등으로 부르던 개념보다 더 구체적이고 색각 이상의 원인에 근거한 분류

색각이상 유형

이상 삼색형 색각	이색형 색각	단색형 색각
세가지 원뿔세포가 모두 있지만 그 중 한가지의 분광민감도가 비정상	두가지 원뿔세포만 존재	원뿔세포가 없거나 한가지만 존재

선천성 색각이상

- 대부분 제 1, 혹은 제 2색각이상(색맹·색각)
- 양안성
- 대부분 남성
- 대부분 정상 시력
- 일생 동안 변화 없음

후천성 색각이상

- 대부분 제 3색각이상(색맹·색각)
- 단안성으로도 나타남
- 남녀 동일한 비율로 발생
- 흔히 시력, 시야의 이상이 동반됨
- 점차 호전될 수도 진행할 수도 있음

대다수가 색각이상에 대해 정확히 알지 못하다 보니 무심코 던진 말에 색각이상자는 상처를 입는다. 특히 어린 시절에는 주위에 '눈 X신'이라고 놀리거나 이 물건 저 물건을 들이밀며 색을 맞춰보라고 질문하는 사람들이 많았다. 학생인 이우진(20세) 씨는 "옷 가게에서 옷을 찾을 때나 지나가는 차를 볼 때, 남들과 다르게 색을 말하면 놀림을 받곤 했다"고 했다. 그러다 보니 스스로도 위축돼 굳이 자신의 색각이상을 주변에 알리고 않고 가능하면 그에 대해 말하지도 않는다. 이씨는 "입대 전에 병역판정검사를 받을 때 보니, 색약은 공군은 지원하지 못하고 해군은 지원은 가능하지만 특정 병과는 갈 수 없게 돼 있었다"고 했다. "육군은 지원할 수 있는데, 이처럼 특정 군에는 지원 자격조차 없다는 게 억울했다."

색각이상자들이 모인 한 온라인 커뮤니티에는 초등학생, 중학생 아들의 색각이상을 발견한 후 걱정이 많아진 엄마의 글이 종종 올라온다. '미술 학원을 보내도 될까', '공학 계통 등의 직업을 꿈꾸다가 접은 자녀를 보면 안타깝다' 등 진로 선택에 제약을 느끼고 속상해하는 내용이 많다. 대학 입학 조건으로 색각이상 여부를 따지는 경우는 거의 없지만, 사회적 편견을 경험하다 보면 스스로 진로에 한계를 짓기 십상이다.

편견이 실제 차별로 이어지기도 한다. 2000년대 이후 기업의 채용 과정에서 색각이상 여부를 따지는 일은 상당히 줄어들었지만 여전히 남아 있다. 경찰과 군이 색각이상과 관련해 채용 기준을 유지하고 있고, 민간에서도 항공 분야나 일부 디자인, 제약 관런 업체들이 구직자의 색각이상 여부를 본다. 색각이상자는 항공 분야 같은 특수한 경우에 이상 여부를 따지는 건 이해하지만, 실제 업무 능력과 관계없이 편견에 사로잡혀 채용시에 차별하는 경우가 많다고 말한다. 이의웅(58세) 씨는 대학 시절에 학군사관후보생(ROTC) 시험을 봤다가 색각이상으로 떨어졌다. "당시 일반 현역 육군으로 가지 못하는 것도 아니었는데 그런 기준을 둔 게 이해되지 않았다." 세월이 달라졌다고 해도 사회생활에서 여전히 불합리한 기준이 없는지를 잘 살펴봐야 한다고 이씨는 주장한다.

색각이상자와 관련한 채용 기준을 둠으로써 논란이 많은 대표적 사례가 경찰이다. 2020년 국가인권위원회가 약도(약한 정도) 상태가 아닌 한 색각이상자를 채용하지 않는 경찰에 '차별개선 권고문'을 보냈는데 '수용할 수 없다'는 답변이 돌아왔다. 네 번째 거절이었다. 경찰청의 '경찰공무원 채용 시험 신체검사 기준표'에 따르면 중도·강도 상태의 색각이상자는 경찰공무원으로 채용되는 데 제한을 받는다. 경찰청은 색각이상자를 아예 선발하지 않다가 2005년 국가인권위원회로부터 차별 개선 권고를 받고 2006년부터 약도 상태의 색각이상자에게만 응시를 허용했다. 국가인권위원회는 색깔을 구분하지 못한다는 이유로 경찰관이 될 기회를 박탈하는 것은 불합리하다고 권고하지만, 경찰은 '총기를 사용하고 범인을 추적하는 업무를 하려면 색신 기준이 필요하다'는 입장을 유지하고 있다. 범죄 용의자의 옷이나 신발 등의 색깔을 구분하는 일이 업무에 필요하다는 게 경찰 측의 주장이다.

2004년 국가인권위원회가 진행한 연구용역 사업 '색각이상자의 고용 등에 대한 차별 연구'에 참여한 이화평 근로복지공단 대구병원 직업환경의학과장(직업환경의학과 전문의)은 "일부 경찰 업무를 수행하려면 색을 잘 구분하는 능력이 필요하더라도 다양한 경찰 업무 중 색을 구분하는 능력이 중요하지 않은 것도 있을 것"이라고 했다. 경찰 업무의 다양성을 생각하면 일괄적으로 색각이상자에게 채용 제한을 두는 것은 불합리하다는 지적이다.

더군다나 지원자의 색각이상 정도가 색 구분이 필요한 특정 업무를 수행할 수 없는 수준인지를 판단할 만한 타당한 시험 과정도 없다. 색각이상 여부를 따지는 일반적인 검진을 통해 중도·강도 색각이상자를 모두 업무를 수행하기에 부적합한 자로 판단하는 것은 문제가 있다는 지적이다. 운전면허 시험에서도 색각이상 여부가 아니라 실제 신호등 색깔을 구분할 수 있는지를 따져 면허증을 발급하는 것처럼 실제 업무 수행 능력을 봐야 한다는 의미다. 이화평 과장은 "인권의 관점에서 이 문제에 접근한다면 일부 업무를 제외하고는 색각이상자 채용을 허용해야 한다. 이들을 경찰공무원으로 채용할 길은 충분히 있다"고 했다.

최근에는 색각이상자의 불편함을 해소하기 위한 기술 개발이나 연구 등도 활발히 이뤄지고 있다. 색각이상 여부와 관계없이 누구나 사용에 차별이 없고 편리한 디자인을 의미하는 '유니버설 디자인'은 이미 미국과 영국 등에서는 널리 연구되고 있다. 곽영신 울산과학기술원 디자인및인간공학부 교수는 유니버설 디자인에 대해 "색각이상자든 일반인이든 누구에게나 자연스러운 색을 찾자는 취지"라고 설명했다. 예컨대 교통안전표지가 모든 이에게 또렷이 보이려면 어떤 색을 쓰는 것이 좋은지, 각종 스마트폰에서 애플리케이션의 화면 구성을 어떤 식으로 해야 색각이상자도 편리하게 볼 수 있는지를 연구하는 것이다. 이 연구를 통해 색각이상자가 구분하기 편한 색상이 교통안전표지나 애플리케이션, 영상 등 생활 곳곳에서 활용될 수 있다.

장동련 홍익대 산업미술대학원장은 "디자인은 그 대상자의 다양성을 존중해야 해서 색각이상자를 배려한 디자인은 당연히 연구 대상이 된다"고 했다. "특히 미디어 환경이 확대됨에 따라 애플리케이션 화면에서 글자의 가독성을 높이는 배치나 색상 등에 대한 연구가 앞으로도 많이 진행될 것이다."

컴퓨터공학에서도 색각이상자를 위한 기술 개발이 진행되고 있다. 노트북과 스마트폰의 모니터를 통해 시각 콘텐츠를 소비하는 일이 많아지면서 색각이상자에게 적합한 모니터 색을 만드는 게 중요해졌다. 삼성전자는 2018년 출시한 스마트폰 갤럭시S10과 노트10 모델에서 색상 대신 선이나 모형으로 기능을 구분할 수 있게 UX(사용자 경험)를 개선했다. 색각이상자를 위한 색상 조정 기능도 있다.

모니터에서 색각이상자가 잘 인식할 수 있는 색으로 자동 변환하는 기술 등을 연구 중인 한동일 세종대 컴퓨터공학과 교수는 관련 기술이 실제 산업 현장에 적용되는 일이 아직 많지 않다고 아쉬움을 표했다. 한교수는 "색각이상자가 좀 더 편안히 모든 콘텐츠를 즐길 수 있도록 기술 연구가 이뤄진다 해도 실제 디스플레이

관련 기업들이 사업화에 관심을 가져야 하는데, 아직 그런 움직임
이 없다"며 아쉬워했다.

투표용지, 책의 각주, 지형 도면…
색으로 분류해온 것들에 유니버설 디자인을

지방선거일에 투표소에 가면 색색의 투표용지를 여러 장 받아
들게 된다. 광역단체장과 광역시의원, 기초단체장, 기초시의원 등
뽑아야 할 사람이 많으니 헷갈리지 않도록 색을 달리해 구분한
것이다. 하지만 현재 투표용지의 색상은 색각이상자에게는 구분
이 어려울 수 있다. '한국 공직선거 투표용지의 색채에 관한 연구'
를 진행한 이은정 인제대 디자인연구소 전임연구원(정치학 박사)은
"지금처럼 색으로 투표용지를 구분하면 색각이상인 유권자가 불
편을 겪는다"고 설명했다. 디자인에 차이를 두거나 색각이상자도
편히 볼 수 있는 색상으로 변경하는 대책이 필요하다는 설명이다.
보통 유권자들은 한눈에 알아볼 수 있는 차이가 색각이상인 유권
자에게는 차별이 되는 셈이다.

이은정 연구원은 "투표용지를 만들고 선거 준비를 하는 과정에

서 유니버설 디자인 관점에서 한 번 더 점검했다면 달라졌을 것"이라고 조언했다. "이런 공공 디자인을 설계할 때는 유니버설 디자인 전문가의 의견을 듣거나 기본적인 체크리스트를 만들어 운영하는 단계를 둘 필요가 있다."

전문가들은 유니버설 디자인을 공공 부문에서 먼저 적극적으로 도입할 필요가 있다고 말한다. 특정 그룹이 아니라 모든 시민을 대상으로 한 공공시설을 차별 없이 누구나 이용할 수 있게 해야 한다는 이유에서다. 건축 일을 했던 서민재(42세) 씨는 "건축 대장을 보다 보면 색이 다른 선으로 종류를 구분하는 경우가 있고, 책에서도 각주 등을 글씨체가 아닌 색으로 표현하는 경우가 많다"며 색각이상자에게는 불편한 일들이라고 설명했다. 특히 교통 표지판 같은 안전과 관련한 시설물 등은 색각이상자도 구별하기 편한 색을 찾아 적용하는 일이 반드시 필요하다.

2018년 12월 서울시는 서울교통공사, 네이버와 공동으로 색각이상자를 위한 서울 지하철 노선도를 제작해 배포했다. 미세한 색상 차이를 느끼기 어려운 색각이상자를 위해 가고자 하는 방향을 명확히 구분할 수 있게 곡선을 넣거나 명도와 채도를 조정하는 식이다. 네이버지도상에서 지역 검색을 담당하는 정민용 네이버 리더는 "소수의 (색 구분이) 불편한 사용자의 눈높이에 맞추되 일반인도 편히 사용할 수 있는 게 좋은 디자인"이라고 했다. "지하철 노선도를 개편하는 작업은 일상생활에서 꼭 필요한 정보를 모두가 좀 더 편히 얻을 수 있게 하는 좋은 사례다." 2019년 9월에는 김민기 더불어민주당 의원이 색깔 구분이 많은 지형 도면 등을 색각이상

색각이상은 질환이라기보다는 다른 방식으로 색을 보는 것이라 할 수 있다. 빛을 느끼는 감각이 나머지 92~95퍼센트 사람들과는 다른 뿐이다.

자를 배려해 만들도록 하는 내용의 토지이용규제기본법 개정안을 대표 발의하기도 했다.

박연선 (사)한국컬러유니버설디자인 협회장은 "가능한 모든 사람에게 정확한 정보를 전하려면 이용자의 관점에서 만든 디자인을 연구해야 한다"고 강조했다. "무엇보다 주거 및 생활환경 등에서 시각 정보를 제공할 때 활용할 컬러에 대한 유니버설 디자인 가이드라인부터 만들어 곳곳에 알릴 필요가 있다. 이를 위해서는 정부의 정책적 지원이 필요하다."

"고3 EBS 수능 점자책을 6월에 받아",
대학에 가선 교재 준비 전쟁

"시각장애인도 학생이다. 예컨대 고등학교 3학년 때 EBS 수능 방송 교재를 구하는 일이 가장 힘들었다. 3월에 나오는 EBS 교재는 수능 시험과 내용면에서 70퍼센트 정도 연계되므로 수험생이면 누구나 풀어야 할 필수 교재다. 그런데 시각장애인용 점역(점자로 변환) 교재는 6월 모의평가가 있는 6월에 받을 수 있다고 하더라. 초조함이 극에 달해 점역을 담당한 업체에 매일같이 전화해 '완성본 형태가 아니어도 되니 점역이 끝난 단원만이라도 바로 보내달라'고 닦달해야 했다."

서울의 한 사립대에 다니는 시각장애인 김경수(23세·가명) 씨는 2015년에 치른 수능 시험의 기억을 떠올리며 이렇게 말했다. 김씨는 초등학교 1학년 때 망막박리로 실명한 전맹(앞이 전혀 보이지 않음) 시각장애인으로 현재 대학에서 정치외교학을 전공하고 있다.

시각장애 학생 김경수 씨가 서울 신촌에서 거리를 걷고 있다. 김씨는 "신촌 인근 거리는 외우고 있어 홀로 다녀도 불편함은 크게 없다. 초행길은 독일에서 만든 지도 앱 'seeing assistant move'를 이용한다"고 말했다. **사진 박형기**

시각장애인이 책을 읽고 공부하려면 대체 도서가 필요하다. 대체 도서는 텍스트 파일을 바탕으로 점자 도서나 음성 도서, 전자 도서 등으로 제작한다. 김씨는 "당시 EBS 교재가 시중에 배포된 후에야 점자책으로 만들다 보니 '정안 학생'(비시각장애 학생)보다 책을 늦게 받을 수밖에 없었다. 이는 시각장애인의 학습권을 존중하지 않은 차별 행위"라고 주장했다.

김씨는 대학에 다니면서도 여전히 '교재 구하기 전쟁'을 치르고 있다. 맹학교에선 학기마다 준비된 점자 교과서를 나눠줬지만, 대학생이 된 후엔 교재를 스스로 준비해야 한다. 교수마다 일반 서적과 자체 제작 교재, 파워포인트 등 교재를 활용하는 방식이 다르고 점역에 시간이 소요될 수 있으므로 학기가 시작되기 전에 최대한 준비를 마쳐야 한다고 그는 설명한다. 음성 도서 방식을 주로 활용하는 김씨는 "텍스트 파일을 구하면 음성 변환이 가능한데, 자체 제작 교재의 경우 교수님이 저작권 등의 이유로 파일을 미리 주는 걸 꺼리는 일도 있다. 교수님의 결정에 따를 수밖에 없어서 학기 전에 메일을 보내 최대한 이해를 구해야 한다"고 말했다.

교육부에 따르면 특수교육 지원을 받아 전국 유치원과 초·중·고교에 재학하고 있는 시각장애 학생은 2019년 기준으로 1937명이다. 시각장애 학생 중 심각한 중복 장애를 가진 경우를 제외하면, 대체 학습 자료와 보조 공학기기 같은 학습 지원을 받고 이동 편의에 도움을 받으면 학습과 일상생활에 문제가 없다는 게 장애계의 설명이다. 시각장애 학생 중 고등교육을 원하는 이들이 많아서 대학에 진학하는 비율(19.0퍼센트, 2017년 장애인실태조사)도 전체 장애인(15.1퍼센트)에 비해 높은 편이다.

장애인차별금지법은 제14조에서 '장애인의 교육활동에 불이익이 없도록 해야 한다'고 규정하고 있다. 하지만 시각장애 학생은 '학습할 권리'를 제대로 보장받지 못하고 있다고 입을 모은다. 시각장애 학생이라면 누구나 부딪치는 난관인 'EBS 수능 교재 구하기' 사례가 대표적이다.

EBS는 교육부 산하 공공기관인 국립특수교육원에 의뢰해 매년 점자와 음성으로 이뤄진 시각장애인용 EBS 수능 대체 자료를 제작한다. 이때 교재의 발간 시기가 비시각장애 학생용보다 수개월씩 늦다 보니 김씨와 같은 시각장애 학생 당사자와 장애인 단체에

시각장애인의 교육 정도

■ 시각 장애인 ■ 전체 장애인

초등학교	중학교	고등학교	대학 이상	무학
26.9% 27.3%	15.8 16.7	29.4 30.4	19.08 15.1	8.9 10.4

시각장애인의 학교·유치원 생활의 문제점

11.3
특수교사 부족

15.7
학교 내 편의시설 부족

8.3
등·하교 불편

64.7%
문제 없음

시각장애인의 향후 보육·교육 시 가장 필요한 것

12.7
교육비 부담 감소

22.1
교육에 대한 충분한 정보 제공

41.2%
장애아 전문시설 확대

24.0
교육도구나 기재자 사용 시 편리성 확보

자료 : 2017년 장애인실태조사·보건복지부

서 수년째 문제를 제기하고 있다. 2019년에는 EBS 대체 교재가 제때에 발간됐지만, 교재에서 표와 수식이 빠지거나 오탈자가 반복되는 등의 문제가 나와 뒤늦게 수정됐다. 이연주 한국시각장애인연합회 정책팀장은 "점자도 한글처럼 어문 규정이 있는데, 띄어쓰기를 잘못하거나 수학 기호가 잘못 적힌 교재로 공부하게 되면 수험생 입장에선 치명적"이라고 비판했다. "시각장애 학생도 비장애 학생과 같은 출발선에서 달릴 수 있는 환경을 만들어줘야 한다. 이런 점에서 교육 당국의 준비가 안일하다."

　시각장애 학생은 대학에 진학한 후에도 여전히 '교재 구하기 전쟁'을 치러야 한다. 현재 시각장애 대학생을 위한 대체 자료 제작과 공급은 문화체육관광부가 지원·운영하는 국립장애인도서관, 교육부가 지원·운영하는 대학 내 장애학생지원센터, 민간 시각장애인 복지관과 점자도서관 등에서 담당하고 있다. 시각장애 학생 당사자의 필요에 따라 각 기관에 신청을 의뢰하는 시스템이다. 수도권의 한 대학에 다니는 전맹 시각장애인 박한이(23세·가명) 씨는 "국립장애인도서관에 점역을 의뢰하는 학생이 많다 보니 필요한 교재를 제때 받을 수 없다"고 했다. "학기가 시작되기 전에 점역을 의뢰하면 중간고사가 끝날 무렵에 부분 제작된 교재를 받고 학기가 끝나고 나서야 전권을 받는 일도 있다."

　장애 학생의 불편을 덜어주기 위해 대학도 장애학생지원센터를 통해 지원 서비스를 제공한다. 시청각 양 방면에서 중복 장애가 있는 김하선(19세·연세대 교육학과) 씨는 "학교의 지원을 받아 수업

시간에 교수님의 강의 내용을 옮겨 적어주는 속기사, 판서 내용을 적어주는 대필 도우미와 함께 3인 1조로 움직이고 있어 큰 도움이 된다"고 했다. "그래도 청각장애가 있어서 점자가 가장 정확한 정보를 전달받을 수 있는 수단인데, 간혹 점자 교재가 준비되지 않은 상태에서 수업을 하면 불안할 때도 있다." 오윤진 세종사이버대 사회복지학과 교수는 "장애학생지원센터는 학교별 역량 격차가 크고, 시각장애 학생을 위한 맞춤 지원을 하기에는 인력이 부족한 곳이 많다. 또 지방으로 갈수록 인프라가 갖춰져 있지 않아 장애 학생의 어려움이 크다"고 설명했다.

편의 시설이 부족한 까닭에 캠퍼스 생활의 장벽도 여전히 높다. 전맹 시각장애인인 최민희(21세·가명) 씨는 경북 지역의 한 사립대에 다니며 기숙사에서 생활하고 있다. 최씨에게 가장 불편한 점은 이동이다. 최씨는 "캠퍼스에 점자 블록이 끊어진 곳들이 많아 최대한 외우고 있는 길로만 다니는 편"이라고 했다. "학교에서 시내로 이동하려면 버스 말고는 이동 수단이 없는데, 버스정류장 단말기에 음성 지원이 되지 않는 곳도 있어 내가 타야 할 버스가 오고 있는지 매번 주변에 있는 사람들에게 물어야 한다."

정보통신 기술(ICT)의 발달로 키오스크(무인 정보 단말기)가 널리 보급됐지만 시각장애인이 겪는 불편은 오히려 커지고 있다. 충남 지역의 한 대학에 다니는 전맹 시각장애인 이연우(22세·가명) 씨는 2018년부터 키오스크를 통해 주문하는 방식으로 바뀐 뒤로는 교내 학생식당을 거의 이용하지 못하고 있다. 이씨는 "식권을 뽑는

키오스크에는 점자나 버튼이 전혀 없고 음성 지원도 되지 않아서 누군가 도와주지 않으면 이용이 불가능하다. 그래서 잘 가지 않는다"고 했다. "학교 주변에 있는 민간 식당들도 무인 단말기를 많이 도입하는데 내 입장에선 혼자 힘으로 '혼밥'을 할 수 있는 곳이 줄어드는 것 같아 아쉽다."

시각장애 학생은 공통적으로 장애에 대한 사회적 이해가 여전히 부족하다고 느끼고 있었다. 박한이 씨는 "시각장애가 있으면 보이지 않을 뿐인데 지능이 낮을 거라고 짐작하는 사람이 많다"고 했다. "음식 메뉴를 정할 때 내게 직접 묻지 않고 주변 사람에게 묻거나, 병원에 가도 '아픈 곳이 어디냐'고 내게 직접 질문하지 않는 경우가 있다. 그럴 때마다 '내가 얘기할 수 있다'고 설명해야 하는 일이 씁쓸하다."

장애 학생을 '자립적 인간'으로 키우려 하기보다 '보호할 대상'으로 바라보는 국내 장애 교육의 현실에 안타까움을 호소하기도 했다. 박한이 씨는 "맹학교에 다니던 시절 한 학생이 컵라면을 끓이다가 물을 쏟는 바람에 손이 데어 화상을 입은 사고가 있었다. 그 후 학교는 교내 모든 정수기에서 뜨거운 물 사용을 금지했다"고 지적했다. "장애가 있다고 해도 결국 비장애인과 어울려 살아가야 하는데, 정말로 장애 학생을 위한 교육이라면 뜨거운 물 사용을 막을 것이 아니라 뜨거운 물에 데지 않고 정수기를 사용하는 방법을 가르쳐야 하는 게 아니겠느냐."

장애인과 비장애인을 가르는 장벽을 없애야 하는 과제도 여전하다. 김경수 씨는 "장애인과 비장애인이 함께 어울릴 놀이 문화가 한정적이다 보니 비장애 친구들과 공감대를 형성하고 관계를 맺는 데 한계를 느낀다"고 고민을 토로했다. 그러면서 김씨는 미국의 한 대학에 1년간 교환학생으로 다녀온 경험을 들려줬다. "미국 대학에선 장애인 편의 시설이 잘 갖춰져 있어서 도서관에서 함께 공부하던 친구들과 체육관에도 함께 갈 수 있었다. 친구들이 나를 챙길 필요 없이 체육관에서 각자 운동을 즐기고 다시 모여 함께 밥을 먹는 등 사교 활동이 가능했다." 그러나 한국의 대학 생활은 다르다. "한국은 장애인 편의 시설이 잘 갖춰져 있지 않아서 가령 친구들이 운동하러 갈 땐 '경수야, 나중에 보자'고 얘기할 수밖에 없다. 이런 일이 반복되니 비장애인과 장애인이 친목을 쌓기가 쉽지 않고 벽이 생기는 것 같다."

끝으로 김씨는 이렇게 강조했다. "시각장애인으로 살아보니 눈이 보이지 않는 것 자체가 불편한 게 아니더라. 시각을 보완할 대체재는 생각보다 많이 있다. 그보다는 대체재를 적절히 활용할 수 없게 만드는 환경이 장벽이다."

학습 대체 자료, 국가 차원에서
지원 체계 만들어야

장애 학생의 학습권 보장을 위해선 대체 자료를 지원하는 체계를 국가 차원에서 구축해야 한다는 지적이 나온다. 문화체육관광부의 자료에 따르면 국립장애인도서관이 보유한 전자책 17만 건 중 장애인이 이용할 수 있는 전자책은 0.9퍼센트(1579건)에 불과했다. 시각장애인용 전자 도서는 문서 파일을 소프트웨어에 적용해 디지털 음성으로 듣거나 파일을 점자로 변환해 출력할 수 있는데, 출판사들이 저작권 보호라는 명목하에 파일을 제공하지 않은 까닭에 활성화되지 않고 있다. 이연주 한국시각장애인연합회 정책팀장은 "저작권법은 제33조에서 공표된 저작물은 시각장애인을 위해 복제, 배포할 수 있다고 규정하고 있지만, 많은 출판사가 원본 파일을 납본하지 않고 있다"고 했다. "원본 파일만 있으면 음성 파일이나 전자책 형식으로 전환하는 것은 물론 점자책을 만드는 작업도 한결 쉬운데, (출판사로부터) 원본 파일을 제공받기 어려운 게 가장 큰 어려움이다."

시각장애 학생의 학습을 위해 대체 자료 지원을 전담하는 조직이 없다는 점도 문제다. 현재 초·중·고교 학생의 학습을 위한 점자 교과서는 17개 시도 교육청에서 국립특수교육원에 위탁하고, 국립특수교육원은 다시 외부 기관에 용역을 맡겨 제작하고 있다. 교육부 관계자는 "국립특수교육원이 2015년부터 일반학교의 대체교제 제작 업무를 위탁받아왔는데, 이를 위한 인력은 증원되지 않아 어려움이 많은 상황"이라고 밝혔다. "최소한 고등학생에게까지 대체 교재를 차질 없이 제공하려면 민간에 맡기기보다 국가 차원의 지원 센터와 전문 인력이 필요하다는 데 공감하고 있다. 하지만 새로운 조직을 신설하려면 행정안전부 및 기획재정부와 협의를 거쳐야 한다."

대학에 진학하는 시각장애인이 늘어나고 있는 만큼 고등교육 대체 자료를 확보하는 것도 중요하다. 오윤진 교수는 "특수교육법은 대학에 다니는 장애 학생도 학습권을 보장받는다고 명시하고 있다"고 지적했다. "대학생 지원 체계가 현재 국립장애인도서관(문화체육관광부)과 장애학생지원센터(교육부)로 나뉘어 있고 전담 조직도 없다 보니, 장애 학생은 비공식적인 정보 유통 경로를 이용하고 자료도 신속하게 제공받지 못하는 악순환이 반복된다."

전문가들은 장애 학생의 입장에서 편리한 지원 체계를 갖춘 선진국의 사례를 참고해야 한다고 조언한다. 스웨덴은 MTM(Swedish Agency for Accessible Media, 미디어접근센터)에서 시각장애인에게 무

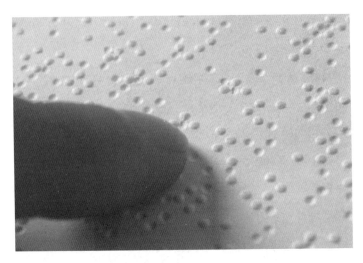

시각장애 학생은 인쇄물을 읽을 수 없기 때문에 점자 자료, 녹음 자료, 영상 자료, 전자 자료 등의 다양한 대체 자료를 이용해 학습한다.

료로 토킹북과 데이지 자료(시각장애인용 음성 자료), 학술 서적 등을 제공하고 있다. 대학 도서관들과 협력해, 학생이 요구하는 독서 자료를 토킹북이나 전자 텍스트, 점자책으로 대출해주는 서비스도 지원한다. 오윤진 교수는 "우리나라도 국립장애인도서관을 주축으로 각 대학의 장애학생지원센터와 체계적이고 유기적인 지원 체계를 갖추고, 시각장애 학생에게 대체 학습 자료를 지원하는 전담 인력도 늘려야 한다"고 지적했다.

자립 걱정하던 화상 환자 은채씨,
화상재단 입사해 새 희망

"화상을 입지 않았으면 사회복지 대학원을 졸업하고 어린이집을 차려 원장님 소리 들으며 살았을지 모르겠다. 화상 환자는 용모 때문에 아무리 학력이 높아도 취직이 되지 않는다."

앞서 살펴본 화상 환자 김은채 씨의 말이다. 인터뷰 당시 "수술비는 계속 드는데 취직조차 할 수 없으니 평생 자립하지 못하고 기초생활수급자로 살까 봐 두렵다"며 울먹이던 김씨는 2019년 7월 회사에 취직하게 됐다. 화상 사고가 났을 당시 한림대 한강성심병원에서 치료를 받았는데, 병원이 운영하는 사회복지 법인 한림화상재단에서 사회기획팀의 일원으로 근무하게 된 것이다. 그는 "나처럼 중증 화상을 입은 사람에게 위로를 주고 정보를 나누는 일을 하게 돼 보람을 느낀다"고 했다.

우리는 이번 기획을 마무리하는 시점에서 취재를 통해 만났던 이들에게 다시 연락해, 현재 어떤 모습으로 살고 있는지, 신문에 소개된 후 조금의 변화라도 있었는지를 물었다. 물론 불과 수개월에서 1년여밖에 되지 않는 기간 동안 큰 변화가 생기기는 어렵다. 실제로 당사자 다수가 "편견은 여전하다"고 답했다. 그래도 이번 기획을 계기로 법 제도를 바꾸려는 움직임이 생기거나 당사자가 새로운 삶의 에너지를 얻는 등 작지만 긍정적인 변화가 생긴 경우도 있었다.

외국에서 태어나고 성장하다가 학교를 다닐 시기에 부모를 따라 한국에 온 중도입국 청소년은 여전히 학교 입학에서부터 어려움을 겪고 있다. 김수영 서울온드림교육센터 센터장은 "(보도가 나간 후) 변화된 것은 없다"고 했다. "토론회를 열기도 하고 정책 자문 등 활동도 해봤지만 여전히 많은 아이가 본국에서 떼 온 서류가 미비하다는 이유로 학교에 가지 못하고 있다." 최근에도 중국에서 정규 교육을 받지 않고 서당을 다니다가 온 10세 청소년이 초등학교에 입학하는 데 애를 먹었다. 한국인과 재혼한 어머니를 따라온 한 베트남 출신 청소년(13세)은 관련 서류가 있는데도 한국어를 못한다는 이유로 받아줄 학교를 찾지 못하기도 했다. 그나마 여성가족부가 2020년 예산안에 이주배경 청소년의 조기 정착을 지원하기 위해 8억 원가량(국비 4억 7800만 원)을 책정한 것은 달라진 점이다. 이주민 밀집 지역을 중심으로 이주배경 아동·청소년 정책을 집중 추진할 시범 도시 두 곳을 선정해 2년간 정책과 자원을 집중 지원할 계획이다.

소수자를 향한 차별적 인식은 채용 현장에서 가장 극명히 드러난다. 이 과정에서 좌절한 사람은 아예 직장 생활을 포기하기도 한다. 웹디자이너 송현숙 씨는 난독증에 대한 직장 동료들의 편견 때문에 직장을 그만두고 현재 프리랜서로 일하고 있다. 난독증은 두뇌의 언어·읽기 기능과 관련된 영역의 신경 회로 배선이 보통 사람과 다르기에 발생하는 증상이다. 이를 만회하려고 야근을 하면서까지 다른 사람보다 서류 작업에 세 배 더 가까운 시간을 쏟았는데, 오히려 "난독증을 핑계 삼아 게으름을 피우는 것 아니냐"는 식의 비아냥거림을 들었다. 송씨는 "어차피 똑같이 야근을 할 거라면 남들 눈치를 보지 않아도 되는 프리랜서가 낫다고 판단했다"며 씁쓸히 웃었다.

정신질환자의 취업 문제는 오히려 더 심각해졌다. 보도가 나간 지 불과 열흘도 안 된 2019년 4월 경남 진주에서 사회로부터 완전히 고립된 조현병 환자 안인득의 방화·살인 사건이 일어났기 때문이다. 이병범 대한정신장애인가족협회 부회장은 전화 통화에서, 진주 참사 이후 취업하려는 이가 조현병 환자라고 하면 정부가 소개해준 기업도 손사래를 친다고 하소연했다. 직접 밝히지 않으면 주변에서 투병 사실을 알기 어려운 한 조현병 환자(30대)가 공공기관의 장애인 취업 알선 제도를 통해 수개월 동안 코레일 자회사에서 성공적으로 수습사원 근무를 마쳤지만, 결국 정직원으로 전환되지 못한 사례도 있다. 이병범 부회장은 "성실하고 건강에 이상

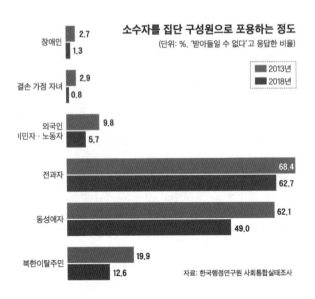

소수자를 집단 구성원으로 포용하는 정도
(단위: %. '받아들일 수 없다'고 응답한 비율)

2013년
2018년

장애인 2.7 / 1.3

결손 가정 자녀 2.9 / 0.8

외국인 이민자 · 노동자 9.8 / 5.7

전과자 68.4 / 62.7

동성애자 62.1 / 49.0

북한이탈주민 19.9 / 12.6

자료: 한국행정연구원 사회통합실태조사

이 없어도 조현병 환자라면 기업들이 거부하는 분위기가 생겼다"
라고 설명했다.

직업계고 출신 근로자를 다룬 장에서 소개한 이지영 씨는 2019
년 8월 말을 끝으로 회사를 그만뒀다. 2019년 서울의 한 상업계열
특성화고를 졸업하고 4월에 입사했으니 재직 기간은 채 6개월을
채우지 못한 셈이다. 인터뷰 당시에도 어렵사리 취업은 했지만 직
장 내 고졸 사원에 대한 차별을 겪으며 "미래가 없다"고 토로했던
이씨는 끝내 희망을 찾지 못했다. 퇴사에 결정적인 역할을 한 것
도 고졸 사원에 대한 일상적인 차별이라고 했다.

"조금만 실수를 해도 욕을 하거나 막말을 했다. 어느 날은 '수준'
을 운운하더라. 대졸 사원이 신입으로 들어왔는데, 상사들이 우리

(고졸 사원)는 인사도 시키지 않더니 대졸 사원은 인사를 시키더라. 없는 사람으로 취급하는 것이다. 그런데 동료들이 이런 걸 보면서 '원래 그래'라는 식으로 당연히 여기는 모습이 더욱 절망적이었다."

이지영 씨는 다시 취업 준비를 하고 있다. 졸업생 신분, 6개월도 안 되는 경력을 들고 그가 두 번째 마주한 채용 시장은 더욱 가혹하게 느껴진다. 그는 "특성화고 졸업생이 졸업하고 최소 2년간 시행착오를 거쳐 안정적인 직장에 정착할 때까지 정부가 적극적인 취업 지원을 해주면 좋겠다"고 했다. 통계청이 2017년에 실시한 조사에 따르면 고졸 취업자 중 이직 경험률은 54.0퍼센트로 대졸자(38.5퍼센트)에 비해 월등히 높았다.

이번 기획에서 한국인 무슬림으로 소개된 박동신 씨는 보도가 나가기 얼마 전부터 본인의 유튜브 채널에서 생방송을 시작했다. 2019년 10월 박씨는 구독자 1만 명을 보유하며 국내 무슬림들 사이에선 유튜브 스타가 됐다. 예배를 인도하는 지도자인 이맘이 된 것도 큰 변화다. 이슬람에선 기독교의 목사나 가톨릭 신부와 달리 대중의 추대에 의해 이맘이 될 수 있다. 그는 그동안 준비하던 한국이슬람평화회의에 대해 비영리단체 등록을 마치고 2019년 7월 첫 번째 총회를 열기도 했다. 박씨는 단체를 소개하며 "이슬람을 알리고 신도를 늘리기 위해서가 아니라 사람들과 소통하면서 좀 더 나은 사회를 만드는 데 이바지하기 위해 설립했다"고 설명했다.

한국 사회에서 이슬람에 대한 반감은 여전하지만 그 안에서도 이슬람을 이해하려는 사람이 점점 늘고 있다는 것은 긍정적인 신호로 읽힌다. SNS로 무슬림이 아닌 사람들과도 자주 소통한다는 그는 '마이너리티의 연대'를 통해 좀 더 나은 사회를 만들 수 있으리라고 강조했다. 박씨는 "한국일보에서 다룬 소수자가 한국 사회에 변화를 줄 원동력이 될 수 있겠다고 생각했다"고 했다. "소수자가 서로 도우며 연대하다 보면 사람들의 인식도 조금씩 달라지고 사회도 조금씩 바뀔 수 있을 것이라 믿는다."

홍성수 숙명여대 교수 인터뷰

"소수자의 삶 가감 없이 보여줘 관심 이끌어내,
차별과 편견 줄이려면 교류·접촉 넓혀야"

"함께 살고 자주 접촉해야 편견이 줄어듭니다."

소수자에 대한 혐오 문제를 오랫동안 연구해온 홍성수 숙명여대 법학과 교수는 우리 사회에 소수자를 향한 편견이 뿌리 깊은 이유는 함께 교류할 기회가 적기 때문이라 말했다. 따라서 '인식 개선 교육'보다는 공무원이나 교사처럼 시민이나 학생과 접촉면이 넓은 직업군에 의도적으로 소수자 채용을 늘려 다양성을 확보하는 것이 훨씬 효과적이라고 제안했다. 우리는 사회에 만연한 소수자에 대한 차별 의식과 혐오 표현 등을 바꾸기 위해 어떤 노력을 기울여야 할지, 홍교수와의 인터뷰를 통해 모색해봤다.

이번 기획에서 만난 사람들은 사회적 편견에 시달리는 점을 가장 힘들어했다. 소수자를 향한 뿌리 깊은 편견을 극복할 방안은 무엇인가.

"편견이 형성되는 가장 큰 이유 중의 하나가 직접 교류할 기회를 갖지 못하기 때문이다. 현재 소수자는 집과 시설 등에 갇혀 지내거나 밖에 나오기 두려워하거나, 나오더라도 정체성을 숨기고 살아가는 경우가 많다. 그런데 소수자의 동료 시민으로 살아갈 기회가 없는 사람에게 편견이 강화되거나 없던 편견이 생길 가능성이 더 크다. 개인적으로 노력하라는 뜻이 아니라 시민이 같이 교류하고 접촉면을 넓힐 수 있도록 제도적 차별을 줄이고 실질적인 기회의 평등을 늘리는 정책을 펴나가야 한다. 예컨대 장애인을 시설에 갇혀 지내게 하는 정책보다는 동료 시민이 사는 곳에서 같이 살고 일하며 학교에 다닐 수 있도록 제도 변화를 꾀해야 한다."

이번 기획을 통해 보도한 기사에도 편견을 조장하는 댓글이 달려서 취재원이 상처를 받기도 했다. '악플' 문제를 개선하는 방법은.

"악플이 개인을 겨냥한 게 있고 집단을 겨냥하는 경우가 있는데, 개인을 겨냥하는 악플이 심각한 문제라는 인식은 있다. 여기에 명예훼손죄나 모욕죄 등을 적용하는 식의 대응 수단도 어느 정도는 있다. 그런데 특정 소수자 집단 전체를 겨냥한 악플의 경우 피해자가 특정되지 않아 대응 수단도 별로 없고 심각한 문제라는 인식도 적은 실정이다. 그 소수자 집단에 들어 있는 사람은 마치 자기가 특정된 것이나 다를 바 없는 피해를 입게 되는데, 여기에 방법이 없는 것이다.

인터넷 포털 사이트나 SNS 사업자는 개인뿐 아니라 소수자 집단을 향한 혐오 표현도 개인의 명예훼손 못지않다고 인식해야 한다. 국가적으로는 차별금지법을 제정하는 것이 중요한 의미를 갖는다. 차별금지법 자체가 혐오 댓글을 제재하는 것 같은 구체적인 사례를 규정하는 것은 아니지만, 차별에 대한 국가의 기본 원칙을 천명하는 것이므로 큰 의미가 있다."

정부와 지방자치단체부터 소수자에 대한 인식을 개선해야 할 텐데 효과적인 방법은.

"공무원과 교사, 대학교수 등 교육에 관여하는 사람이나 공직자는 직접적으로 시민 및 학생과 마주치는 직업이므로 중요하다. 전에는 이들에게 '인식 교육을 시키자'는 쪽으로 초점이 잡혔지만, 이미 성인이 된 사람을 교육한다고 해도 한계가 있을 수밖에 없다. 더 좋은 방법은 공무원과 교직에 있는 사람들의 구성 자체를 다원화하는 것이다. 소수자를 의무적으로 채용하는 식으로 다양성을 꾀한다면 그 집단이 자연스럽게 변하게 될 것이고, 이들과 접촉하는 시민도 인식을 달리할 것이다."

이번 기획을 평가하자면.

"소수자를 향한 부정적 편견을 갖게 하는 기사도 문제이지만 소수자를 착하거나 정의롭다는 식으로 지나치게 미화하는 것 역시 차별적이다. 이번 기획은 소수자의 삶을 공들여 취재해 있는 그대

홍성수 교수는 소수자를 향한 편견을 없애기 위해선 시민들이 이들과 함께 어울려 살아가며 접촉면을 늘려갈 수 있는 방향으로 법적, 제도적 차별을 줄이는 정책을 시행해나가야 한다고 조언했다. **사진 고영권**

로 보여주었다는 점에서 의미 있는 기획이었다. 성 소수자나 이주 노동자 같은 전통적인 소수자 집단 외에도 남성 보육교사, 중도입 국 청소년, 고도비만자처럼 잘 알려지지 않은 소수자 문제를 끄집 어낸 것은 큰 의미가 있다. 장애인 역시 단일한 집단이 아니라 다 양성을 갖고 있는데, 시각장애 학생이나 중증 정신장애인 등 별도 의 범주를 잡았던 것도 의미 있는 작업이다. 여기서 더 나아가, 정 론지로서 특정 기획 시리즈를 쓸 때뿐 아니라 전반적으로 모든 보 도를 할 때 소수자를 소외하지 않는 방향으로 기사를 쓰자는 철학 을 가진다면 좋겠다."

우리 시대의 마이너리티

2021년 2월 15일 1판 1쇄 발행

지은이 한국일보 우리시대의마이너리티팀
펴낸이 임후성   펴낸곳 북콤마
디자인 Sangsoo   편집 김삼수

등록 제406-2012-000090호
주소 (413-756) 경기도 파주시 문발동 파주출판단지 534-2 201호
전화 031-955-1650   팩스 0505-300-2750
이메일 bookcomma@naver.com
블로그 bookcomma.tistory.com

ISBN 979-11-87572-28-2   03300

, BOOKcomma